匡亚明　主编

中国思想家评传丛书

拓跋宏评传

程维荣　著

南京大学中国思想家研究中心

南京大学出版社

中国思想家评传丛书

名誉顾问　陆定一　谷　牧　李铁映　陈焕友

中共江苏省委关于《中国思想家评传丛书》工作领导小组

组　　长　王霞林

组　　员　王　湛　陈万年　石启忠　韩星臣　洪银兴　冯致光

学术顾问　（按姓氏笔画为序）

丁光训　丁莹如　王元化　王朝闻　冯友兰　曲钦岳　任继愈　刘导生　刘海粟　安子介　孙家正　杜维明（美国）　杨向奎　苏步青　李　侃　吴　泽　何东昌　张岱年　陈　沂　罗竹风　赵朴初　施觉怀　钱临照　徐福基　袁相碗　席文（美国）　唐敖庆　黄辛白　蒋迪安　程千帆　谭其骧　滕　藤　戴安邦　魏荣爵

主　　编　匡亚明

终审小组　茅家琦　周勋初　林德宏

副 主 编　（按姓氏笔画为序）

卞孝萱　巩本栋　时惠荣　张永桃　陈　振　茅家琦　林德宏　周勋初　洪修平　蒋广学（常务）　潘富恩

《中国思想家评传丛书》序

匡亚明

伟大的中华民族在长达五千年连绵不断的曲折发展过程中，像滚滚东流的长江那样，以磅礴之势，冲破了重重险阻，奔腾向前，现在更以崭新面貌，雄姿英发，屹立于世界民族之林。这是人类历史上的一个奇迹。产生这一奇迹有诸多原因，其中十分重要的一点，就是我们勤劳、勇敢、智慧的各族人民，在长期的生产活动、社会活动、思维活动和对外交往以及抗击外来侵略过程中，逐渐创造、积累、发展了具有以生生不息的内在思想活力为核心的优秀传统思想文化。这是一种伟大、坚强的精神支柱，是我们民族凝聚力和生命力之所在，是历史留给我们所有海内外炎黄子孙引以自豪的无价之宝。

当然，和各国各种不同传统思想文化一样，在中华民族的思想文化传统中，也是既有精华，又有糟粕，因而全盘肯定或全盘否定，不对；一知半解、信口开河或裹足不前、漠然置之，也不对。郑重而严肃的态度应该是对它进行实事求是的科学的研究和分析，取其精华，弃其糟粕，继承和弘扬这份瑰宝，振兴中华，造福人类。人类历史发展的连续性，就是在不断去粗取精、继往开来和改革创新过程中实现的。继往是为了开来，开来不能离开继往。民族虚无主义和复古主义，都是违背历史发展的辩证规律的。

现在我们国家正处在一个新的继往开来迈向四化的关键时刻。继往就是继民族优秀传统之往，开来就是开社会主义现代化建设之来。对中国传统思想文化从广度和深度上进行系统研究，实现去粗取精的要求，正是继往开来必须完成的紧迫任务。我认为这是中国各族人民，首先是文化界、学术界、理论界义不容辞的光荣职责。但面对这一时间上长达五千年，内容上涉及人文科学、自然科学等各个领域的传统思想文化，将从何着手呢？毛泽东同志早在 1938 年就说过："从孔夫子到孙中山，我们应当给以总结，承继这一份珍贵的遗产。"[1] 这是很有远见而又切合实际的英明建议。从孔子到孙中山这两千余年是中国历史上思想文化最丰富的时期，如果总结了这段历史，也就基本上总结了五千年传统思想文化的主要内容。当然，基本不等于全部。孔子以前和孙中山以后的情况，可以另行研究。因此，我认为首先最好是在时间上从孔子开始到孙中山为止，方法上采取《中国思想家评传丛书》的形式作为实现这一任务的开端。这就是从这段历史的各个时期、各个领域和各个学科（包括文、史、哲、经、教、农、工、医、政治等等）有杰出成就

① 毛泽东《中国共产党在民族战争中的地位》，《毛泽东选集》第 2 卷，人民出版社 1952 年版，第 522 页。

的人物中，遴选二百余人作为传主（一般为一人一传，少数为二人或二人以上合传），通过对每个传主的评述，从各个侧面展现那些在不同时期、不同领域中有代表性人物的思想活力和业绩，从而以微见著、由具体到一般地勾勒出这段历史中中国传统思想文化的总体面貌，揭示其积极因素和消极因素的主要内涵，以利于开门见山、引人入胜地批判继承、古为今用，也为进一步全面系统地总结中国传统思想文化打下基础。自从毛泽东同志提出上引建议后，半个多世纪以来，不少专家学者已从各个方面做了许多工作，但对全面完成这个任务来说还远远不够，还要在深度和广度上继续努力。作为“抛砖引玉”，本《丛书》凡二百部，约四千万言，自 1990 年开始陆续出版，争取十到十五年全部出齐。

《丛书》所以用“中国思想家评传”命名，主要是考虑到中国传统思想文化中的核心是生生不息的内在思想活力，而历史事实也反复证明，凡是在各个不同时代不同领域和学科中取得成就者，大多是那些在当时历史条件下自觉或不自觉地认识和掌握了该领域事物发展规律的具有敏锐思想的人。他们取得成就的大小，取决于思想上认识和反映这些规律的程度如何。思想并非先验之物，它所以能反映和掌握这些规律，主要是通过社会实践和对前人思想成果的借鉴和继承。思想一旦形成，反过来在一定程度上又对实践起决定性指导作用。韩愈说的“行成于思，毁于随”[①]，列宁说的“没有革命的理论

① 韩愈《进学解》，中华书局《四部备要》东雅堂本《韩昌黎全集》卷十二第3页。

就不会有革命的运动”①，这些话，虽所处时代和所持立场不同，所要解决的问题的性质也不同，但就认识论中思与行、理论（思想的高度概括）与实践的关系而言，确有相通之处，即都强调思想对实践的指导意义和作用。因此我们以“中国思想家评传”命名，就是力图抓住问题的核心，高屋建瓴地从思想角度去评述历史人物，以便对每个传主在他所处时代的具体情况下，如何在他所从事的领域中，克服困难，施展才华，取得成功，做出贡献，从思想深处洞察其底蕴。历史上各个时代富有思想因而能在有关方面取得成就的人，直接阐述自己思想观点的论著虽亦不少，但大量的则是其思想既来自实践（包括对前人、他人实践经验的吸取）、又渗透在自己创造性实践之中，集中凝聚在他自己的业绩和事功上，而没有留下论著。另一些人却只留下著作而无其他功绩，对这些人来说，他那些有价值的著作就理所当然地是他的伟大业绩和事功。如果论述一个人的思想而不联系他的业绩（包括著作），必将流于空洞的抽象；同样，如果只讲一个人的具体业绩而不结合他的思想活动，又必将成为现象的罗列。评价思想和评价业绩，两者不应偏废。而不断在实践中丰富和深化的思想活力则是经常起主导作用的因素，强调这个因素，引起人们的正视和反思，正是我们的主旨和目的。当然，思想和思想家，思想家和实践家，都是既有区别又有联系的不同概念，忽视这一点是不对的。《丛书》的重点则是放在两者的联系和结合上。至于如何使两者很好联系和结合而又着意于剖析其思想活力，各占多少篇幅或以何种方式表达，则自当由作者根据传主的具体情况创造性

① 列宁《怎么办》，《列宁选集》第1卷，人民出版社1976年版，第241页。

地作出妥善安排。

自从人类历史上产生了马克思主义，不仅全人类解放和发展有了划时代的明确方向，学术研究也有了更严密的科学方法，即辩证唯物主义和历史唯物主义的世界观和方法论。根据这一科学方法，在研究和总结中国传统思想文化，特别是联系到《丛书》的撰著时，我认为下列几点应特别引起重视。

一、坚持实事求是的原则。实事求是是贯串在马克思实际活动和理论研究中的主线，离开了它也就离开了马克思主义。只有切实掌握了客观情况，才能得出正确的认识和判断。前者为“实事”，后者为“求是”，二者相结合，就叫实事求是。事不实则非夸即诬。为了弄清情况，就必须对情况的本质与现象、整体与局部、真与伪、精与粗，作出区别、梳理和取舍，这样才能掌握情况的实质，达到“实事”的要求；然后进一步加以分析研究，找出事物本身固有的真相而非主观臆测的假象，并验证其是否符合人民利益和人类历史前进方向，是否反映科学、技术、文化、艺术的发展规律，这样才能得出正确的认识和判断，达到“求是”的要求。实事求是是治学的基本功夫，是对每个传主的功、过、是、非作出公正评价的必要前提。不论古今中外，对历史人物过高或过低的不公正评价，大都由于未能认真坚持实事求是原则的缘故。

二、坚持批判继承的原则。马克思主义学说就是批判的学说，而批判是为了继承、发展和创新。这就需要我们在实事求是的基础上，既要继承发扬传主业绩和思想中的积极因素，又要批判清除其消极因素。凡传主业绩和思想中体现了诸如爱国主义、民主意识、科学见解、艺术创造和艰苦奋斗、克己奉公、追求真理的精神，即在符合历史前进要求的“立德”、“立功"、"立言"诸方面有显著成就等积极因素者，必须满腔热情地加以继承和弘扬，并紧密结合当前社会主义建设实际，使之深入人心，蔚然成风；凡反映有诸如封建迷信、专制独裁、愚昧落后、丧失民族尊严和违背科学进步等消极因素者，必须以历史唯物主义的观点加以批判，清除其一定程度上至今尚起作用的消极影响，而消极因素经过彻底批判后亦可转化为有益的教训；凡积极因素和消极因素相混者，更当加以认真清理和扬弃，既发扬其积极因素又摒弃其消极因素。我们力求一点一滴、切实认真地探索各个传主思想和业绩中珍贵的积极因素，使之成为全国各族人民正在从事的继往开来伟大历史工程的组成部分。

三、坚持"百花齐放"、"百家争鸣"的原则。"百花齐放"和"百家争鸣"，是发扬学术民主，促进学术繁荣的正确原则和巨大动力。前者强调一个"齐"字，后者强调一个"争"字，是表示学术上平等、民主和自由的两种不同状态；前者突出的是统一与和谐，后者突出的是区别与争论；两种状态又统一于不断地相互促进和相互补充、转化的持续发展提高过程之中。"百花齐放"、"百家争鸣"的原则体现在撰著评传时，应从"齐放"和"争鸣"出发，综合中外各个时期对有关传主的不同评价，吸取符合客观存在的对的东西，摒弃其违反客观存在的不实的东西，然后创造性地提出经过自已独立思考的、赶前人或超前人的一家之言。同时，对整个《丛书》而言，也有个共性、个性又统一又区别的问题。这就是一方面作者应把"实事求是"、"批判继承"和"百花齐放"、"百家争鸣"这几点作为大家的共性（统一与共识）；另一方面，对每部评传的立意、结构和行文（文体、文风和文采等），则主要是作者的创造性思维劳动和雅俗共赏的文字表达艺术的成果，是彼此的个性（区别），不宜也不应强求一律。评传作者都有充分自由去发扬这一个性，力求在对每一传主的评述中探索和展示其积极因素，使之和正在变革中国面貌的伟大社会主义建设实践融为一体，丰富其内容，促进其发展，而不是仅仅停留在对传主思想业绩的一般性诠释上。

我认为，以上三点大体上可以表达《丛书》所遵循的主要指导思想，但也不排除用其他思想和方法得出的有价值的研究成果。

感谢所有关心和支持《丛书》工作的单位和个人，特别感谢《丛书》的名誉顾问和学术顾问。他们的热情关心、支持和指教，使《丛书》工作得以顺利进行。更要感谢所有承担评传撰著任务的老中青学者，他们都以严谨的治学态度，作出了或正在作出对学术，对民族，对历史负责的研究成果。没有他们的积极合作，《丛书》工作的开展是不可能的。《丛书》副主编和中国思想家研究中心、南京大学出版社，在制定《丛书》规划，约请和联系国内外学者，审定书稿以及筹划编辑出版等方面，克服重重困难，做了大量工作，他们的辛勤劳动是《丛书》能按预定计划出版的必要前提。

现在《丛书》开始出版了，我作为年逾八旬的老人，看到自己迫于使命感而酝酿已久的设想终于在大家支持合作下实现，心情怡然感奋，好象回到了青年时代一样，体会到“不知老之将至”的愉悦，并以这种愉悦心情等待着《丛书》最后一部的问世；特别盼望看到它在继承中华民族传统思想文化的珍贵遗产方面，在激励人心、提高民族自尊心和爱国主义思想方面，在促进当前建设有中国特色的继往开来的社会主义现代化物质文明和精神文明的历史性伟大事业中，能起到应有的作用。我以一颗耄耋童心，默默地祝愿这一由一批老中青优秀学者经长年累月紧张思维劳动而作出的集体性学术成果能发出无私的熠熠之光，紧紧伴照着全民族、全人类排除前进道路上的各种障碍，走向和平、发展、繁荣、幸福的明天！

热诚欢迎国内外同仁和各界人士不吝赐教，以匡不逮。是为序。

1990 年 10 月 7 日

内 容 简 介

北魏是公元四世纪末至六世纪由鲜卑拓跋部在中国北方建立的王朝。魏孝文帝拓跋宏根据当时的社会现实，继承儒家传统，提出经济、政治、法律、文化等方面的改革思想，并且领导了太和年间的改革运动，推动了拓跋部的汉化。本书着重论述当时的社会背景、拓跋宏的生活经历及其思想的渊源、形成、主要内容与影响，进而揭示太和改革运动在中国历史上的重要地位以及古代少数民族发展进步的若干规律。

A Brief Introduction

Northern Wei was a dynasty set up by TuoBa Tribe of XianBei in Northern China from the end of 4th century AD to 6th century AD. The Emperor of Wei Dynasty TuoBa Hong, whose formal title was Xiao Wen Di, put forward the reforming ideology including economical, political, legal and cultural thought etc. based on the Confucianists tradition and the social reality at that time, and led the reforming movement during the Taihe age, which promoted the Hanize of the TuoBa Tribe. All the social background, TuoBa's living experience, the origin, form, basic content and influence of TuoBa's thought are stressed in the book which reveals the important position of the Taihe reforming movement in Chinese history and some rule of development and progress of minority in ancient China.

目　次

A CRITICAL BIOGRAPHY OF TUOBA HONG

CONTENTS

引 言

中国的北方，从关陇平川到大漠草原，从太行山麓到黄河两岸，曾经哺育出多少叱咤风云的英雄，写下了多少色彩斑斓的史篇。

北魏太和年间，就曾经出现过一场声势浩大的改革运动，以及一位少数民族的改革家、思想家拓跋宏。

自从传说中的尧舜用武力惩治“蛮夷”以后，民族问题始终构成古代中国社会运动的重要环节。特别是那些耐饥寒、善骑射，纵横驰骋于北边荒漠草原的游牧民族，更与中原王朝的兴衰强弱密切相关。而“王政修则宾服，德教失则寇乱”①，中原王朝统治者的民族政策之得当与否，又往往导致一系列可以预料或者未曾料及的后果。

据史载，商、周朝曾屡屡对边境民族用兵。从春秋起，“尊王攘夷”成为诸侯霸主纵横捭阖、扩充实力的极具号召力的旗帜。战国到秦汉，中原王朝与北边民族的关系屡经变迁。汉武帝时期，进行了反击经常南下侵扰的匈奴的战争，其后

① ［宋］范晔：《后汉书》卷八七《西羌传》。

边境上有一个"人民炽盛，牛马布野"[①]的和平阶段。到东汉，匈奴分裂，而西北的氐、羌以及匈奴别支羯等民族迅速强盛，北方的乌桓、鲜卑等也日益崛起。在汉族经济文化的影响下，它们的奴隶制经济关系开始萌发，原有的"大人制"转变为父子继承制。

伴随着这个历史进程，一些少数民族先后翻越高山峻岭，跨过急流险滩，迢迢千里，从塞外内徙。从此，"华夷异处，戎夏区别"的态势被打破了，代之而来的是各民族在塞内杂居、接受中原王朝统治的格局。如依附东汉的南匈奴因人口滋殖，被曹操分为五部，各置部帅进行监督。氐、羌等族也不断内徙，以至"西北诸郡，皆为戎居"，关中百万人口中，据说少数民族占了一半[②]。而鲜卑各部落，则酝酿着更大规模的长途跋涉，准备从塞外草原辗转迁徙到长城以内。在当时，这种内迁和杂居，一方面有助于各民族之间的经济文化交流，另一方面则使民族关系更为错综复杂，埋下了日后大规模民族冲突的祸根。

历代中原王朝，坚守严格的正统观念和民族偏见，把少数民族看成"性气贪婪，凶悍不仁"，认为"非我族类，其心必异"[③]，对其进行野蛮的奴役、剥削和武力镇压。从东汉到西晋的封建政府，都强迫少数民族输纳租赋，"家使出谷"[④]。太原一带"以匈奴胡人为田客，多者数千"[⑤]。历代统治者还

① [东汉] 班固:《汉书》卷九四《匈奴传下》。
② [唐] 房玄龄等:《晋书》卷五六《江统传》。
③ 《晋书》卷五六《江统传》。
④ [晋] 陈寿:《三国志》卷二六《魏书·郭淮传》。
⑤ 《晋书》卷九三《王恂传》。

“迫促发遣”少数民族从事徭役和兵役，甚至以“两胡一枷”进行转卖，如有不服从的，则“兴兵致讨”①，从而造成各族人民“怨恨之气，毒于骨髓”②，不断进行各种形式的反抗。

西晋时期，面对着民族矛盾日益尖锐、民族冲突一触即发的形势，有人重新提出“内诸夏而外夷狄”、将少数民族迁回塞外的主张。这种一厢情愿的办法未被采纳。最后，终于爆发了反对腐朽的西晋王朝的各族人民的武装起义，而早就觊觎汉族地区的广袤和富庶的各族酋长、豪帅，或者乘机在民族杂居区域举起反晋旗帜，或者率领万千铁骑从塞外跨过长城，一批批蜂拥南下，逐鹿中原。史籍上充斥着当时“坑其众三万”、“斩首五万余级”、“无贵贱男女少长皆斩之，死者二十余万，尸诸城外”、“死者十余万”③之类骇人听闻的记录，整个北方笼罩在民族仇杀的腥风血雨之中。

长期的混战和屠戮，加上统治者的横征暴敛，甚至为摧毁敌方的生存条件而不惜焚毁庐舍、蹂躏田园，对农业生产造成了极为严重的破坏。“百姓失业，十室而七”，“诸夏纷乱、无复农者”④，随之而来的是疫疠、灾荒和饥馑。由于大饥，有一年，连后赵的统帅石勒自己也不得不“竟取百姓禾，时人谓之‘胡蝗’”。⑤昔日人烟稠密、经济发达的黄河中下游地区，几乎成为一片废墟：“自永嘉丧乱，百姓流亡，中原萧条，千

① 《三国志》卷一五《魏书·梁习传》。

② 《晋书》卷五六《江统传》。

③ 见《晋书》卷一〇五《石勒载记下》、《晋书》卷一〇七《石季龙载记下》等。

④ 《晋书》卷一〇七《石季龙载记下》。

⑤ 《晋书》卷五《愍帝纪》。

里无烟。"[①]这种情况又导致了对文化的空前浩劫,儒者们惊呼:"渠阁文籍,靡有孑遗"[②],以至"千里无烟爨之气,华夏无冠带之人,自天地开辟,书籍所载,大乱之极未有若兹者也"[③]。

就是在这种深刻的社会危机之下,鲜卑拓跋部在塞内出现了。

拓跋部从极北的深山密林中走出来,刚刚跨入文明社会的门槛。初步奴隶制下的游牧经济,以及极为剽悍淳朴的性格和风俗,表明它的经济文化都很落后,甚至比前此的各少数民族包括鲜卑慕容部更为落后。它依靠武力击败对手,来到曾经建立过高度的封建文明、如今又饱受战乱和饥荒之害的中原地区。面对这个陌生的自然环境和社会环境,拓跋部完全缺乏统治的经验和社会基础。而且,拓跋部的北魏政权在开始时是几面受敌,以后又遭受两面夹击,处于既要抵御漠北的柔然等民族、又要防备江南的汉族政权这样一种困境中。应该说,北魏的立国比起代表较高文明水平、处于基本上没有遭受战祸的江南地区的南朝,要艰难得多。

但是,就在这样一种先天不足的局面下,北魏政权竟然在黄河流域站稳了脚跟,并且逐渐巩固发展,经过几十年的东征西讨,先后灭掉后燕、大夏、北燕、北凉诸雄,击败柔然等民族,从而结束了西晋末年以来连续一百几十年的割据纷争和民族仇杀的局面,统一了北方,成为一个北抵燕山和

---

① 《晋书》卷一〇九《慕容皝载记》。

② [唐]魏徵等:《隋书》卷三二《经籍志一》。

③ 《晋书》卷八二《虞预传》。

阴山、南临淮河（一度打到长江)、东濒大海、西至关陇以及河西走廊、俯瞰周边民族、雄视江南的庞大王朝。北魏是中国历史上第一个巩固地统一黄河流域、立国时间较长的少数民族王朝,其国势远远超过此前的任何一个少数民族政权。而北魏和南朝的并存，又开创了北方和南方的封建王朝长期对峙的格局。这是一种与春秋战国及十六国时期的诸侯争雄、三国和宋辽西夏时期的鼎足而立、五代十国时期北方不同民族的政权迅速更替以及与南方的诸多汉族政权割据并存等形式都不相同的局面。直到北魏以后差不多600年所出现的金朝与南宋的对峙,才是历史上的唯一一次与之较为相近的情形。

北魏之所以能够取得这样的历史地位，有其多方面的原因。其中的主要因素，就是从道武帝拓跋珪开始的北魏历代统治者,比较善于总结前代各少数民族政权国祚短促的教训,吸取汉族王朝的统治经验,特别是注意笼络汉族地主阶级,争取汉族士族的支持，使北魏逐步演变成拓跋贵族和汉族士族联合执政的政权，从而扩大和巩固了统治基础。以此为条件，北魏进行了各方面的改革，把从塞外带来的游牧经济转变为农耕经济，调整阶级关系，缓和民族矛盾。这种改革时断时续，到太和年间，先是以文明太后冯氏为主，其后则是孝文帝拓跋宏直接挂帅，改革得到了进一步的扩大与深入。文明太后与拓跋宏以其远大的眼光和非凡的气魄，紧密依靠具有革新意识的汉族士人和拓跋贵族中较年轻的一代，战胜阻挠改革的保守势力，采取了一系列“以夏变夷”、促进社会进步的措施。在经济上创立均田制和租调制，在政治上采取封建化的官僚体系和社会基层组织，确认并建立汉族地主阶级以及拓跋贵族的门阀制度，在法律上制订法典，以礼入刑，在文化上规定拓跋部采用汉族的姓氏、语言、服饰、礼仪并与汉人通婚。而迁都洛阳，则进一步把北魏统治的重心和民族之间的和睦杂居从代北推进到黄河中游的伊水流域。这差不多是中国历史上所有少数民族政权的最靠近汉族核心区域的一次建都。太和改革，达到了北魏历次改革的高潮，就其广度和影响来说，是到当时为止的各割据政权所推行的改革中，唯一可以和战国商鞅变法相媲美的一次。它较成功地缓解了当时北魏社会的诸多矛盾，推动了拓跋部的汉化和北方各民族的大融合。

改革，无疑是一个民族积极进取、自强不息的动力和旗帜。

太和改革运动的指导思想，就是以拓跋宏为主要体现者的改革思想。它是将春秋末期孔子所创立、特别是经过西汉董仲舒所改造的儒家正统思想作为基本渊源，同时吸取和继承历代有关“法随时转”、“治与世宜”的思想，结合十六国以来北方地区的具体社会条件，特别是为适应北魏王朝巩固、发展、强盛的要求而形成的一种积极改革的思想。它主张仿效汉族式的“文德”、“文治”，以取代拓跋部原来的“武功”、“武略”。对北魏国家而言，它要求缓和社会危机，大力发展农业经济，建立一套完备的封建政治、经济制度；对拓跋部而言，则主张积极推行汉化，从根本上革除粗俗鄙陋的民族习性。拓跋宏思想中这两个方面的并行不悖、相辅相成，决定了太和改革的主要内容，客观上也符合中国古代北方各少数民族发展进步的共同规律。应该指出，拓跋宏是中国历史上第一个自觉地提出汉化并且在实践中大力加以推行的少数民族君主，就其积极程度而言，在历史上很难找出另外一个类似人物。

太和改革在当时也遗留下一些具体问题。不过,从整体上说,北魏的制度和文化,是经过太和改革才得以最终确立的。太和改革尽可能地摭取了残留于当时北方地区的汉族礼仪典章,而且由于北魏政权曾经援纳不少流寓河西的儒者,同时与南朝保持着某些形式的联系,太和改革又受到河西和江南的汉族文化的影响。这一切,都可以追溯到两汉与魏晋。因此,经过太和改革的北魏,是前代中原汉族王朝的制度与文化的主要继承者之一。北魏以后,唐代的礼仪典章堪称完备而辉煌,并且具有一种博大精深、兼收并蓄的恢宏气象。唐代的均田制和租庸调制,是北魏均田制和租调制的延续和发展。唐代的政治、法律和礼仪,主要也是从北魏—北齐—隋一线演变而来。因此,太和改革运动给隋、唐王朝打上了深刻的烙印。另一方面,北魏的制度与文化,加上若干其他成分,发展到唐代,才算找到了归宿。就像一条原本不太宽阔的河流,在接纳众多支流后,变成了波涛滚滚、一泻千里的大江。由此而下,辽、西夏、金、元、清等由少数民族建立的王朝的制度和文化,虽然内容不同,色彩各异,却都与太和改革有着一脉相承的关系。

拓跋宏的改革思想,在当时鲜卑族内部浓厚的因循守旧的气氛中,不啻异军突起,振聋发聩。它在一定程度上弥补了北朝思想领域的若干薄弱甚至空白之处,而且承前启后,使中原地区曾经存在过、经十六国战乱几乎已经摧残殆尽的思想文化传统获得了新的生命力,得以发扬光大,为其过渡到封建社会鼎盛时期的唐代思想文化创造了条件。拓跋宏的那种对文明和进步的孜孜不倦的追求,作为一种精神遗产,千百年中有如薪火相传，激励着封建社会中后期的各少数民族王朝走上拓进、发展和汉化之路。

百代兴亡，任人凭吊；功过是非，自有论说。今天，中国已经进入社会主义建设的新时期，北魏的都城宫殿，早已变成断壁残垣，鲜卑的赫赫武功，也已经被历史的风雨冲刷得了无痕迹。在当代波澜壮阔的改革大潮中，1500 年以前的拓跋宏的改革思想，却依然散发着熠熠的光芒，存在着对其进行清理、总结、研究和借鉴的价值。

在面对中华民族优秀先贤的同时，我们已看到今天祖国各兄弟民族空前团结、日益进步的实况，并必将把我们的改革事业推向前进，逐步建成有中国特色的社会主义物质文明和精神文明的历史性伟大事业。

第一章　时代与早年经历

第一节　鲜卑拓跋部的崛起

拓跋部是鲜卑族[①]的一支，其祖先散居于大兴安岭北段

① 早在拓跋部兴起以前，鲜卑等族即被称为东胡。《三国志》卷三〇《乌丸鲜卑东夷传》："乌丸、鲜卑，即古所谓东胡也。"十六国时期，鲜卑族的拓跋部、慕容氏、乞伏氏等分别于河陇或中原建立过政权。其中慕容氏以及段氏、宇文氏等习惯上合称东部鲜卑，以别于拓跋鲜卑。

东麓、嫩江西岸支流甘河上源一带[①]。拓跋部的崛起是古代北方的一部英雄史诗。

《魏书》卷一《序纪》说，在遥远的上古时代，黄帝把最小的儿子昌意封在极北，昌意就是拓跋部的远祖[②]。从此，在这“幽都之北，广漠之野”，拓跋部的祖先“畜牧迁徙，射猎为业，淳朴为俗，简易为化，不为文字，刻木纪契而已”[③]。这段记载，朦胧地反映出早期拓跋部世世代代在深山密林和大漠荒野中从事畜牧与狩猎，处于原始氏族公社时期的情景。

根据史籍记载，早在西汉王朝击败匈奴，并将原先分布于今内蒙古西拉木伦河一带的乌桓部迁徙至辽东、上谷五郡塞外后，鲜卑各部即散布于西拉木伦河至今甘肃洮河之间的广大区域内游牧，势力日渐强盛。而此时，早期拓跋部尚滞留于极北。

拓跋部的崛起，是与其祖先的两次著名的南迁分不开的。

一次是在部落首领“宣皇帝”推寅时（大约相当于东汉初期），南迁到“大泽”，“方千余里，厥土昏冥沮洳。谋更南

① 1980年7月30日，米文平同志带领的文物工作队，在内蒙古自治区呼伦贝尔盟鄂伦春自治旗的嘎仙洞，发现了太平真君四年（443年）魏太武帝拓跋焘派中书侍郎李敞来此祭祖时刻于洞内石壁上的祝文，共201字。李敞来石室祭祖刻石的活动，［北齐］魏收：《魏书》卷一〇八《礼志一》与卷一〇〇《乌洛侯传》均有记载。嘎仙洞石刻铭文的发现，为确定拓跋鲜卑的起源地提供了确凿的依据。参阅米文平《鲜卑石室的发现与初步研究》，《文物》（北京）1981年第2期。

② 当然，这只是显示拓跋部正统地位的一种附会。《序纪》又说“黄帝以土德王，北俗谓土为托，谓后为跋，故以为氏”；［梁］沈约：《宋书》卷九五《索虏传》则称拓跋部“其先汉将李陵后也”，都不过是臆说。

③ 《魏书》卷一《序纪》。

徙，未行而崩。”这一带，就是呼伦贝尔大草原。所谓“大泽”，当是今内蒙古呼伦湖①。拓跋部祖先来到草原上，与一些经济文化较为先进的民族为邻，从他们那里学会了制造和使用铁器，物质生产力有所提高，贫富分化逐渐出现。在长期民族杂居的环境中，拓跋部祖先的血统关系逐步发生变化，这才形成了具有混血特色的、严格意义上的拓跋部人。所以相传拓跋部人是“胡父鲜卑母”的结晶。

当拓跋部徘徊于呼伦贝尔草原的时候，历史的车轮已经缓缓地驶进了公元二世纪。当时的鲜卑首领檀石槐勇敢多谋，在距高柳（今山西阳高）北300多里的弹汗山啜仇水设立牙帐，东征西讨，于东汉桓帝（147—167年）时，建立了一个庞大的部落联盟，“南钞汉边，北拒丁令，东却夫余，西击乌孙”，“东西万二千余里，南北七千余里”②。拓跋部也曾加入过这个部落联盟。但是，檀石槐死后，联盟很快分裂，而且“大泽”一带的自然环境仍然不够理想。于是，拓跋部决定开始第二次南迁的壮举。当时的“献皇帝”邻命令儿子诘汾率众南移，经过“山谷高深，九难八阻”，“历年乃出，始居匈

① 在拓跋部祖先的第一次南迁路线中，只有呼伦湖称得上“方千余里”，湖东又有沼泽，符合“昏冥沮洳”的情形。1959年至1961年，在内蒙古呼伦贝尔盟先后发现和清理了札赉诺尔和完工古墓群，即“宣皇帝”推寅以后八代留下的遗迹。拓跋部祖先的第一次南迁，应该是先抵湖东完工附近，遇沼泽而向西抵达札赉诺尔。宿白同志对上述发现和研究作出了重要贡献。参阅内蒙古文物工作队：《札赉诺尔古墓群》，《文物》1961年第9期、《考古》（北京）1961年第12期；《内蒙古陈巴尔虎旗完工古墓清理简报》，《考古》1965年第6期；宿白《东北、内蒙古地区的鲜卑遗迹》，《文物》1977年第5期。

② 《三国志》卷三〇《乌丸鲜卑东夷传》注引。

奴之故地”[①]，到达云中（今内蒙古托克托）一带游牧。这时，大约正值东汉与曹魏之际。后人把“献皇帝”邻与“宣皇帝”同样叫做“推寅”（邻即第二推寅）。鲜卑语的“推寅”一词有“钻研”的意思，被用来纪念拓跋部的这两位先人领导部落南迁的业绩。在南迁过程中，邻还取消了原来的部落异姓酋长，把整个拓跋鲜卑划成八个部分，分别由自己和七个兄弟统摄，后来又增加两个部分，并称为十姓[②]。这一举措，增强了部落内的凝聚力。

拓跋部经过十几代人的时间，跋山涉水，扶老携幼，风餐露宿，历尽艰辛，行程近2000公里，终于从极北的深山密林、大漠荒野中辗转来到一个广阔的历史舞台——漠南匈奴故地。所幸的是，上述充满神奇和悲壮色彩的早期经历的梗概，由于世代口述相传而得以记叙下来。拓跋后辈每每为之感叹，总不免神驰千里，心旌摇荡。

云中一带，匈奴一去不复返，留下的只是丰美的水草和似乎还缭绕在空间的胡笳声声。拓跋部人在这里安扎帐幕，畜牧狩猎。他们的文明史的第一幕就要从这里揭开了。现在他们面对着的，是封建经济文化发达的汉族建立的曹魏政权以及后来的西晋王朝。

氏族首领制在诘汾的儿子拓跋力微时已经有所动摇。据

---

① 《魏书》卷一《序纪》。按，汉光武帝建武二十四年（48年），匈奴分裂成南北两部，南匈奴逐渐移居塞内，北匈奴在东汉军队的打击下，远徙中亚及欧洲。匈奴原先占据的漠北草原，逐步成为丁零族的势力范围。拓跋部到达之处，实为匈奴故地中的漠南草原。

② 这十姓是：拓跋氏、纥骨氏、普氏、拔拔氏、达奚氏、伊娄氏、丘敦氏、俟亥氏以及后来加入的乙旃氏与车焜氏。

说力微“有雄杰之度，时人莫测”，而且颇能笼络人心，“积十数岁，德化大洽，诸旧部民，咸来归附”，除“宗室八姓”外，还有75个异姓或非拓跋部的部落，组成了一个具有相当规模的部落联盟，其活动中心东迁到盛乐（今内蒙古和林格尔）。258年一次祭天，各部酋长“皆来助祭，唯白部[①]大人观望不至，于是征而戮之”。这完全是《国语》卷五《鲁语下》及《韩非子》卷五《饰邪》所载禹在会稽山大会部落首领，“防风氏后至，禹杀而僇之”插曲的再现。力微简直和禹一样，俨然成为凌驾于各部落首领之上，手握发号施令、生杀予夺之权的君王了。尤其是在吞并了附近的没鹿回部落后，力微的势力大增，“控弦上马二十余万”。力微还有一定的政治眼光，不赞成匈奴式的一味劫掠财物。他曾经对别人说：“我历观前世匈奴、蹋顿之徒，苟贪财利，抄掠边民，虽有所得，而其死伤不足相补，更招寇仇，百姓涂炭，非长计也。”他采取和亲政策，派儿子沙漠汗到魏国都城洛阳观察风土人情，“为魏宾之冠，聘问交市，往来不绝”。拓跋部每年从魏国得到难以计数的金、帛、缯、絮等财物，促进了内部的贫富分化。据说力微末年，“掠骑得一奴”[②]，似乎已经开始掠夺和使用奴隶。

禄官时，一度把拓跋部划为三个部分分别统辖，并且继

① 拓跋部习惯上把东部鲜卑的一部分称为“白部”。［宋］司马光等《资治通鉴》卷一〇四，东晋太元元年胡三省注：“鲜卑有白部。后汉时鲜卑居白山者，最为强盛，后因曰白部。”白山，当今河北张家口外之察罕陀罗山。当时的白部鲜卑参加了拓跋部落联盟。参见马长寿：《乌桓与鲜卑》，上海人民出版社1962年版，第244页。

② 《魏书》卷一《序纪》。

续与中原保持良好关系，“百姓乂安，财畜富实”，据说“控弦骑士四十余万”，成为雄峙塞上的强大力量，这逐渐引起西晋王朝的注意。308年，猗卢重新统一拓跋各部。由于西晋宗室诸王内部以及北方各族之间连年混战，中原大乱，晋朝并州（治今山西太原西南）刺史刘琨向拓跋部借兵。猗卢慨然应允，率兵帮助刘琨大破进攻并州的白部鲜卑和西河（今山西汾阳）铁弗[①] 刘虎。猗卢因功被晋朝封为代公、代王，并且从刘琨那里取得了马邑（今山西朔县）、阴馆（今山西代县）、楼烦（今山西宁武）、繁峙和崞县（均在今山西浑源）共五县之地，势力从草原扩展到雁门关外。“先是，国俗宽简，民未知禁。至是，明刑峻法，诸部民多以违命得罪”[②]。与魏、晋王朝的频频接触推动了拓跋部氏族组织的瓦解，阶级统治和法律应运而生了。

什翼犍年轻时，曾在后赵[③] 当过十年质子，受到汉族文化的影响。他继任代王后，建盛乐新城，并且“始置百官，分掌众职”，模仿西晋建立起初步的官僚机构，延聘汉族士人燕

---

① 铁弗即铁伐，属于匈奴别部，据说由“胡父鲜卑母”杂居形成，当时活动在草原南面。

② 《魏书》卷一《序纪》。

③ 后赵是石勒建立的政权。石勒，上党武乡（今山西榆社）羯族人，曾被卖为奴，后参与反晋。319年，石勒称赵王，329年灭前赵，330年称帝，建都襄国（今河北邯郸），占有黄河中下游地区，接受了一些汉族文化。石虎继位，统治日益残暴，灭于冉魏。

凤[①] 为左长史，许谦[②] 为郎中令，同时制订“反逆、杀人、奸盗之法”[③]。这样，拓跋部形成了以盛乐新城为中心的国家的雏型，并开始从事农业。什翼犍还曾征讨刘虎的孙子刘卫辰，俘获大量人口和牲畜。

不幸的是，什翼犍这时遇到了一个更为强大的对手：氐族的前秦政权[④] 正在准备统一北方。376 年，苻坚遣其大司马苻洛率军 20 万，以迅雷不及掩耳之势攻灭了代国，什翼犍被执送长安[⑤]。这是拓跋部历史上遭受的一次重大挫折。

淝水之战后，前秦土崩瓦解，各族纷纷重建政权。

386 年，什翼犍的孙子拓跋珪在牛川（今内蒙古呼和浩特

---

① 燕凤（？－428 年），字子章，代人，博综经史，通阴阳谶纬之学，什翼犍聘为左长史，参决国事，曾出使前秦。北魏复国后任吏部郎等，赐爵平舒侯。

② 许谦（334－396 年），字元逊，代人，善天文图谶之学，归附什翼犍后任郎中令，兼掌文记，从征刘卫辰有功。北魏复国后“参赞初基”，赐爵关内侯。

③ 《资治通鉴》卷九六东晋咸康四年。

④ 前秦为关陇氐族所建政权。351 年，世为氐族小帅的苻健继承父业，称天王，次年称帝，建都长安。苻坚继位后，重用汉族寒门士人王猛，内修政理，外灭前燕、前凉，并攻克东晋的梁州（治今陕西南郑）、益州（治今四川成都），一度统一了北方。383 年，苻坚发兵 90 余万进攻东晋，攻陷寿春（今安徽寿县）等，在淝水被数万晋军击败。394 年，前秦灭亡。

⑤ 《宋书》、［梁］萧子显：《南齐书》、《晋书》都记载什翼犍被执往长安，唯《魏书》卷一《序纪》称什翼犍“至云中，旬有二日，帝崩，时年五十七”，或有为尊者讳之意。

东南）宣布复国，称代王，不久改称魏[①]，史称北魏，年号登国。拓跋珪即魏道武帝，是拓跋部的一位出色领袖。他立志恢复并重振部族雄风，并采取了一系列改革措施。北魏的迅速强盛引起北方大国后燕[②]的不安。395年，后燕皇帝慕容垂派太子慕容宝率兵八万进攻北魏，到达五原（今内蒙古包头西北）。为避敌锋芒，拓跋珪带着部众、畜产，退到黄河以南的河套一带。来势凶猛的燕军收降北魏别部三万余家，收穄田百余万斛，并造船准备渡河。但是经过几个月，燕军仍然未能找到魏军主力，师老兵疲，士气衰竭，不得不烧船退军。拓跋珪抓住战机，亲率两万精锐骑兵跨过冰封的黄河，昼夜追击，于参合陂（今山西大同东）大破燕军。慕容宝单骑落荒而逃，降卒四五万全部被坑杀。次年，慕容垂亲自率军前来报复，一无所获，忧愤而死。参合陂之战，是决定北魏生死存亡的关键之役。从此，北魏与后燕的实力对比发生了重大的变化。魏军乘胜攻入塞内，攻克并州，又从井陉直插并攻取后燕都城中山（今河北定县），基本上平定了关东地区。

在此过程中，拓跋珪注意吸纳汉族士人进入核心集团，崇

---

① 《魏书》卷二四《崔玄伯传》："玄伯议曰：'……夫魏者大名，神州之上国，斯乃革命之征验，利见之玄符也。臣愚以为宜号为魏。'太祖从之。"卷二《太祖纪》："诏曰：'……逮于朕躬，处百代之季，天下分裂，诸华乏主。民俗虽殊，抚之在德，故躬率六军，扫平中土，凶逆荡除，遐迩率服。宜仍先号，以为魏焉。布告天下，咸知朕意'。"

② 后燕是东部鲜卑的慕容垂在淝水之战后，于384年建立的政权，定都中山。慕容氏原与拓跋氏世为婚姻，后因慕容垂拘留北魏使者以求名马，北魏又帮助后燕的对手西燕（占有河东，即今山西，394年为后燕所灭），双方结怨。

礼教，辨宗党，立宗主督护，并且把东至代郡（今河北蔚县）、西及善无（今山西右玉）、南抵阴馆、北尽参合（今山西阳高）的代北地方划为畿内之地，作为北魏统治的重心，其外为“四方四维”，置八部帅以监临之。天兴元年（398年），拓跋珪迁都于平城（今山西大同），将大量被征服地区的人民迁徙到代北，“分土定居”，“息众课农”，“计口授田”。拓跋珪还“建台省，置百官”，建立了一整套政治统治机构和礼制①。拓跋珪的功业，为北魏国家奠定了坚实的基础。

拓跋珪晚年，因宫廷纷争，精神失常被杀②，明元帝拓跋嗣③即位。423年，拓跋宏的高祖父拓跋焘做了皇帝。焘字佛狸，即魏太武帝，是一位有才略的君主。始光三年（426年），拓跋焘派兵进攻大夏④，占领长安；次年又亲率大军攻克大夏都城统万（今陕西横山），俘夏主赫连昌。神䴥二年（429

① 《魏书》卷二《太祖纪》：天兴元年十一月，“诏尚书吏部郎中邓渊典官制，立爵品，定律吕，协音乐；仪曹郎中董谧撰郊庙、社稷、朝觐、飨宴之仪；三公郎中王德定律令，申科禁；太史令晁崇造浑仪，考天象；吏部尚书崔玄伯总而裁之”。卷一一三《官氏志》：“皇始元年，始建曹省，备置百官，封拜五等”；天兴元年，“置八部大夫、散骑常侍、待诏等官”，四年，“复尚书三十六曹”。

② 《魏书》卷十五《昭成子孙列传·拓跋仪传》：“天赐六年（409年），天文多变，占者云‘当有逆臣伏尸流血’。太祖恶之，颇杀公卿，欲以厌当天灾。”最后，拓跋珪自己也被儿子、清河王拓跋绍杀死。

③ 拓跋嗣（392—423年），拓跋珪长子，409年杀拓跋绍后继位。曾屡次率军北攻柔然。谥明元帝，庙号太宗。

④ 夏是匈奴铁弗部建立的政权。407年，铁弗部赫连勃勃称大夏天王，建都统万，占有关中、河西地区，统治极为残暴。其子赫连昌继位后，夏国分裂。

年)，拓跋焘率军大破北边的柔然[①]，降服30多万家，获马牛羊数百万头，敕勒族[②]也有几十万人向北魏投降。据说由于大量俘获，北魏的畜产和毡皮都大之跌价。太延二年（436年)，北魏灭割据辽东的北燕冯氏政权。太延五年，拓跋焘率军征讨北凉[③]，包围其都城姑臧（今甘肃武威)，沮渠牧犍出降。这样，拓跋焘时的北魏政权经过连年征伐，终于翦灭群雄，结束了西晋末年以来北方130多年兵戈扰攘、分裂割据的状态，唯剩南方汉族政权与其隔淮相对。

这一年，距拓跋宏出生还有28年。

第二节　动荡的社会环境

如前所述，在中国境内大漠南北的草原地带，从秦汉到北朝时期，先后活跃着包括匈奴在内的许多游牧民族。他们以畜群为主要财产，食畜肉，饮湩酪，衣皮革，被毡裘，住穹庐，“逐水草迁徙”。他们体魄强健，英勇骠悍，耐饥寒，善骑射，疾驰有如风暴。他们时常在边疆上发动掠夺战争，“其

---

① 柔然，古称蠕蠕，“东胡之苗裔也”(《魏书》卷一〇三《蠕蠕传》)，为起源于东胡的北方游牧民族。402年，柔然社㟪统一漠北，初步具备早期国家的特征，雄峙中国北方150多年。后为突厥及西魏攻灭。

② 敕勒，又叫高车、丁零，为古代北方游牧民族，十六国时大批徙居蒙古草原或入居塞内，一度依附柔然。

③ 北凉，是卢水胡沮渠蒙逊在401年建立的政权，建都姑臧，占有河西，曾与东晋及南朝刘宋政权通使往来。433年，蒙逊病死，子沮渠牧健继立，至439年灭亡。

见敌则逐利，如鸟之集；其困败，则瓦解云散矣”[①]，成为对中原王朝的严重威胁。

在进入中原以前的漫长岁月里，拓跋部也曾经是一个“控弦上马”、驰骋于塞外河套一带的典型游牧部族。虽然由于周围发达较早的民族的影响，拓跋内部的生产力早就有所进步[②]，氏族公社组织已经逐步瓦解，但是传统的游牧经济，作为一种生产和生活的类型，仍然是与北方草原地区的生态环境相适应的。放眼望去，云中一带到处是苍苍茫茫，风吹草低，羊群遍野，牛马孳息的景象，“自东山至西河二百里，北山至南山百有余里，每岁孟秋，马常大集，略为满川”[③]。

而一旦进入中原，拓跋部所面临的，则是一个截然不同的环境。这里土壤肥沃、气候湿润、适于农耕，并且曾经确立了数百年的土地私有制度，实行“民丁课田”[④] 的封建经济关系，“耕织种收，皆有条章”，[⑤] 经济文化水平高出北方少数民族的广袤的汉族地区。这两种环境之间存在着很大的差距。能否迅速适应这一巨大的变化，即适应汉族地区的社会经济和政治制度，成了拓跋部政权能否在中原站稳脚跟的关键。摆在拓跋统治者面前的历史任务，就是在尽可能短的时期内，改革原先的经济结构，建立一套适于中原农耕和定居社会的统

① ［汉］司马迁：《史记》卷一一〇《匈奴传》。

② 早在札赉诺尔时期，拓跋部就已经使用铁器。古墓中出土的不少铁矛、铁镞、铁刀，以及铜器、漆器、陶器、木器等，表明拓跋部的冶铸业和手工业有了一定发展。

③ 《魏书》卷二四《燕凤传》。

④ ［唐］徐坚：《初学记》卷二七引《晋故事》。

⑤ 《后汉书》卷七六《童恢传》。

治制度。

但是，在北魏前期，这种转变对拓跋部来说并不完全是自觉的。西晋统治集团内部以及晋末以来北方各族军阀之间长期的疯狂砍杀，给黄河流域的社会经济带来了严重的浩劫，各族人民在苦难和死亡的深渊中挣扎。“自丧乱已来六十余年，苍生殄灭，百不遗一，河洛丘虚，函夏萧条，井堙木刊，阡陌夷灭”①。兵燹和灾荒造成的后果，是农业人口急剧减少，农业经济严重萎缩，所谓“诸夏纷乱，无复农者”，“民废农业”②，原先农业繁荣的景象已经不复存在。拓跋统治者根本无法依赖这种衰败的经济维持其庞大的财政开支，而且也出于传统习惯和四处征伐的需要，不得不在尽力恢复中原地区的农业生产的同时，继续倚重原有的畜牧业。其主要途径是通过战争，大量俘获和掠夺牲畜，以班赐臣下，开辟牧场。早在道武帝拓跋珪登国六年（391 年）平定刘卫辰后，即“簿其珍宝畜产，名马三十余万匹，牛羊四百余万头”，“班赐大臣各有差”；天兴二年（399 年）破高车，获“马三十余万匹，牛羊百四十余万”，“班赐从臣各有差”③。明元帝拓跋嗣永兴五年（413 年），破越勤倍泥部落，获“马五万匹，牛二十万头”④。太武帝拓跋焘始光四年（427 年）平定大夏，获马“三十余万匹”，牛羊竟达“数千万”⑤。因此，在北魏前期，北方边疆的畜牧业仍在顽强地发展，“畜产滋息”。到拓跋焘时，还

① 《晋书》卷五六《孙楚传附孙绰传》。

② 《魏书》卷一一〇《食货志》。

③ 《魏书》卷二《太祖纪》。

④ 《魏书》卷三《太宗纪》。

⑤ 《魏书》卷四《世祖纪上》。

新辟河西牧场，“马至二百余万匹，橐驼将半之，牛羊则无数”①。对拓跋部来说，转变自身的经济结构远非轻而易举的事情。

战争、征服和饥馑，使拓跋统治者获得了大量的俘虏和贫困卖身以及沦为罪犯的人，包括汉族和其他各个民族、部落的成员。拓跋统治者很自然地把他们作为奴婢和隶户赏赐给功臣勋戚。其中如许谦“从征卫辰，以功赐僮隶三十户”②；长孙肥跟随拓跋珪“南平中原，西摧羌寇”，以功“赏赐奴婢数百口，畜物以千计”③；王建“从征伐诸国，破二十余部，以功赐奴婢数十口，杂畜数千”，又“赐僮隶五千户”④。天赐元年（404年）十二月，拓跋珪还专门下诏班赐贵族奴婢：“大郡王二百人，次郡王、上郡公百人，次郡公五十人，侯二十五人，子十二人”，并且“皆立典师，职比家丞，总统群隶”⑤。塞外使用奴婢劳动的习俗在塞内又延续了下来，《南齐书》卷

① 《魏书》卷一一〇《食货志》。此外如北秀容川（今山西朔县北）一带方300里的农田，也被辟为牧场，到太和年间（477－499年）已经成为“牛羊驼马色别为群”的畜牧区。北魏还在河阳（今河南孟县西）开辟牧场，畜马十万匹；又如石济（今河南延津西）以西，河内（今河南沁阳）以东的黄河两岸千里之地，均成为马场。参见《乌桓与鲜卑》第21－22页。直到北魏晚期，河西牧场依然存在。孝明帝孝昌二年（526年）三月，西部敕勒斛律洛阳反于桑乾，即“西与河西牧子通连”。（《魏书》卷九《肃宗纪》）

② 《魏书》卷二四《许谦传》。

③ 《魏书》卷二六《长孙肥传》。长孙肥（？－408年），代人，登国（386－395年）初为大将，“善策谋，勇冠诸将”，屡有战功，赐爵琅邪公，迁卫尉卿。

④ 《魏书》卷三〇《王建传》。王建，广宁（今河北涿鹿）人，少尚公主，为外朝大人，“参与计谋”，从征有功，赐爵濮阳公。

⑤ 《魏书》卷一一三《官氏志》。

五七《魏虏传》描述了北魏平城宫殿使用奴婢的情形："妃妾住皆土屋，婢使千余人，织绫锦贩卖，酤酒，养猪羊，牧牛马，种菜逐利。"北魏前期拥有的奴婢数量是相当多的，他们完全没有人身自由，处于社会的最底层。

北魏还存在地位稍高于奴婢、隶属于官府的各种杂户。其中有从事纺织的"绫罗户"："魏初，禁网疏阔，民户隐匿漏脱者多。东州既平，绫罗户民乐葵因是请采漏户，供为纶绵"①；有从事金属冶铸的"金银工巧之人"："有私养沙门、师巫及金银工巧之人在其家者，皆遣诣官曹，不得容匿"②；有专门淘金的"金户"："汉中旧有金户千余家，常于汉水沙淘金，年终总输"③；有世代煮盐的"盐户"："郡有盐户，常供州郡为兵，子孙见丁从役"④；有从事畜牧的"牧子"："南秀容牧子万子齐真反叛"⑤。此外还有城户、营户、军户、府户等等。杂户成分繁多，对官府有很强的人身依附性，处于受奴役的境地。

必须指出，在北魏前期，奴婢主要从事家内和宫廷内的园艺、畜牧并服侍贵族，杂户主要从事手工业，他们已经逐步从社会的主要生产领域中退出。北魏前期的奴隶制度并没有得到充分的发展。这既是由于拓跋部内氏族残余和习俗的抵制，更是由于在广袤的中原地区，农耕经济虽然遭到破坏，但毕竟拥有悠久的历史传统，特别是经过曹魏的屯田、西晋

① 《魏书》卷九四《仇洛齐传》。
② 《魏书》卷四《世祖纪下》。
③ 《魏书》卷一一〇《食货志》。
④ 《魏书》卷五七《崔挺传附崔游传》。
⑤ 《魏书》卷七四《尔朱荣传》。

的占田等形式，封建的租佃关系已经根深蒂固，不可能出现根本性的反复。而作为拓跋部统治中心地区的京畿一带，由于中原经济的影响和统治者为适应新的环境而作出的抉择，也在通过移民定居、“计口授田”和征收赋调的方式，逐步恢复和发展农业，从初步形态的奴隶制度甚至直接从氏族组织向封建的经济关系过渡。这个过程，是经过道武帝拓跋珪和明元帝拓跋嗣两代，到太武帝拓跋焘时期基本完成的。

随着对各族人民大规模的征服，北魏向京畿及附近地区迁徙了大量的“新民”①。拓跋珪灭后燕，于天兴元年（398年）“徙山东六州民吏及徒何②、高丽杂夷三十六万，百工伎巧十余万口，以充京师”，又“徙六州二十二郡守宰、豪杰、吏民二千家于代都”③；拓跋嗣永兴五年（413年）破越勤倍泥部落于跋那山西，徙其“二万余家”并“置新民于大宁川（今河北张家口附近）”；泰常三年（418年）又“徙冀、定、幽三州徒何于京师”④；拓跋焘太延五年（439年）平北凉，“徙凉州民三万余家于京师”；太平真君七年（446年），“徙长安

① 十六国时期，各政权常有徙民之举。如前燕击破宇文归，“开地千余里，徙其部人五万余落于昌黎（今辽宁锦州东）”（《晋书》卷一〇九《慕容皝载记》）；又“徙广宁（今河北涿鹿）、上谷（今北京延庆）人于徐无（今河北遵化东），代郡（今山西大同东）人于凡城而还”（《晋书》卷一一〇《慕容儁载记》）。前秦灭前燕，亦“徙关东豪杰及诸杂夷十万户于关中”，平前凉，又“徙豪右七千余户于关中”（《晋书》卷一一三《苻坚载记上》）。这种徙民在客观上推动了民族融合与进步，与秦汉时期迁徙豪强的情况有所不同。

② 山东六州，即原为后燕统治的司、安（后称定州）、冀、幽、青、兖州。徒何，或作徒河，在今辽宁锦州。鲜卑慕容部又称徒何（鲜卑）。

③ 《魏书》卷二《太祖纪》。

④ 《魏书》卷三《太宗纪》。

城工巧二千家于京师”；正平元年（451年），以南朝“降民五万余家分置近畿”①；献文帝拓跋弘时攻克青州（在今山东），又于皇兴三年（469年），“徙青州民于京师”②。先后迁往代都及周围地区的人数当在100万以上。大规模的持续移民，不但使原来以游牧为主要经济生活的鲜卑等各族成员“离散诸部，分土定居，不听迁徙，其君长大人，皆同编户”③，原有的氏族游牧经济结构逐步瓦解，而且在代北集中了大量熟练掌握农业和手工业技术的汉族劳动人民。各族人民在这个地区散布杂居，由政府“计口授田”，并借给耕牛和其他劳动工具，从而形成无数个对生产资料拥有某种程度的所有权或使用权的相对独立的经济单位。“新民”是发展代北的农业和手工业，并且直接向北魏统治集团提供粮食和徭役，满足其财政开支和修建城郭、宫殿、林苑需要的最重要的力量。“新民”体现了不同地区、不同层次的文化包括中原汉族文化。他们在北魏的社会生活中日益活跃，是后来推动改革的重要社会基础。

刚刚跨入封建社会门槛的拓跋统治者，带有早先那个阶段特有的野蛮性和掠夺性。他们凭借征服者的地位和强大的武力，对各族人民进行残酷的剥削压迫。

晋末以来的战争，导致大量土地抛荒，人口流徙，原有的户籍、品第已经十分紊乱。为了维持巨额的军费开支，养活庞大的贵族官僚阶层，填塞统治者日益增长的欲壑，北魏

① 《魏书》卷四《世祖纪》。

② 《魏书》卷六《显祖纪》。

③ ［唐］李延寿：《北史》卷八〇《贺讷传》。

前期采取“九品混通”即重新把各地户口按贫富划为九等、由各户根据其资财品级分摊租赋总额的办法，规定平均每户每年向国家缴纳“帛二匹、絮二斤、丝一斤、粟二十石；又入帛一匹二丈，委之州库，以供调外之费”[①]，这已经是很不轻的负担了。然而北魏政府还经常巧立名目，横征暴敛，进一步榨取人民的血汗，北魏前期的临时征调十分频繁，如永兴五年（413 年）正月，“诏诸州六十户出戎马一匹”；泰常三年（418 年）九月，“诏诸州调民租，户五十石，积于定、相、冀三州”；泰常六年（421 年）二月，“调民二十户输戎马一匹、大牛一头”[②]；始光二年（425 年）五月，“诏天下十家发大牛一头运粟塞上”；太平真君七年（446 年）六月，“发司、幽、定、冀四州十万人筑畿上塞围，起上谷，西至于河，广袤皆千里”[③]，等等。而“内外诸司、州镇守宰等各级官员，更是任意征发，“侵使兵民，劳役非一”。特别是由于北魏前期未颁俸禄，大大小小的官吏乘机搜刮百姓，聚敛私财，“贪秽过

① 《魏书》卷一一〇《食货志》。按，“九品混通”系沿袭西晋“九品相通”的办法而来。另外，曹操占冀州后，曾颁《抑兼并令》，规定“其收田租亩四升，户出绢二匹、绵二斤而已，他不得擅兴发”（见《曹操集译注》，中华书局 1979 年版，第 91 页）；西晋规定：“凡民丁课田，夫五十亩，收租四斛，绢三匹，绵三斤”（《初学记》卷二七《绢第九》），其中户调“女及次丁男为户者半输。其诸边郡或三分之二，远者三分之一”（《晋书》卷二六《食货志》）；成汉李雄统治时期（304 年－334 年），“其赋男丁岁谷三斛，女丁半之，户调绢不过数丈，绵数两”（《晋书》卷一二一《李雄载记》）；后赵石勒“阅实人户，户赀二匹，租二斛”（《晋书》卷一〇四《石勒载记上》）。与之相比，北魏前期的租调最为沉重。

② 《魏书》卷三《太宗纪》。

③ 《魏书》卷四《世祖纪下》。

度”。有的官员“断截官物以入于己，使课调悬少”，却“委罪于民”[①]；有的官员“初来，单马执鞭；返去，从车百两（辆）”[②]，成为暴发户。对此，北魏政府曾经采取一些抑制措施，然而屡禁不绝，“虽动贻大戮，而贪虐未悛”[③]，更有愈演愈烈之势。

北魏统治阶级在掠夺土地方面也毫不逊色。拓跋贵族进入中原以后，在保留游牧习性、大量圈占牧场的同时，又千方百计广占田园山泽，表现出十足的贪婪。拓跋焘的太子拓跋晃，就曾“营立私田，畜养鸡犬”[④]；定陵公和跋因罪被处死，临刑前还嘱咐他的弟弟“灅北地瘠，可居水南，就耕良田，广为产业”[⑤]。皇家和贵族占田过甚，上谷一带的贫苦百姓无以为生，被迫上书，“言苑囿过度，民无田业，乞减太半，以赐贫人”[⑥]。至于秦汉以来势力急剧膨胀的北方豪强地主，更是连族聚亲，筑坞立壁，掠占田土，荫庇户口，对依附于其的部曲和佃客进行“倍于公赋”[⑦] 的敲骨吸髓的剥削。

北魏前期政治黑暗，法制败坏。“有罪者优游获免，无罪者妄受其辜”[⑧]。刑罚种类多而残暴，“禁令苛刻，动加诛辖”[⑨]。

---

① 《魏书》卷五《高宗纪》。
② 《魏书》卷三三《公孙表传附公孙轨传》。
③ 《魏书》卷八八《良吏传序》。
④ 《魏书》卷四八《高允传》。
⑤ 《魏书》卷二八《和跋传》。
⑥ 《魏书》卷二八《古弼传》。
⑦ 《魏书》卷一一〇《食货志》。
⑧ 《魏书》卷五《高宗纪》。
⑨ 《南齐书》卷四七《王融传》。

特别是有所谓“门房之诛”，“一人为恶，殃及合门”[①]，辗转株连，备极惨酷。刑讯逼供也是花样迭出，骇人听闻，令囚犯不堪忍受。如当时使用一种“重枷，大几围”，又“以縋石悬于囚颈，伤内至骨；更使壮卒迭搏之。囚率不堪，因以诬服。吏持此以为能”[②]。层出不穷的冤狱加深了社会矛盾，统治者只好诉诸更为酷虐的刑罚，造成恶性循环。

北魏前期社会具有鲜明的民族压迫的特点。拓跋统治者对各被征服民族肆意蹂躏，动辄屠戮。早在登国十年（395年）的参合陂之战后，拓跋珪就残忍地把多数是鲜卑慕容部人的四五万后燕降卒全部活埋。由于北魏前期战事频繁，甚至“九年之间，戎车十举”[③]，北疆上的一些少数民族，经常被拓跋统治者征用于战争和掠夺，或是镇压其他民族的反抗[④]。但这些少数民族自己也受到北魏军队的监视和欺凌，处境十分悲惨。当北魏政府对外用兵时，总是驱使各被征服民族的士兵在前冲锋陷阵，以血肉之躯抵挡矢石，填塞壕堑，每每死伤枕藉。正平元年（451年），拓跋焘率军南征，包围了刘宋的盱眙城（今江苏盱眙北），写信给守城将领臧质，劝他出兵决战。信中声言：“吾今所遣斗兵，尽非我国人，城东北

① 《魏书》卷七《高祖纪上》

② 《魏书》卷一一一《刑罚志》。

③ 《魏书》卷四《世祖纪上》。

④ 《魏书》卷三《太宗纪》：泰常三年（418年），薛繁“率高车丁零十二部大人众北略，至弱水，降者二千余人”；卷四《世祖纪上》：延和元年（432年）伐北燕，“发幽州民及密云丁零万余人，运攻具，出南道，俱会和龙（今辽宁朝阳）”；卷五《高宗纪》：和平元年（460年），拓跋良“督东雍吐京、六壁诸军西趣河西……以讨河西叛胡。”

是丁零与胡，南是三秦氐、羌。设使丁零死者，正可灭常山、赵郡贼；胡死，正灭并州贼；氐、羌死，正灭关中贼。卿若杀丁零、胡，无不利”[①]。驱使各少数民族进攻南朝，又借南朝的兵器杀少数民族，赤裸裸地暴露出民族压迫的本性。

北魏前期的野蛮统治，再加上连年发生水旱灾害，人民“寒弱不能自赡”，“困于冻馁”，流离失所，以致“有卖鬻男女者”，而“豪富之门”，却“日有兼积”[②]。阶级矛盾和民族矛盾日益激化，人民被迫进行各种形式的斗争。当时有许多人为躲避繁苛的赋税徭役而逃亡，“羁旅他乡”[③]，或“负崄不供输税”[④]。政府的财源受到严重威胁，统治者被迫一再下令检括户口。还有的地方“劫盗大起”[⑤]，“屯聚林薮，拒射官

① 《宋书》卷七四《臧质传》。
② 《魏书》卷五《高宗纪》。
③ 《魏书》卷四《世祖纪上》。
④ 《魏书》卷三〇《周几传》。
⑤ 《魏书》卷二四《崔宽传附崔衡传》。

军”[1]，各族人民纷纷举起了武装反抗的旗帜[2]。

北魏前期规模最大的人民起义，是由卢水胡[3]盖吴领导的。太平真君六年（445年），盖吴在杏城（今陕西黄陵）揭竿而起，得到汉族和氐、羌、匈奴等各族人民的拥护，迅速发展到10多万人。盖吴派白广平西入安定（今甘肃固原），“诸夷酋皆聚众应之”[4]；又遣兵进攻长安，河东人薛永宗起兵响应。到这年冬天，东起潼关，西至汧陇（今陕甘交界处），到处都燃烧着起义的烈火。拓跋焘气急败坏，被迫亲征，费尽全力才把起义镇压下去。

盖吴起义虽然失败了，人民的反抗却有增无减。在孝文帝拓跋宏即位初期的十年间，较大规模的人民起义就有十几次，包括青州高阳（今河北蠡县南）的封辩起义，沃野（今

---

① 《魏书》卷三〇《娥清传》。

② 早在拓跋珪天兴元年（398年），就有“离石胡帅呼延铁、西河胡帅张崇等聚党数千人叛”、“渔阳（今北京密云西南）群盗库傉官韬聚众反”（《魏书》卷三《太祖纪》）的记录。拓跋嗣永兴年间（409年—414年），“关东群盗大起，西河反叛”（《魏书》卷三一《于栗磾传》）；接着又有“河西饥胡刘虎聚结流民，反于上党（今山西襄垣东），南寇河内（今河南武涉）”（《魏书》卷三三《公孙表传》）。拓跋焘时，“安定（今甘肃泾川西北）卢水胡刘超等聚党万余以叛”（《魏书》卷四〇《陆俟传》）；“陇西屠各王景文等恃险窃命”；又有“弘农（今河南灵宝南）、河内、上党三郡贼起”（《魏书》卷三一《于栗磾传附于洛拔传》）。拓跋浚时，“氐豪仇傉檀等反叛，氐民咸应，其众甚盛”；“鄠县（今陕西户县北）民王稚兄弟，聚众二千余人”，附近四县人民“皆应之，众至五千”（《魏书》卷三〇《陆真传》）；和平（460年—465年）中，又有“咸阳郡民赵昌聚党作逆，百姓骚动”（《魏书》卷三三《张蒲传》）。拓跋弘时，又因“山东饥馑，盗贼竞起”（《魏书》卷四四《薛野賭传附薛虎子传》），等等，史不绝书。

③ 卢水即今甘肃黑河，卢水胡是匈奴的一支。

④ 《魏书》卷四《世祖纪下》。

内蒙古五原西北）、统万二镇的敕勒族起义，齐州（治今山东济南）的司马小君、刘举和沙门慧隐起义，洛州（治今河南荥阳）的贾伯奴起义，豫州（治今河南汝南）的田智度起义以及徐兖一带的司马朗之起义等。

民族矛盾和阶级矛盾的错综交织，各族人民连绵不断的起义、反抗，给了北魏统治者很大的震动。显然，在从塞外进入中原、从游牧经济向农耕经济转化，并且逐步实现生产关系封建化的过程中，在政治上继续推行奴隶制式的野蛮严酷统治，一味崇尚武力，只能进一步激化社会矛盾，重蹈十六国期间一些少数民族政权迅速毁灭的覆辙。

第三节　剧烈的文化冲突

长期的战乱，不仅严重摧残了北方的社会经济，而且剧烈破坏了中原地区的思想文化传统。

孔子在春秋末期创立的倡导“德治”和教化的儒学，既是一种为统治者设计的治国安邦的经略，也是一种为士大夫阶层提供的修身立命的基本准则。然而，春秋末期以后，从诸侯竞雄割据到统一王朝建立，提倡严刑峻法的商韩之说一家独尊。带有过多理想化成分和粗陋迂腐特点的早期儒学，则未能赢得统治者足够的重视，充其量不过是诸子百家中较受压抑的一家。秦代甚至实行“以法为教”①、“以吏为师”②的政策。到汉武帝时代，随着“大一统”王朝的日渐巩固和专

① 《韩非子》卷一九《五蠹》。

② 《史记》卷六《秦始皇本纪》。

制制度的逐步强化，统治者连年征战，赋敛繁苛，导致海内虚耗，百姓怨嗟，社会矛盾日益暴露和发展。法家、黄老学说早已先后衰微，统治者迫切需要一种新的学说作为指导思想。于是儒学的价值被重新发现。曾上“天人三策”并为汉武帝所采纳的董仲舒等人，承担了对传统儒学进行加工改造的工作。他们摒弃了儒学中的粗鄙成分，保留了儒学精粹，同时批判地吸取、糅合法家、道家、阴阳家等各派学说的思想材料，创立了一种以鼓吹“天人感应”的君权神授、“三纲五常”的礼义教化，以及德刑并用、辨别华夷等思想为主要内容的新儒学。这种新儒学，适应统治者进一步加强专制统治的要求，因而备受赏识。特别是经过汉宣帝时期的石渠阁会议，以及东汉的白虎观会议，被涂上一层神秘色彩，确立为正宗国学。

汉武帝置五经博士，开始对儒家经典的大规模发掘、整理和研究工作。东汉初，光武帝刘秀“爱好经术，未及下车，而先访儒雅”；汉明帝刘庄更是亲自讲经，“诸儒执经问难于前，冠带缙绅之人，圜桥门而观听者盖以万计。”统治者的这种带有粉饰太平意味的做法起了倡导和推动的作用，于是东汉出现了大批专事儒经章句注疏、聚徒传授的学者，“编牒不下万人”。其著名者先后有贾逵、马融、郑玄等，或“门徒数百人”，或“教养诸生，常有千人”，其中有的“不远万里之路”，“赢粮动有千百”。真可谓“济济乎，洋洋乎”，盛极一时。①

东汉的世家大族，深受儒学熏陶，成了传播儒学的另一

① 《后汉书》卷七九《儒林传》。

类载体。如颍川（今河南许昌东）荀氏①、汝南（今河南息县）袁氏②、涿郡（今河北涿县）崔氏③、弘农（今河南灵宝北）杨氏④ 等，都以读经、习儒为世代延续的家风，并以学问名节、道德文章相标榜，著称于时，所谓“学达君子，自为节度，相承行之，故世号士大夫风操”⑤。

在士大夫和名儒的推动与影响下，儒学从统治阶级上层渗透到了整个社会，成为一般知识分子和地主家庭所崇尚的学问、所遵循的行为规范和修养准则。

在中原地区，这种风气世代熏染、传嬗，日渐浓郁，并且得到统治者的认可和支持，逐渐形成了以儒学为主体的思想文化传统。

到汉末和魏晋，在军阀割据混战和世族门阀统治的背景

---

① 《后汉书》卷六二《荀韩钟陈列传》：颍川荀淑“博学”，其子爽“年十二，能通《春秋》、《论语》”，成年后“耽思经书”号称硕儒。爽侄悦，“年十二，能说《春秋》”，“尤好著述”，曾作《申鉴》五篇，又依《左传》体作《汉纪》三十篇。

② 《后汉书》卷四五《袁张韩周列传》：汝南袁良“习孟氏《易》”，其孙安“传良学”，安子京“习孟氏《易》”，京子彭“少传父业”，彭弟汤“少传家学”；安另一子敞“少传《易经》教授”。

③ 《后汉书》卷五二《崔骃列传》：涿郡崔篆“以明经征诣公车”，篆孙骃“年十三能通《诗》、《易》、《春秋》，博学有伟才”；骃子瑗“锐志好学，尽能传其父业”，“高于文辞”；瑗子寔“好典籍”，“著作东观”，“与诸儒博士共杂定五经”。

④ 《后汉书》卷五四《杨震列传》：弘农杨震“明经博览，无不穷究”，有“关西孔子”之誉；震子秉“少传父业，兼明京氏《易》，博通《书》传，常隐居教授”；秉子赐“少传家学，笃志博闻”并“教授门徒”；赐子彪“少传家学，博习旧闻”；彪子修“好学，有俊才”。

⑤ ［北齐］颜之推：《颜氏家训》卷二《风操》。

下，曾经先后兴起似乎偏离正统儒学的以曹操为代表的“拨乱之政，以刑为先”[1]的刑名、法治思潮，和以夏侯玄、何晏、王弼等人为代表的手执麈尾、口谈玄虚式的清谈与玄学思想。细绎其思想源流，那位横槊赋诗、戎马一生的曹操，却有着儒家“法先王”般的政治激情；而主张“天地万物皆以无为本”[2]的玄学，则主要是适应在正始（240年—249年）、嘉平（249年—254年）等年代的残酷的政治斗争中，士大夫空虚颓废和愤世嫉俗的精神面貌的。魏晋时代统治者和大族的骨子里依然是尊崇儒学。他们“立太学，制五经课试之法，置《春秋谷梁》博士”[3]，“修立学校，临幸辟雍”，“尊儒勤学”[4]，继续倡导研习儒经。而社会上的一般知识分子，也仍然以儒学世代相传。中原思想文化传统经受住了考验，紧随着时代的步伐而发展。

西晋末年的情形则有所不同。司马氏政权的腐朽、暴虐，导致了各地的流民起义。各少数民族的酋长和豪帅，乘机举起反晋旗帜，在北方展开了连年的混战。往日威严矜持、不可一世的门阀大族们仓惶四散。许多大族随司马睿南渡，“避乱江左”，建立偏安一隅的东晋政权；另一部分士族则流寓河西前凉[5]。这样，滞留在中原地区的大族就不多了。在战火烽

---

① 《以高柔为理曹掾令》，《曹操集译注》第163页。

② 《晋书》卷四三《王衍传》。

③ 《三国志》卷二《魏书·文帝纪》。

④ 《晋书》卷九一《儒林传》。

⑤ 西晋末年，汉人张轨任凉州刺史，守土保境，接纳了不少从中原前来避难的士族和百姓。314年，张轨称凉王，都姑臧（今甘肃武威）。前凉政权控制了从陇西到西域的广大地区。376年灭于前秦。

烟、刀光剑影中，他们朝不保夕，陷于惶惶不可终日的境地。而中原的“衣冠文物”、书籍典册也大多散佚，儒家思想文化传统遭受了一次空前的劫难，正所谓“自晋永嘉之后，……生民不见俎豆之容，黔首唯睹戎马之迹，礼乐文章，扫地将尽”①。

然而，在腥风血雨中，中原儒学再一次表现出惊人的生命力。早在西汉初年，儒生陆贾在晋见刚刚推翻暴秦的汉高祖刘邦时就大谈《诗》、《书》，迷信武力的刘邦十分反感，骂道：“乃公居马上而得之，安事《诗》、《书》！”显得极为粗鲁无知。陆贾当即反驳道：“居马上得之，宁可以马上治之乎！”“向使秦已并天下，行仁义，法先圣，陛下安得而有之？”刘邦听了，面有愧色，就请陆贾写书总结秦亡汉兴的道理。陆贾奋笔写下名著《新语》，指出秦朝亡在“举措暴众”，“用刑太极”。他提出汉朝应该转变统治策略，实施“文武并用”的“长久之术”②。同样，十六国时期，铁骑铠甲、血腥屠戮固然可以在塞内逞志于一时，却终究不是长久之计。经过连年的战争，少数民族的首领们逐步注意到历史的和现实的经验教训，开始思索如何巩固自己的政权。特别是他们中的一些人，在接触了中原的思想文化以后，立刻被儒学的深厚的传统和巨大的影响所震慑，进而察觉到自己的落后，开始对汉族文

① 《魏书》卷八四《儒林传》。

② 《史记》卷九七《陆贾传》。

化产生仰慕心理和利用意识，有的还亲身研习[①]。他们认识到，要统治汉族地区，必须适应和利用汉族人头脑中根深蒂固的文化传统，争取得到中原大族的支持。

因此，少数民族政权对有文化的人一般并不轻易杀戮，而且逐步开始办学兴儒，延聘汉人。如后赵石勒自己不识字，却常常叫儒生读史书给他听。石勒还将河北一带的“衣冠人物”集中在一起，号为“君子营”。他重用汉族儒生张宾以及裴宪、傅畅、杜嘏等，言听计从。建国后，又徙朝臣掾属以上士族300户于襄国崇仁里，严格约束胡人“不得侮辱衣冠华族”。石勒还办了不少学校，传播儒学[②]。后秦[③]姚兴也倡导儒学，他聘用姜龛、淳于岐、郭高等“耆儒硕德，经明行修，各门徒数百，教授长安”。姚兴在处理政事之暇，常召姜龛等入宫，讲论经艺，错综名理。他还专门下令，不得约束儒者往来修行。“于是学者咸劝，儒风盛焉”[④]。在河西地区，

① 有些少数民族上层人物，早在年轻时就有了儒学功底。如刘渊，为匈奴渠帅，起兵反晋，建立汉（前赵）政权。他曾“师事上党崔游，习《毛诗》、《京氏易》、《马氏尚书》，尤好《春秋左氏传》、《孙吴兵法》，略皆诵之，《史》、《汉》、诸子，无不综览”（《晋书》卷一〇一《刘元海载记》）。其子刘聪，统治虽暴虐，却也是“究通经史，兼综百家之言”（《晋书》卷一〇二《刘聪载记》）。

② 石勒政权设有经学祭酒、律学祭酒、史学祭酒等，并增置“宣文、宣教、崇儒、崇训十余小学于襄国四门，简将佐豪右子弟百余人以教之”；在地方郡国也设置学校，“每郡置博士祭酒二人，弟子百五十人”（《晋书》卷一〇四、一〇五《石勒载记》）。

③ 后秦是羌族豪帅姚苌建立的政权。384年，姚苌自称万年秦王，据长安；386年称帝，国号大秦，据有今河南、陕南、陇东一带。393年姚兴即位后，采取了若干改革措施。417年，东晋刘裕率军攻占长安，后秦灭亡。

④ 《晋书》卷一一七《姚兴载记上》。

从前凉到西凉[1]、北凉，一直比较重视学术传统，荟萃了一批文人学士，而且同江南汉族政权保持着密切的文化联系。如宋文帝元嘉三年（426年），北凉沮渠兴国曾遣使至刘宋，索要书籍。沮渠蒙逊也曾写信给刘宋司徒王弘，要求替他找书，王弘就命人抄写后送给他。元嘉十四年（437年），北凉沮渠牧犍又派人至刘宋，送给江南一批典籍，包括《周髀》、《甲寅元历》、《敦煌实录》、《凉书》和《十三州志》等，同时向江南索要书籍数十种，宋文帝一一答应[2]。另外，北方慕容氏建立的几个燕政权，受汉族文化的影响也比较深[3]。

当然，这种趋势仅仅是初步的，基本上局限于搜罗儒者、传播儒学，以及任用汉人谋划军国机密，当时还不具备采取切实有力的步骤，从政治、经济等各个领域全面缩小与汉族王朝的差距的条件，更谈不上从思想上吸收与继承中原儒家文化传统，进而推动民族融合与进步的可能性。实际上，当时还有一些少数民族政权的统治者，或忙于征战，无暇顾及，或荒淫奢靡，嗜杀成性，即使模仿汉族文化，也不过东施效颦，捡得些皮毛，并未真正认识儒学是怎么回事。

面对各少数民族的传统习性与中原儒家文化的猛烈冲突

---

① 西凉是汉人李暠建立的政权。公元400年，李暠自称凉公，领秦凉二州牧，建都酒泉，占有玉门关以西诸地，曾上书东晋。421年，灭于北凉沮渠蒙逊。

② 《宋书》卷九八《氐胡传》。

③ 清初王夫之在《读通鉴论》卷十五《宋文帝》中说："吕光叛，河西割为数国。秃发、沮渠、乞伏，蠢动喙息之酋长耳，杀人、生人、荣人、辱人唯其意，而无有敢施残害于诸儒者，且尊之也，非草窃一隅之夷能尊道也。儒者自立其纲维而莫能乱也。"剔除其关于民族和道统的陋见，多少概括出当时少数民族政权对儒学的态度及其原因。

与逐步糅杂，更加落后的拓跋部该采取什么态度和对策呢？

拓跋鲜卑内部很早就存在着对汉族文明的不同看法。力微的儿子沙漠汗由于长期留在魏都洛阳，其谈吐服饰犹如汉人。返回部落后，在一次酒宴上，他看见天空一只飞鸟，就学着汉人的样子，用弹弓射落飞鸟。弹弓，是拓跋部从未见过的新奇玩艺。在座的酋长们大惊，说："太子风彩被服，同于南夏，兼奇术绝世，若继国统，变易旧俗，吾等必不得志，不若在国诸子，习本淳朴"①。酋长们嫉恨"变易旧俗"，主张"习本淳朴"，显然是一种守旧的心态。后来他们果然用计把沙漠汗杀了。猗卢企图压服部落酋长，又与旧势力发生冲突，结果被他的儿子六脩所害。以后，"新旧猜嫌"的局面继续存在。一度前来投奔拓跋部的汉人卫雄、姬澹听说"旧人忌新人"，"欲尽杀之"，被迫率领数万人家，逃回汉族区域去了②。

拓跋部在进入中原时，遇到了当地传统的儒家、法家学说、黄老学说以及佛教、道教等等的混合糅杂、斑驳陆离的影响。以拓跋统治者的水平和当时战事频仍的客观原因，是不可能对各种学说进行充分的鉴别和研究的，因此，他们大致上只能采取兼收并蓄、囫囵吞枣的态度。不过，在初步总结了以前一些少数民族政权迷信武力而亡不旋踵的教训后，拓跋统治者开始认识到"天下可马上取之，不可以马上治之。

① 《魏书》卷一《序纪》。

② 《魏书》卷一《序纪》。按，卫雄，字世远；姬澹，字世雄，"并勇健多计划"，分别为卫操的侄子与乡邻。卫操，字德元，代人，"少通侠，有才略"。力微死后，雄、澹随操归附拓跋部，并劝说其首领招纳晋人，颇受礼遇，以功封侯。操死后，雄、澹为"左右辅相"，后投归晋并州刺史刘琨。

为国之道，文武兼用”[1]，比起虚渺的佛、道和其他一些学说来，讲究德治和礼义教化的儒学最能适应社会的现实需要，最能解决安定社会秩序的迫切问题；吸收儒家文化、争取中原大族，正是巩固北魏政权的基础。为此，拓跋珪在继续重视和利用其它各种学说为其政权服务的同时，尤其注意崇儒，突出儒学的指导作用，并采取了一些具体措施。首先，他注意招揽汉族士人，逐步改变其统治集团中旧贵族占绝对优势的状况：“帝初拓中原，留心慰纳。诸士大夫诣军门者，无少长，皆引入赐见，存问周悉，人得自尽，苟有微能，感蒙叙用”[2]。这样就得到了不少在战乱中“自强蓬荜”、“抱器晦己”[3]的士人。早在登国十年（395 年）战胜慕容宝时，就“于俘虏之中擢其才识者贾彝、贾闰、晁崇等与参谋议，宪章故实”[4]；又如崔玄伯，凡“有司置官爵、撰朝仪、协音乐、定律令、申科禁，玄伯总而裁之”，深得拓跋珪信任，“势倾朝廷”[5]；又如邓渊，为尚书吏部郎，“明解制度，多识旧事”，“参定朝仪、

---

① 《魏书》卷八四《儒林传》。

② 《魏书》卷二《太祖纪》。

③ 《魏书》卷八四《儒林传》。

④ 《魏书》卷二《太祖纪》。按，贾彝，姑臧（今甘肃武威）人，原为后燕记室参军、昌黎太守。参合陂之战后，被北魏辟为尚书左丞，“参预国政”。后被拘执，死于夏国。晁崇，字子业，襄平（今辽宁辽阳）人，家世史官。崇善天文、术数，曾仕后燕。归北魏为太史令，造浑仪历象、日月星辰，迁中书侍郎。后与其弟并为拓跋珪赐死。

⑤ 《魏书》卷二四《崔玄伯传》。崔玄伯（？—418 年），名宏，清河（今山东临清）东武城人，出身望族，“励志笃学”，擅草隶。曾任职前秦、后燕。入仕北魏后，为黄门侍郎、吏部尚书，是魏初“草创制度”的重要人物，赐爵白马侯。

律令、音乐，及军国文纪诏策，多渊所为”①。其次，拓跋珪重经术，立学校。他曾经请教李先：“天下何书最善，可以益人神智？”李先回答：“唯有经书，三皇五帝治化之典，可以补王者神智。”为此，拓跋珪采纳了李先的建议，“严制天下诸州郡县”搜集经书，于是“经籍稍集”②。在平定中原后，拓跋珪还设立太学，置五经博士，“生员千有余人”；后又增国子太学，“生员至三千”；又命“乐师入学习舞，释菜于先圣、先师”，气氛隆重肃穆。以后学校的规模又有扩大。③

明元帝拓跋嗣继续奉行尊崇儒学的方针，曾下诏征求“德行清美，学优义博，可为人师者”。拓跋嗣本人也“好览史传”，曾撰“《新集》三十篇，采诸经史，该洽古义”④。太武帝拓跋焘尤其注意笼络大族。他在平定夏国赫连氏后即宣布要“偃武修文，遵太平之化”。神䴥四年（431年）下诏征辟士人，范阳（今河北涿县）卢玄⑤、博陵（今河北安平）崔绰⑥、赵郡（今河北高邑）李灵⑦、河间（今河北献县）邢颖⑧、

① 《魏书》卷二四《邓渊传》。邓渊，字彦海，安定（今甘肃泾川西北）人，长于《易》筮，任北魏著作郎、尚书吏部郎等，参与创制。后被赐死。

② 《魏书》卷三三《李先传》。李先（335—429年），中山（今河北定县）人，善占相，多谋略。曾仕于前秦、西燕。归北魏，任定州大中正等职。

③ 《魏书》卷八四《儒林传》。

④ 《魏书》卷三《太宗纪》。

⑤ 卢玄，字子真，父祖仕晋及慕容氏。玄被征辟，为中书博士、散骑常侍。崔浩每与之言，辄叹曰：“对子真，使我怀古之情更深。”

⑥ 崔绰，字神具，以“学行修明”闻名，被征辟。后为郡功曹而卒。

⑦ 李灵，字虎符，“学优温谨”，征为中书侍郎、洛州刺史等。

⑧ 邢颖，字宗敬，“以才学知名”，征为中书侍郎等，后以病还乡。

勃海（今河北南皮）高允①、广平（今河北曲周）游雅②、太原（在今山西）张伟③等著名的高门士族，以及各州郡所遣“逸民”数百人都同时归附北魏政权，一时趋之若鹜。从始光到太平真君年间（424年—450年），拓跋焘还先后下诏“起太学于城东，祀孔子，以颜回配”，“自王公以下至于卿士，其子息皆诣太学”④等。北魏在平定北凉后，也接纳了一批有成就的河西学者，把他们迁徙到平城居住，其中著名的如敦煌刘昞⑤、阚骃⑥、索敞⑦，武威宗钦⑧、段承根⑨、金城（今甘

① 高允（390—487年），字伯恭。父仕后燕。允博通经史，尤好《公羊传》，“有奇度”，崔玄伯见而异之。辟为中书博士、侍郎，迁中书令，多有讽谏。与崔浩共作《国书》，并以经授拓跋晃，参定律令。

② 游雅（？—461年），字伯度，征为中书侍郎，任太子少傅、雍州刺史等，参与定律。性刚愎自矜，时人非之。

③ 张伟，字仲业，世通诸经，“清雅笃甚”，辟为中书博士、侍郎，转营州刺史。

④ 《魏书》卷四《世祖纪上》。

⑤ 刘昞，字延明，为“河右硕儒”，隐居酒泉，后仕于西凉、北凉，著有《略记》、《凉书》、《敦煌实录》等，并行于世。沮渠牧犍尊为国师，“命官属以下皆北面受业焉”。北魏平凉州，征辟之，遇疾而卒。见《魏书》卷五二《刘昞传》，参见简博贤《今存南北朝经学遗籍考》，第2章《西汉学风之继承》，台北黎明文化事业股份有限公司1975年版。

⑥ 阚骃，字玄阴，博通经传，时人谓“宿读”。曾注《易传》，又撰《十三州志》。仕于北凉，典校经籍。入北魏，为乐平王拓跋丕从事中郎。

⑦ 索敞，字巨振，原为刘昞助教，“专心经籍，尽能传昞之业。”入北魏后，以儒学见拔，为中书博士，“笃勤训授”。撰有《丧服要记》等。

⑧ 宗钦，字景若，“有儒者之风，博综群言，声著河右”，曾仕北凉，北魏辟为著作郎。后因崔浩狱赐死。

⑨ 段承根，其父曾仕西秦，入北魏后被杀。承根好学，能诗，辟为著作郎，然“世咸重其文而薄其行”。后因崔浩狱而死。

肃兰州）赵柔[①]等。这些学者入北魏后，或是注经修史，或是讲学授业，有的还参与政治，对社会产生了显著影响。正如后人所评论的："代北以右武为俗"，而魏之"儒风"至平凉州之后始振[②]。

集中了如此多的高门大姓、学者名流、图书典籍、学子生员，可谓盛况空前。北魏前期果真是继承、恢复儒家思想文化传统了吗？拓跋统治者果真是醉心于汉化了吗？

事实远非那么简单：在北魏王朝吸收汉族文化、争取汉族士人的表象之下，依然潜伏着文化冲突的漩涡，滋长着民族仇视的情绪，激荡着吞噬生灵的狂潮。

"佛狸已来，稍僭华典，胡风国俗，杂相揉乱"[③]。确实，北魏前期匆忙制定出来的典章礼仪，粗陋鄙俗，很有点不伦不类、非驴非马的味道，因而屡遭正统学者的嘲讽和指责。《魏书》卷一〇八《礼志一》云："自永嘉扰攘，神州芜秽，礼坏乐崩，人神歼殄。太祖南定燕赵，日不暇给，仍世征伐，务恢疆宇。虽马上治之，未遑制作。至于经国轨仪，互举其大，但事多粗略，且兼遗。"其典型例子如当时所制车辇，"虽参采古式，多违旧章"；所制礼仪、冠服，则因"时事未暇，多失古礼"。《隋书》卷十《礼仪志五》也说北魏"未知古式，多

---

① 赵柔，字元顺，"以德行才学知名河右"，仕于北凉。魏初，内徙京师，为著作郎、河内太守。

② 《资治通鉴》卷一一一，东晋隆安三年胡三省注。

③ 《南齐书》卷五七《魏虏传》。

违旧章"[①]。这充分表明当时对儒家文化的接受的肤浅和局限。

另外，西晋以来，佛教在北方十分盛行。释道安、鸠摩罗什等人大量译经，推动了佛教的传播。贫苦人民纷纷遁入空门，以躲避连年的战祸和繁苛的赋役。北魏统治者在推崇儒学的同时，大多佞佛，佛教在北魏前期的思想领域依然占有重要地位。拓跋珪进入中原，见到佛寺与僧侣，"皆致精敬，禁军旅无有所犯"。他本人也"颇览佛经"。明元帝拓跋嗣多次亲临赵郡沙门法果的寺庙，"以门小狭，不容舆辇，更广大之"。太武帝拓跋焘虽坑杀沙门，不久即"禁稍宽弛"。文成帝拓跋浚即位，又下诏恢复佛教，规定州郡县"各听建佛图一区，任其财用，不制会限"，并专门以"僧祇户"、"佛图户"为寺庙提供谷粟及贱役[②]。到孝文帝拓跋宏太和元年（477年），平城已耸立着100多座寺庙，僧尼2000余人，全国寺数则多达6500所，僧尼七万多人[③]。北魏前期还崇道教，其势力足以与佛教相颉颃。拓跋珪已经"置仙人博士，立仙坊，煮炼百药"，到了如痴如醉的地步。后来"天师"寇谦之按统治者的胃口，对道教进行了一些改良，"专以礼度为首，而加之以服食闭练"，自然更受青睐，连皇帝也不顾九五之尊，

---

① 《隋书》卷十二《礼仪志七》载隋太常少卿裴政评论甚详："窃见后周制冕，加为十二，既与前礼数乃不同，而色应五行，又非典数……且后魏已来，制度咸阙。天兴之岁，草创缮修。所造车服，多参胡制。故魏收论之，称为违古，是也。周氏因袭，将为故事，大象承统，咸取用之，舆辇衣冠，甚多迂怪。"

② 《魏书》卷一一四《释老志》。

③ 当时南朝刘宋有佛寺近二千所，不及北魏的三分之一。

“亲至道坛，受符箓，备法驾，旗帜尽青，以从道家之色也”[①]。尤其应该指出的是，北魏前期由于社会条件的作用和道教的影响，统治者还崇尚黄老之学[②]，这反过来又推动了道教的流行。上述各种因素，都在一定程度上钳制、抵消了儒家思想，表明统治者对儒学正统地位的确认和维护仍然是有某些保留的。

面对拓跋统治者的大力拉拢，不少汉族士人依附了北魏，但仍有许多人反应冷淡，拒绝出仕，甚至采取敌视与反抗的态度。有的即使出仕了，也心怀去留之计，与统治者的期望形成鲜明的反差。北魏平定中山后，有个叫卢溥的不愿合作，“聚党为逆”[③]；还有个仇儒“不乐内徙，亡匿赵郡。推群盗赵准为首”[④]。李先出仕后，儿子还偷偷问他：“子孙永为魏臣，将复事他主也?”[⑤] 崔逞被内徙，则“使其妻与四子留冀州”，

---

① 《魏书》卷一一四《释老志》。另如《魏书》卷四《世祖纪下》：太平真君三年（442年），“帝至道坛，亲受符箓，备法驾，旗帜尽青”；卷五《高宗纪》：兴光元年（454年），“帝至道坛，登受图箓”；卷六《显祖纪》：天安元年（466年），“帝幸道坛，亲受符箓。”

② 《魏书》卷十四《神元平文诸帝子孙列传·曲阳侯素延传》：“太祖留心黄老，欲以纯风化俗”；卷十五《昭成子孙列传·毗陵王顺传》：“太祖好黄老，数召诸王及朝臣亲为说之”；卷一一四《释老志》：“帝好黄老”，“太宗践位，遵太祖之业，亦好黄老。”

③ 《魏书》卷二四《张衮传》。

④ 《魏书》卷二六《长孙肥传》。

⑤ 《魏书》卷三三《李先传附李子预传》。

而且侮辱魏人为“飞鸮”[①]。连崔玄伯这样的人物，也非自愿仕魏，至少是故作矜持，被拓跋珪“遣骑追求，执送于军门”。北魏还发生过“长吏逼遣”士族引起骚动，“守宰不能禁”的事情。统治集团中的汉人，相当部分是在北魏消灭各割据政权时被俘内徙，或是被“逼遣”而来。直到拓跋焘平定整个北方，并且一再征求人才的情况下，“人犹去就”[②]，“民多去就”[③]，“东方罕有仕者”[④]，对北魏政权仍然不热心。

导致这种状况的直接原因，仍然是长期以来存在着的巨大的民族隔阂和深刻的民族偏见。

历史上，曾经有过民族和亲与经济文化频繁交流的时期，但就从东汉，特别是西晋以来的主要倾向说，历代汉族王朝对少数民族采取了歧视、欺凌和屠戮政策。而受过严格的儒家思想文化传统教育的汉族士人，头脑中也存在着浓厚的“华夷之辨”的意识。尤其是经过十六国战乱，汉族士人的心灵深处，不时泛起一种故国依稀、山河破碎的隐痛。他们把包括鲜卑在内的少数民族南下中原，烧杀劫掠，“损败风化，渎乱情礼”[⑤]。化玉帛为干戈，变礼乐为胡俗，视作“夷狄乱华”，洪水猛兽，既不能逆转，则唯恐躲避不及；既躲避不及，则只能情非所愿，勉强出仕，“应对疏慢”了。特别重要的是，

---

① 《魏书》卷三二《崔逞传》。崔逞，字叔祖，清河大族。“少好学，有文才”，先后仕于前燕、前秦、后燕等。为拓跋珪所辟，拜尚书，“任以政事”，录三十六曹，又任御史中丞，后被赐死。

② 《魏书》卷四六《窦瑾传》。

③ 《魏书》卷五一《韩茂传附韩均传》。

④ 《魏书》卷九四《仇洛齐传》。

⑤ 《魏书》卷四八《高允传》。

汉族士人的政治理想，是“恢崇睿道，克广德心，使揖让与干戈并陈，文德与武功俱运”[1]，完全是中原王朝的传统；而北魏却是“锐志武功”[2]，重武轻文，“多失古礼”。因此，汉族士人很自然地把自己的希望和热情寄托于遥远的南朝政权，认为那才是正统所在，向往之，遥拜之。加上当时北魏还没有一套确认、保护士族地位和利益的制度，他们怎么肯倾心为其服务呢？

与此同时，拓跋部以战胜者的姿态君临中原，在军事上有一种目空一切的英雄气概，但在文化上却有其薄弱之处，深惧其“淳朴之俗”被汉族的礼乐仪轨同化。对汉人，北魏前期的统治者存有很重的戒心，只用以议朝政，拟诏令，授学业，制典章，而绝不轻易委以国家大政的决策权。对于那些染上汉族习俗的鲜卑人，或对拓跋部有所不敬的汉人，北魏统治者甚至不惜处以极刑，以儆效尤[3]。魏初贺狄干通使后秦被拘，在长安读经，通《论语》、《尚书》，举止风流，有似儒者。归国后，拓跋珪以其语言衣服类似“羌俗”，想必是慕而习之，一气之下就杀了贺狄干[4]。邓渊虽然“谨于朝事，未尝忤旨”[5]，依然受拓跋珪猜忌而赐死。有一次，崔逞奉旨回信

---

① 《魏书》卷二四《张衮传》。

② 《魏书》卷一一四《释老志》。

③ 对此，有些汉族士人早有预感。如宋隐被征辟后归匿，临终嘱其子侄“不劳远诣台阁，恐汝不能富贵，而徒延门户之累耳”（《魏书》卷三三《宋隐传》）。

④ 《魏书》卷二八《贺狄干传》。贺狄干，代人，出使后秦遭拘执，遣还后被杀。后秦为羌族所建，受汉族文化影响，所以“羌俗”近于汉俗。

⑤ 《魏书》卷二四《邓渊传》。

给东晋襄阳守将郗恢，信中称晋朝皇帝为“贵主”。拓跋珪大怒，又将崔逞赐死[1]。这件事影响恶劣。东晋荆州刺史司马休之等人原想投奔北魏，听说拓跋珪轻易杀死崔逞，就在中途分投后秦和南燕[2] 去了。

北魏前期拓跋统治者和汉族地主阶级的关系，最集中、最强烈地表现在崔浩事件上。

在公元四五世纪，清河崔氏是北方第一等的高门大姓。崔浩的曾祖与祖父先后仕于后赵与前燕[3]，“并以才学称”。父亲崔玄伯，受到拓跋珪的礼遇和重用。出身在这样一种家庭环境，耳闻目濡，崔浩“少好文学，博览经史，玄象、阴阳百家之言，无不关综，研精义理”，具有深厚的传统文化修养和远大的政治抱负。根据史籍记载，他是一位知天文、识爻象、预吉凶，简直令人不可思议的稀世英才。父亲死后，崔浩袭爵白马公，历仕拓跋珪、嗣、焘三朝，“恒与军国大谋，甚为宠密”。他的特别重要的功绩是向拓跋嗣建议立东宫，确定了拓跋焘的太子地位。太武帝拓跋焘即位后，崔浩更是屡出奇谋，日见宠信，担任侍中、司徒等职。拓跋焘曾经对别人称赞崔浩说：“汝曹视此人尫纤懦弱，手不能弯弓持矛，其胸中

---

① 《魏书》卷三二《崔逞传》。

② 南燕是后燕宗室慕容德建立的政权。中山被北魏攻占后，慕容德于 398 年在滑台（今河南滑县）称元年，置百官，史称南燕。后迁于广固（今山东益都），400 年称帝。410 年南燕灭于东晋。

③ 西晋时期，鲜卑慕容部崛起于辽东，劝课农桑，安顿流人。337 年，慕容皝进封燕王，建立前燕政权，势力不断南下。352 年，慕容儁称帝，迁都于邺（今河北临漳），占据中原地区，并一度准备进攻东晋。370 年，前燕灭于前秦。

所怀，乃逾于甲兵”[①]；又对各部尚书下令：“凡军国大计，卿等所不能决，皆先咨浩，然后施行。”

北朝士族到崔浩终于位至三公，得以参预朝廷核心机密，决断国家军政大计了。看起来，崔浩作为汉族高门的代表，似乎已毫无保留、肝脑涂地地为拓跋统治者尽力，后者对崔浩也应该到无所顾忌的地步了。

值得注意的是，正如有的学者已经指出的，泰常元年（416年），东晋刘裕伐后秦，假道于魏，内外公卿都主张“断河上流，勿令（晋军）西过”，只有崔浩坚决反对。刘裕死，拓跋嗣欲乘机南伐，崔浩则以礼不伐丧为借口加以阻拦。始光年间（424年—428年），议讨大夏，“群臣皆以为难”，唯浩一人赞同。神䴥二年（429年），议击柔然，崔浩辩摧众口，促成拓跋焘的北伐。不久南朝宋文帝刘义隆有北上动向，又是崔浩一人认为刘宋军队“非敢先发”，复以天象说明刘宋不会先攻魏。结果刘宋联络夏国合力攻魏，北魏只好发兵。但在先讨刘宋还是先伐赫连的问题上，崔浩又是力排众议，主张西伐赫连。总之，只要是进攻其他少数民族政权，崔浩都加以赞同或怂恿；而与南朝交兵，崔浩则必诡辞饰说竭力阻

---

① 崔浩曾自称“禀性劣弱，力不及健妇人”。而北魏前期崇尚的是“姿貌魁杰，武艺绝伦”，“勇冠当时，敌无众寡”（《魏书》卷十五《昭成子孙列传·陈留王虔传》）、“膂力过人，弓力将十石”（同上卷《拓跋仪传》）、“性粗武”（《魏书》卷十六《道武七王列传·拓跋忻之传》）、“手格猛兽”（《魏书》卷四四《乙环传》），遇猛虎能“空手搏之以献”（《魏书》卷十五《昭成子孙列传·拓跋可悉陵传》）之类的勇悍风气。这与崔浩的自状及拓跋焘的赞誉相对照，很能说明一些问题。

止。[1] 这难道仅仅是偶然的巧合吗?

在汉族士人中,崔浩为众望所归,他自己也颇为恃才傲物。史载崔浩"有鉴识,以人伦为己任。明元、太武之世征海内贤才,起自仄陋,及所得外国远方名士拔而用之"。他曾一次推荐"冀、定、相、幽、并五州之士数十人,各起家郡守"[2]。一下子起用这么多的汉人进入统治阶层,崔浩竟然"不避嫌疑",并且为此与太子拓跋晃发生了争执。出于热烈奔放的政治理想,崔浩不顾当时拓跋部刚刚平定中原,喘息未定、铠甲未卸的客观情况,"大欲齐整人伦,分明姓族",试图重新划定门阀等级,大有恢复和抬高汉族士人的地位与声誉,令"习俗淳朴"的拓跋贵族相形见绌的意味。难怪有人替他担忧:"夫创制立事,各有其时。乐为此事,讵几人也。宜其三思。"[3]崔浩虽未反驳,却也不予采纳。

崔浩的这些行为,引起拓跋贵族的强烈不满:"左右忌浩正直,共排毁之。"他们指责崔浩"叹服南人"[4],甚至传闻"浩密有异图"[5]。拓跋焘也为此把他责备了一番。

神䴥二年(429 年),崔浩等人奉诏修撰北魏国史,编成《国书》30卷。这是当时的一件大事。崔浩等人居然秉笔直书,

---

① 见莫久愚《北魏前期政治中的民族问题和崔浩之诛》,载《魏晋南北朝史研究》,四川省社会科学院出版社 1986 年版。

② 《魏书》卷四八《高允传》。

③ 《魏书》卷四七《卢玄传》。

④ 《魏书》卷三八《王慧龙传》。按,江南大族"王氏世齄鼻(即酒糟鼻),江东谓之齄王。慧龙鼻大,浩曰:'真贵种矣',数向诸公称其美"。故有"叹服南人"之说。

⑤ 《宋书》卷七七《柳元景传附柳光世传》。

把拓跋部的历史包括某些秘不示人的内容全都清楚无遗地写了出来，即所谓“备而不典”（详尽而不典雅隐讳）。有人讨好崔浩，建议把《国书》勒石立碑，他欣然同意。于是在京城郊外三里、方圆百步的范围内树碑铭史，用了300万个人工才完成这项浩大的工程。在如此显眼的地方将北魏的秘闻显幽烛隐，毫无忌讳，使拓跋贵族“咸悉忿毒”，愤恨不已。太武帝拓跋焘更是勃然大怒，联想到崔浩平时的一些对拓跋部不利的言行，立即下令将参与修史者逮捕入狱，严刑拷问。崔浩被迫承认犯有赃罪，于是在太平真君十一年（450年）六月被处以死刑。与此同时，清河崔氏及其姻亲范阳卢氏、太原郭氏、河东（今山西夏县）柳氏被灭族，参与撰书的秘书郎以下数百人也一并处死①。

经过这场骇人听闻的惨祸，刚刚恢复起来的北方士族又元气大伤。表面上，这是拓跋统治者与汉族高门大姓之间围绕着北魏专制制度的一场较量，实际上则是两种民族文化之间的剧烈冲撞。崔浩的悲剧在于，他试图在“胡风国俗，杂相揉乱”的北魏前期，用儒家的政治理想战胜拓跋的传统习俗。恰恰在这个时期，拓跋部达到了其军事成就的顶峰，不免踌躇满志，完全忽视了改革传统习俗的必要。统治者用汉人，只是为了征服汉族，巩固政权，而决不是为了征服自我，改造自我。因此，他们不能容忍崔浩等人触犯拓跋利益的行为。要解决这个矛盾，必须通过改革，继承和弘扬儒家思想文化传统，“齐整人伦，分明姓族”，以改造拓跋部的旧有习俗。显然，这仅仅靠汉族士人的外在力量是不够的，还必须

① 《魏书》卷三五《崔浩传》。

有拓跋内部的响应和作用。

第四节　从出生到即位

太武帝拓跋焘在北魏历史上扮演了重要的角色。他南征北讨，武功显赫，平定了北方，还一度打到长江边，虎视南朝都城建康（今江苏南京）。据说他日常生活简朴，“服御饮膳，取给而已。不好珍丽，食不二味。”有人建议加固京城城墙，以防敌进犯。拓跋焘回答说：“屈丐蒸土筑城，而朕灭之，岂在城也[①]？今天下未平，方须民力，土功之事，朕所未为。”他常身临疆场指挥作战，亲冒矢石，神色自若。他又知人善任，有时在士卒中发现将材，不论其出身贵贱，即予提拔。他治军颇为严明，“功者赏不遗贱，罪者刑不避亲，虽宠爱之，终不亏法”，很有点厉行法治的样子。崔浩死后，他也曾叹息：“崔司徒可惜”[②]。

然而，拓跋焘对各族人民的剥削压迫是很严酷的。由于连年征伐，财库空竭，“内颇虚耗”，社会动荡，“国衅时艰，朝野楚楚”。在拓跋焘当了28年皇帝、于452年死去时，留下了一大堆问题。其中最紧迫的，则是宫廷里为继位人选所兴起的一场风波。

原来拓跋焘的长子拓跋晃，延和元年（432年）被立为太

---

① 这是指夏国赫连勃勃役使工匠筑统万城时，“蒸土筑城，锥入一寸，即杀作者而并筑之”（《晋书》卷一三〇《赫连勃勃载记》），其城墙不可谓不坚固，但仍被魏军攻破。

② 《魏书》卷四《世祖纪下》。

子。据说此人“好读经史”，过目不忘，受到父亲的钟爱。拓跋焘外出征战，有时让年幼的太子留守京城，有时则让他跟在身边，长长见识。太平真君四年（443年）北伐柔然，与敌猝然相遇。有人认为远处尘埃蔽日，敌人必然众多，应该等大军集结后再进攻。跟随出征的拓跋晃反驳道：“此尘之盛，由贼恇扰、军人乱故，何有营上而有此尘？”他力主趁敌不备，迅速出击。但拓跋焘没有下攻击令。后来得知柔然突遇魏军，部落纷扰，仓惶北逃，并无埋伏，拓跋焘悔恨不已，从此经常采纳太子的意见了。拓跋晃留守京城期间，还曾鼓励垦殖，革除弊俗，但也多营私田，贪婪聚敛。他死于正平元年（451年），时年24岁，被追谥为景穆帝，庙号恭宗[①]。

拓跋焘痛失爱子，接班人就成了问题。第二年三月拓跋焘死时，左右大臣因为皇孙年幼，准备拥立拓跋晃的弟弟秦王拓跋翰。中常侍宗爱“天性险暴，行多非法”，并且历来与拓跋翰不和，乘机策划了一场宫廷政变。他伪称皇后旨意，杀了拓跋翰及其拥戴者，迎立拓跋晃的另一个弟弟南安王拓跋余为帝，改元永平，然后安葬了拓跋焘。宗爱自任大司马、大将军，都督中外诸军事，“坐召公卿，权恣日甚，内外惮之”[②]。而傀儡皇帝则整日沉溺于酒色之中，或者外出狩猎射鸟，生活荒淫侈糜，不理朝政，“旬月之间，帑财空罄”[③]。有的大臣认为宗爱包藏赵高一般的祸心，若待其羽翼丰满，必然篡国夺位。于是他们密见皇帝，劝他搞掉宗爱，不料走漏了风声。

① 《魏书》卷四《世祖纪附恭宗纪》。

② 《魏书》卷九四《宗爱传》。

③ 《魏书》卷十八《太武五王列传·南安王余传》。

这年十月，宗爱抢先下手，趁祭祖庙之时，派小太监刺杀了傀儡皇帝。在这紧要关头，殿中尚书长孙渴侯[①]与尚书陆丽[②]等人毅然迎立拓跋晃的长子，也就是拓跋宏的祖父拓跋濬。这就是高宗文成帝。拓跋濬即位，诛宗爱，将其具五刑，夷三族。通过一场交织着嫡庶之争的宦官与皇权及其拥护者的较量，北魏政权渡过危机，恢复了平静。

拓跋濬出生于太平真君元年(440 年)，据说小时候很受其祖父的宠爱，"常置左右，号世嫡皇孙"。长大了些就能决断大政。452 年十月，拓跋濬在众臣的拥立下登基，改元兴安。太安二年(456 年)立皇后冯氏。针对太武帝时期四处征伐，海内虚耗，民怨鼎沸的状况，拓跋濬调整了统治策略，采取"与时消息，静以镇之，养威布德，怀缉中外"[③]的方针，力图缓和社会矛盾，颇能收揽人心。

拓跋濬在位 14 年死去。他的长子拓跋弘继位，即显祖献文帝。他生出于兴光三年(455 年)，母亲为李贵人。和平六年(465年)五月拓跋弘即位后，尊冯氏为皇太后，以乙浑为

---

① 长孙渴侯，以拥立文成帝为尚书令，不久因与骠骑大将军、录尚书事拓跋寿乐争权，并赐死。

② 陆丽(？—465 年)，代人，世为酋长，从征有功。拓跋焘时，丽为南部尚书。宗爱谋乱，"百僚忧惶，莫知所立。丽以高宗世嫡之重，民望所系，乃首建大义"，与长孙渴侯、源贺、刘尼等迎立之。迁侍中，领太子太傅。拓跋濬死后，为乙浑所害。

③ 《魏书》卷五《高宗纪》。

丞相，“位居诸王上，事无大小，皆决于浑”[1]。乙浑专权，是冯氏所不能容忍的。次年（天安元年，即 466 年）二月，冯氏“密定大策”，乙浑以谋反的罪名被诛[2]，冯氏第一次临朝听政。皇兴元年（467 年），皇子拓跋宏出生，冯氏还政于献文帝。

献文帝继续奉行历代君主的方针，实施了一些改革措施。在经济上，减免杂税，改革租输之制。如下诏“塞烦去苛”，“诸有杂调，一以与民”；根据百姓贫富的区别，规定三等九品之制，分别承担不同数量和运缴路程的租税。这多少有利于减轻贫苦农民的负担。在政治上，整理选举和爵位制度。如授权地方官员到任之日选拔“民望忠信”者，不许前任干预；又诏严禁诈取爵位，凡未有功绩而超迁爵位者，一律不予承认，以改变爵位过滥的情形。此外，献文帝注意加强礼义教化，设立乡学，“郡置博士二人、助教二人、学生六十人”。为防止“宽政犹水，逋逃遂多”，又下诏申严法律，“以肃奸伪”[3]。

这样一位似乎应该有所作为的年轻皇帝，却有种淡泊厌世的心理。他嗜好骑马狩猎，“亲射虎豹”，或者统兵出征作

---

① 《魏书》卷六《显祖纪》。乙浑擅权，与大臣不谐，多有杀戮。如顺阳公拓跋郁“率殿中卫士数百人从顺德门入，欲诛浑”，反为浑所杀（《魏书》卷一四《神元平文诸帝子孙列传·顺阳公郁传》）；又如陆丽“为浑所害”，穆多侯“亦见杀”（卷一七《穆崇传附穆多侯传》）。

② 《魏书》卷六《显祖纪》。冯后诛乙浑，得到拓跋丕、源贺、牛益得等众臣的帮助。见卷一四《神元平文诸帝子孙列传·拓跋丕传》以及卷五四《高闾传》等。

③ 《魏书》卷六《显祖纪》。

战，却厌烦于成天纠缠在头绪纷繁的政务，觉得太受拘束了。也可能是由于受掣肘于太后冯氏，难以施展自己的政治才能，悒悒寡欢，因此他准备作出一个惊人的举动：放弃皇位，让给他的叔叔、侍中、京兆王拓跋子推[1]。

献文帝知道此事关系重大，因此召集公卿大臣加以宣布，还特地把远在北疆督军的太尉源贺[2]召回参加议论。不把帝位传给已经确立的太子，却传给叔叔，简直荒谬，众臣十分震惊，却又不敢马上发表意见。过了一会，只听任城王拓跋云[3]说："陛下方隆太平，临覆四海，岂得上违宗庙，下弃兆民"，"天下是祖宗之天下，而陛下辄改神器，上乖七庙之灵，下长奸乱之道，此是祸福所由，愿深思慎之"；源贺也说，禅位于皇叔，"臣恐春秋蒸尝，昭穆有乱，脱万世之后，必有逆飨之讥"。献文帝听了，十分不快，扭过头来问宦官赵黑[4]。赵黑答得很干脆："臣黑以死奉太子，不知其他。"献文帝沉默

---

① 拓跋子推，拓跋晃子，拓跋浚弟，太安五年（459年）封京兆王。《魏书》卷十九《景穆十二王列传》称这位拓跋子推"性沉雅，善于绥接"，"察狱有称"，但语焉不详，也看不出其思想倾向。为什么拓跋弘要把皇位禅让给他，除"高祖（拓跋宏）冲幼"外，可能还有其他原因。拓跋子推后来任侍中，青州刺史等。他死于太和元年（477年），如即位，在位六年，恐怕难有大的作为。而且他与冯氏同辈，当有所冲突。

② 源贺（407—479年），自称南凉秃发傉檀之子，南凉亡后投奔北魏。"为人雄果，每遇强寇辄自奋击"，以从征功拜龙骧将军、殿中尚书，参预奉迎文成帝、诛乙浑，任太尉，进封西平王。

③ 拓跋云（？—481年），拓跋浚弟，和平五年（464年）封任城王，为侍中、都督中外诸军事，历任徐、冀、雍州刺史，"廉谨自修"，"甚得下情"。

④ 赵黑（？—482年），字文静，原为凉州隶户，北凉灭后没入阉人，因宠授侍中，拜河内公。

了好久，高允、陆馛[1]等人又竭力加以劝阻，甚至表示宁肯“刎颈殿庭”，以死抗谏，终于使他打消了传位于叔的念头。

过去曾发生过拓跋嗣的弟弟清河王拓跋绍杀父并企图夺位的事，后来又有宗爱擅立拓跋余，以及这次献文帝打算让位于叔的情况。这一连串的事件，表明北魏前期受到入塞以前拓跋部的兄终弟及等习俗的影响，嫡长子继承制度尚未得到巩固。

终于，在皇兴五年（471年）八月，才17岁的献文帝禅位于太子，自称太上皇。他移居装饰简朴、“采椽不斲，土阶而已”的崇光宫，但“国之大事咸以闻”，对政局仍然有一定影响，还经常外出打猎或者征讨。他死于承明元年（476年），只活了22岁。一般认为他与太后之间存在利益冲突，被太后害死[2]。

献文帝有几个弟弟，也就是拓跋宏的叔叔：安乐王拓跋长乐，承明元年拜太尉，“鞭挞豪右，多不奉法”，因图谋不轨被赐死；广川王拓跋略，死于太和四年（480年）；齐郡王拓跋简，是个嗜酒如命的醉鬼，还偷鸡摸狗，贪财好色，死于太和二十三年（499年）；河间王拓跋若，未封而死。这几个人要么平庸荒唐，要么早死。只有最小的弟弟安丰王拓跋猛，镇守边疆有武略，“戎夷畏爱之”，死于任上，还算值得一提。

---

① 陆馛（？—474年），代人，勋贵陆俟子，陆丽兄，为散骑常侍、相州刺史，“为政清平”，封建安王，拓跋弘传位，拜太保。

② 《魏书》卷十三《皇后列传》：“太后行不正，内宠李奕，显祖因事诛之，太后不得意。显祖暴崩，时言太后为之也。”[宋]司马光：《资治通鉴考异》卷六引元行中《后魏国典》云：“太后伏壮士于禁中，太上入谒，遂崩。”

拓跋宏是献文帝的长子，皇兴元年（467 年）八月戊申（29 日）生于平城紫宫。他的母亲李氏是汉族南郡王李惠[①]的女儿，18 岁时因“姿德婉淑”选入东宫，献文帝即位后立她为夫人。根据北魏的规矩，“后宫产子将为储贰，其母皆赐死”[②]。这虽然意在防止母后擅权，却显得过于残忍。拓跋宏三岁立为太子，李夫人惨遭同样命运，她的家人也因被冯氏所忌。所以拓跋宏从来不知道自己的生母究竟是谁[③]。

对拓跋宏出生时的情景与他的外貌，旧史不惜笔墨，大加渲染：“神光照于室内，天地氛氲，和气充塞”；“生而洁白，有异姿，襁褓岐嶷（即幼年聪颖），长而渊裕仁孝，绰然有君人之表”[④]。这当然是无稽之谈，不过用以说明拓跋宏生来就该是圣主明君，他头上戴有一轮神秘的光圈。

皇兴三年（469 年）六月辛未（27 日），拓跋宏被册立为

---

① 李惠，中山人。父李盖为尚书、南郡公，尚太武帝妹武威长公主。惠袭父爵，妻襄城王韩颓女，生二女，长女即拓跋宏的母亲。惠历任侍中、秦益二州刺史、青州刺史等，“长于思察”，“历政有美绩”，进爵为王，为文明太后冯氏所忌杀，其二弟、诸子及后妻亦被戮。

② 《魏书》卷十三《皇后列传》。另据［清］赵翼《廿二史札记》卷十三《魏书纪传互异处》云：“立子先杀其母之例，实自道武始也。”

③ 近人吕思勉在《两晋南北朝史·元魏盛衰》中，推测拓跋宏或系冯氏私生子，理由如次：一、冯氏行不正，内宠李奕；二、拓跋宏生于皇兴元年（467 年）八月，此时献文帝年仅 13 岁，能否生子实有可疑；三、冯氏专朝政，拓跋宏拱手不得有为，且几遭废黜，然迄无怨言；四、李氏绝无事迹可见，何以为此讳匿？且拓跋宏于冯氏甚厚、李氏甚薄，至世宗（宣武帝）犹然；五、冯氏、李奕皆汉人，拓跋宏本人丝毫无以“虏”自居意；六、冯氏好专权势，为何因生孙而罢政？或因拓跋宏实为其私生子，因免乳而不得不罢朝。此说可资参考。此外，献文帝初不愿传位于宏，或与之有关。

④ 《魏书》卷七《高祖纪上》。

太子。五年（471 年）八月，献文帝宣布禅位。就在这月的丙午（20 日），公卿百官聚集于宏伟而朴素的太华前殿，长跪听诏。太保陆馛、太尉源贺奉皇帝玺绶册命皇太子即帝位。这样，年仅五岁（实际上刚满四周岁）的拓跋宏就被推上了皇帝的宝座。他就是魏高祖孝文帝。改元延兴，后改承明，477 年以后的年号为太和①。

据说，在这隆重肃穆的时刻，小皇帝坐在金銮殿里独自啜泣不已。父亲问他为什么，他回答："代亲之感，内切于心"，不忍心取代父位啊！太上皇听了感慨良久。

就这样，本书的主人公拓跋宏作为一代帝王登上了历史舞台，开始了他的多彩并且留下深刻痕迹的政治生涯。

孝文帝有几个弟弟。

二弟拓跋禧，字永寿，封昭仪所生。太和九年（485 年）封咸阳王，任侍中、中都大官②。孝文帝告诫他："汝等国之至亲，幼年任重，三都折狱，特宜用心"。太和时倾向改革，又为冀州刺史、太尉等，贪婪敛财。孝文帝虽"每加切诫"，拓跋禧却秉性难改。受遗诏辅政，无所作为。宣武帝元恪景明二年（501 年），禧因谋反出逃，被捕赐死。

三弟拓跋干，字思直，韩贵人所生。太和九年封河南王，后改封赵郡王，历任侍中、吏部尚书、豫州刺史等。孝文帝

① "延兴"、"承明"都有继承祖先业绩的意思。"太和"则表示天地阴阳的结合统一。《易传·乾第一》："保合大（太）和，乃'利贞'。"改元太和是因为"天贶具臻，地瑞并应，风和气畹，天人交协"（《魏书》卷七《高祖纪上》）。

② 中都大官，与内都大官、外都大官合称"三都"，是北魏前期具有拓跋部传统色彩的官职，掌听讼察狱，由皇室成员、当政大臣等兼任，地位高于廷尉卿。孝文帝迁都前，废三都。

曾勉励其“聿修厥德”、“深思远图”，他却“贪淫不遵典法”。被纠劾，孝文帝当面斥责其过错，杖一百，免所居官。他死于太和二十三年（499年），31岁。

四弟拓跋羽，字叔翻，孟椒房所生。太和九年封广陵王，历任侍中、外都大官、大理、廷尉卿等，“有断狱之称”。孝文帝迁都，羽兼太尉。宣武帝景明二年（501年），因淫乱被人殴击而死，32岁。

五弟拓跋雍，字思穆，韩贵人所生。“少而倜傥不恒”，太和九年封颍川王，后改高阳王，任侍中。孝文帝南征，总管留守事宜，迁相州刺史、冀州刺史，“微有声称”，参议律令。孝明帝元诩时为太傅、丞相，与领军将军元叉同决朝政。孝昌三年（527年）于河阴被杀①。

六弟拓跋勰，字彦和，潘贵人所生。太和九年封始平王，后改彭城王。“敏而好学”，“博综经史”，常与孝文帝酬唱应和。任侍中、中书令等。孝文帝病重，勰“内侍医药，外总军国之务”。宣武帝初，为宰辅。永平元平（508年）因受构陷被处死。

七弟拓跋详，字季豫，高椒房所生。太和九年封北海王，任侍中、散骑常侍。孝文帝南征，详负责留守，兼督营造宫殿。受遗诏辅命，总决国事。详在任“贪冒无厌，多所取

---

① 孝昌三年二月，孝明帝因与其母灵太后嫌隙日深，而被太后佞臣郑俨等酖死。车骑将军、大都督尔朱荣乘机起兵攻入洛阳，于河阴杀灵太后及所立三岁小儿元钊，并杀王公卿士二千人，另立元子攸为帝（孝庄帝），由尔朱荣总握朝政。史称“河阴之变”。

纳”。正始元年（504 年）被纠废为庶人，暴死[①]。

对这几个弟弟，孝文帝都曾寄予厚望。但他们和前辈王公一样，大多数都碌碌无为，或者贪婪荒淫，不得善终。除咸阳王拓跋禧、彭城王拓跋勰外，他们对太和改革的作用是极为有限的，这再一次暴露了北魏在宗室后辈的训育和制约等方面存在着弊端。

① 以上见《魏书》卷二一《献文六王列传》。此外，孝文帝还有几个姐妹，可考者有乐良长公主，嫁范阳大族卢渊子卢道裕（《魏书》卷四七《卢玄传附卢道裕传》）；高平公主，嫁尚书令高肇（《魏书》卷八三《高肇传》）；乐安长公主，嫁冯诞（《魏书》卷八三《冯诞传》）；彭城长公主，嫁大将军刘昶子刘承绪（《魏书》卷五九《刘昶传附刘承绪传》）；陈留公主（同上卷《刘昶传附刘辉传》）。然事迹大多阙如。

第二章　成长与亲政

第一节　文明太后冯氏

北魏都城平城，位于晋北，群山环抱，地势险要。北临辽阔的大草原，南靠巍峨的恒山和蜿蜒东去的桑干河。

天兴元年（398 年），道武帝拓跋珪击破后燕，迁都平城[①]，开始“营宫室，建宗庙，立社稷”。平城的建筑规模和格局仿照中原王朝的都城：“太祖欲广宫室，规度平城四方数十里，将模邺、洛、长安之制，运材数百万根。以（莫）题机巧，征

---

① 根据《魏书》卷二《太祖纪》，天兴元年，道武帝自中山至邺，“巡登台榭，遍览宫城，将有定都之意”，但最终还是在代北制定京邑，迁都平城。而在邺、中山先后置行台。

令监之”①。道武帝还把山东六州等地被征服的人民 36 万和“百工伎巧”10 余万人迁往平城，作为从事农耕和筑城的基本劳动力。以后一些年里，北魏政府不断迁徙并征发人民从事平城内外的各项工程，使这个都城粗具规模。如天赐三年(406 年)，“发八部五百里内男丁筑垒南宫，门阙高十余丈，引沟穿池，广苑囿；规立外城，方二十里，分置市里”；次年七月，“筑北宫垣”②；泰常元年（416 年），“筑蓬台于北苑”；七年（422 年），“筑平城外郭，周回三十二里”；八年（423 年），又“筑长城于长川之南，起自赤城，西至五原，延袤二千余里，备置戍卫”③。

太武帝时，继续迁徙人民。太延五年（439 年），“徙凉州民三万余家于京师”；太平真君七年（446 年），“徙长安城工巧二千家于京师”④。这些民力又被用于修整扩建平城：“截平城西为宫城，四角起楼”，“南门外立二土门，内立庙”，“凡五庙，一世一间，瓦屋，其西立太社”；皇帝居住的“云母等三殿，又立重屋”；“其郭城绕宫城南，悉筑为坊，坊开巷。坊大者容四五百家，小者六七十家”⑤。

到孝文帝登基时，平城已经在风风雨雨中屹立了六七十

---

① 《魏书》卷二三《莫含传附莫题传》。莫题，雁门繁畤人，家世货殖，祖父含投奔拓跋部。题有策谋，以功赐爵宛平侯。黜为济阴太守，监造平城，后被赐死。按，魏初有两个莫题，另一为代人，“多智有才用”，以功赐爵扶柳公，为中山太守，亦被道武帝所杀。

② 《魏书》卷二《太祖纪》。

③ 《魏书》卷三《太宗纪》。

④ 《魏书》卷四《世祖纪》。

⑤ 《南齐书》卷五七《魏虏传》。

年。

在平城的宫殿里，曾经居住着一位女性，其言行对孝文帝产生了深刻的影响，她就是文明太后冯氏。冯氏历经四朝，到孝文帝时，她已经是太皇太后。

这位冯氏是很有来历的。她的祖上是长乐信都（今河北冀县）人，西晋末年避乱离乡，迁居于龙城（今辽宁朝阳）。伯祖父冯跋少年时“恭慎勤于家产”，也颇有志向，曾仕于后燕。当燕军被北魏击败，宫内自相残杀时，冯跋趁机于409年独树一帜，称天王，建都龙城，国号也叫燕，史称北燕，据有今辽西一带。冯跋在位，课农桑，禁贿赂，并营建太学，以刘轩、张炽、翟崇等名儒为博士郎中，选拔官僚子弟加以培养，政绩颇有可述者。但是冯跋死后，其弟冯弘继称天王，尽杀诸侄，北燕内部分崩离析。在北魏的连续攻击下，冯弘不能立足，于436年率众仓惶投奔高丽。短祚的北燕国至此覆灭。两年后，冯弘被高丽人杀死。

当北魏灭北燕时，冯弘的儿子、也就是文明太后冯氏的父亲冯朗向北魏俯首称臣，内徙至长安，因此冯家也属于北魏的“新民”。冯朗后来担任秦、雍二州刺史，因罪被杀。文明太后还有一个哥哥冯熙，他和儿子冯诞都倍受孝文帝宠信①。

据说冯氏出生时，“长安有神异之光”。冯朗因事被诛，年

① 冯熙（？—495年），生于长安。冯氏立为皇后，熙拜冠军将军，尚景穆帝女博陵公主，又为太傅、太师，出为洛州刺史，“为政不能仁厚，而佞佛法”，“号为贪纵”。孝文帝前后纳其三女。冯诞，字思政，不学无术，“徒整饰容仪”，为侍中、司徒，尚帝妹乐安长公主，极受宠。比其父早死一月。

幼的冯氏成了孤女，被收入皇宫。幸好她有一个姑姑在太武帝的后宫当左昭仪，对冯氏悉心抚养教育。文成帝拓跋浚即位，选 14 岁的冯氏为贵人，后来又立为皇后。根据北魏制度，“国有大丧，三日之后，御服器物一以烧焚，百官及中宫皆号泣而临之”。文成帝死时，冯氏悲痛欲绝，直往火中跳，被人拉住，过了许久才苏醒过来。献文帝拓跋弘即位，尊冯氏为皇太后。当时丞相乙浑权势遮天，进而谋逆。献文帝才 13 岁，由太后密定大策，诛乙浑，遂临朝听政。一年多后，皇子拓跋宏出世了，太后亲自抚养，“罢令不听政事”。

由于利益冲突，在冯氏的压力下，献文帝被迫禅位。过了几年，郁郁不得志的太上皇突然死去。承明元年（476 年）六月，冯氏被尊为太皇太后，其实她也不过 30 多岁。当时孝文帝拓跋宏过于年幼，就由太皇太后第二次临朝听政。

前面已经指出，当时，北魏社会多年积淀的各种矛盾错综复杂，统治者必须解决的课题、必须做出的抉择很多。这大致可以归纳为两个方面：首先是设法建立经济上和政治上的某种新的运行机制，缓和长期紧张的民族矛盾和阶级矛盾，以巩固封建中央集权；其次，是继承和弘扬儒家思想文化传统，推动鲜卑拓跋部在其统治区域的进步，并在此基础上实现与汉族地主阶级的联合，从而促进北魏国家的发展与繁荣。应该说，这是历史赋予北魏统治者的使命，也是对文明太后冯氏和孝文帝的政治才能和统治业绩的检验。

冯氏出身于汉族“新民”，与迁徙到京城的各地“新民”上层有着密切的联系，也容易与北魏政权中原有的汉族士人取得共识。如诛乙浑，冯氏不但为拓跋勋贵所拥戴，而且得到高闾、高允等士族的支持。这是她逐步取得最高权力的条件。作为王室的后代，又已在宫中生活多年，冯氏在相当程度上受到政治经验和礼仪文化方面的熏陶。而父祖们的悲惨命运和自己早年的坎坷经历，又在她脑海里留下了难以磨灭的印象。这种生长环境和亲身经历塑造了她的特性：既具备一定的文化修养和政治眼光，熟悉前朝治乱兴衰的史实，对改革北魏经济、政治制度的必要有深切的体会，因而积极支持太和前期的诸项改革举措；又拥有丰富的统治经验和非凡的统治手腕，深谙驾驭群臣的权术，果断干练，“省决万机”，“能行大事”，“生杀赏罚，决之俄顷”。她的权力欲十分强烈，而又猜忌、残忍，不惜用各种手段打击、搞垮她的对手。

对于她的心腹、爪牙和确有治国才干者，太后往往厚赏隆恩，极力笼络。当时的一批宦官，如王遇①、张祐②、符承祖③等“拔自微阉，岁中而至王公；王睿④出入卧内，数年便为宰辅，常赉财帛以千万亿计，金书铁券，许以不死之诏”。那位以提出改革方案而闻名的李冲“虽以器能受任，亦由见宠帷幄，密加锡赉，不可胜数”。同时太后善于调整众侍臣之间的关系：“每至褒美（王）睿等，皆引（拓跋）丕等参

---

① 王遇，字庆时，曾任散骑常侍、吏部尚书，进爵宕昌公，监造宫殿陵园，为文明太后所宠，前后赐以奴婢数百人及大批牲畜。

② 张祐，为尚书、侍中，进爵新平王，入“八议”，“宠幸冠诸阉官”。文明太后及孝文帝常幸其宅，“赐家累巨万”。

③ 符承祖，官至吏部尚书，赐爵略阳侯，为文明太后所宠。孝文帝“为造甲第，数幸之”。

④ 王睿，字洛诚，晋阳（今山西太原）人，祖为凉州移代“新民”。文明太后临朝，睿“内参机密，外豫政事，爱宠日隆，朝士慑惮焉”，迁尚书令，进爵中山王，所赐“前后巨万，不可胜数”。

之，以示无私。”而宠臣们也不能有恃无恐，横行不法。即使犯了“纤介之愆”，也要“动加捶楚，多至百余，少亦数十。然（太后）性不宿憾，寻亦待之如初，或因此更加富贵”。这样一来，人人都对太后感恩戴德，即使挨了鞭笞也无怨言，反而更加忠心耿耿地替太后效力了。

太和前期，太后一方面推行改革，另一方面使用利诱与刑罚两手，“威福兼作”，玩弄群臣于股掌之上，“震动内外”，母仪天下，成了历史上有名的女独裁者。

据说她个人的起居饮食相当简朴。她不喜欢华彩绚丽的服饰，只穿素色的丝织品。日常餐桌只有一尺来宽，每顿所上菜肴比前代君主减少了一大半。一次，太后因身体不适服用草药，宦官“昏而进粥，有蝘蜓（又称“铜石龙子”，一种十余厘米长的虫类）在焉，后举匕得之。高祖侍侧，大怒，将加极罚，太后笑而释之”。这个小插曲可以说明太后性格中豁达的一面，并且对孝文帝产生了影响，所以后来他也有了类似的故事。太后尽管不是特别喜欢孝文帝，但毕竟亲自养育了他，而且十分注意对他的教育，曾亲自编《劝戒歌》三百余章，又作《皇诰》十八篇，惜未能流传后世。

太后经常怀念她的先辈。为父亲加谥号曰文宣王，在长安建立了文宣王庙，又在龙城修筑思燕佛图（塔），刊石立碑，以寄托自己的情思。太后也经常带着孝文帝在平城附近巡游。一次到了平城北郊的方山灵泉池，太后设宴款待跟随前来的群臣及各藩国使节、部落酋长，要他们跳起各自家乡的舞蹈。在欢洽的气氛中，孝文帝率领众人向太后祝寿，太后一高兴就唱起歌来，孝文帝和众人也和着节拍唱了起来，歌声悠扬、热烈。

孝文帝对太后可说是尽心侍奉。他曾表示:“朕以虚寡,幼纂宝历,仰恃慈明,缉宁四海,欲报之德,正觉是凭。”为报答太后抚育之恩和代理朝政的功德,孝文帝下令把鹰隼猛禽放回山林,在原来饲养的地方,为太后修建了灵塔和报德寺①。

太和五年(481年)四月,太后又与孝文帝游方山。太后登上山顶,四顾群峰,心潮翻腾,浮想联翩,想把方山作为自己永久的归宿。她对群臣说:“舜葬苍梧,二妃不从。岂必远祔山陵,然后为贵哉!吾百年之后,神其安此。”② 于是孝文帝下令在方山上为太后预建陵墓,并造永固石室作为祭庙,在庙中保存刻有太后关于丧制遗嘱的金册。太和八年(484年),石室完工,刊石立碑,颂太后功德。后来,孝文帝还在永固陵附近预营自己的陵墓,因迁都而未使用。

第二节 “事钟文业”,“欲罢不能”

关于孝文帝拓跋宏早年的事情,旧史有一些记载。如说“帝幼有至性,年四岁,显祖曾患痈,帝亲自吮脓”。即位后,冯氏见拓跋宏聪慧明察,担心将来对自己不利,曾经打算废掉他,以他的弟弟拓跋禧取代之,“乃于寒月,单衣闭室,绝食三朝。”后因穆泰③ 等人切谏而止。但拓跋宏不记仇,对弟

① 孝文帝迁都洛阳后,又在开阳门外三里为太后建报德寺,见[北魏]杨衒之《洛阳伽蓝记》卷三《城南》。

② 《魏书》卷十三《皇后列传·文成文明皇后冯氏传》。

③ 穆泰(?—496年),代人,祖父崇为魏初功臣。泰曾任殿中尚书、定州刺史等,封冯翊公。孝文帝迁都,泰与陆睿等图谋反叛,失败被杀。

弟们也始终没有偏见。冯氏又因听信谗言，把拓跋宏打了几十下。他挨了打，并不申辩，对进谗言的人也未尝介意。他对左右持法严明，然常有哀矜之心。“进食者曾以热羹伤帝手，又曾于食中得虫秽之物，并笑而恕之”。

拓跋宏体魄强健，有膂力，善于挽弓射箭。十几岁就“能以指弹碎羊髆骨。及射禽兽，莫不随所志毙之”。15岁以后就不再射猎杀生了。平时穿用简朴，“常服浣濯之衣，鞍勒铁木而已”①。

应该指出，北魏几代统治者对儒学的尊崇、汉族儒臣的影响和文明太后的悉心教诲，为孝文帝创造了一个良好的学习和吸收汉族传统文化的环境。

孝文帝的求知欲是十分强烈的。他勤于研读：“目玩坟典”②，“笃好坟典”③，“雅好读书，手不释卷”④。加上他领悟力强，因此儒学功底相当深厚：“《五经》之义，览之便讲；学不师授，探其精奥”⑤。他喜欢和别人讨论儒学，甚至在外出途中，“坐舆据鞍，不忘讲道”⑥。他还曾专门为臣下讲解儒家经典：“亲在苑堂讲诸经典”⑦，“亲为群臣讲丧服于清徽

---

① 《魏书》卷七《高祖纪下》。

② 《魏书》卷六〇《韩麒麟传附韩显宗传》。

③ 《魏书》卷八四《儒林传》。

④ 《魏书》卷七《高祖纪下》。另据卷十九《景穆十二王列传·任城王云传附澄传》：“昔在恒代”，“臣每于侍坐，先帝未常不以书典在怀，礼经为事。周旋之则，不辍于时”。其热衷于学习儒经可见一斑。

⑤ 《魏书》卷七《高祖纪下》。

⑥ 《魏书》卷八四《儒林传》。

⑦ 《魏书》卷七二《阳尼传》。

堂”[①]。同时，他也涉及诸子百家，尤通道教与佛理：“史传百家，无不该涉。善谈庄、老，尤精释义。”从这些记载看，孝文帝读书范围很广，也很仔细。他能够独立思索，悉心钻研，探究其蕴意，揭示其要旨。为了弥补北魏经籍、诗书的匮乏，孝文帝还派人去南朝借书[②]，这有助于汉族文化的传播。

钦慕儒学、爱好读书的品格，使孝文帝重视延揽儒雅之人，礼遇饱学之士：“爱奇好士，情如饥渴。待纳朝贤，随才轻重，常寄以布素之意。”[③] 因此，在他周围聚集了比前代更多的有才华的汉族儒臣。其中重要的如：

李冲（450—498年），字思顺，出身于陇西大族[④]。陇西是当时保留较多汉族文化的地区，李冲本人又以“沉雅有大量”、“修整敏惠”而受文明太后的宠幸，历任秘书中散、内秘书令、中书令、太子太傅等，是太和改革的重要人物，进爵陇西公。孝文帝对一般王公大臣都直呼其名，唯对李冲只称“中书”。太后死后，孝文帝更是“引见待接有加”，凡国家大事，“礼仪律令，润饰辞旨，刊定轻重”，“无不访决焉”。李冲也“竭忠奉上，知无不尽”。君臣之间情谊日深，实为拓

---

① 《魏书》卷七《高祖纪下》。

② 《南齐书》卷四七《王融传》：“虏使遣求书，朝议欲不与。融上疏曰：‘……今经典远被，诗史北流。冯、李之徒，必欲遵尚；直勒等类，居致乖阻。’”《隋书》卷三二《经籍志》也说：“后魏始都燕代，南略中原，粗收经史，未能全具。孝文迁都洛邑，借书于齐秘府之中，稍以充实。”

③ 《魏书》卷七《高祖纪下》。

④ 李冲的父亲李宝（407—459年），字怀素，陇西狄道（今甘肃临洮）人，自称西凉王李暠之孙。归北魏，授使持节、侍中、镇西大将军，进爵敦煌公。后入朝留于京师。

跋统治者与汉族地主阶级密切合作的典范。

高闾（？—502年），字阎士，渔阳（今北京密云）大族，“博综经史，文才俊伟，下笔成章”，曾得到崔浩的赞赏。乙浑被诛，高闾等入于禁内，参决大政，为文明太后所倚重。孝文帝初年为中书令，凡诏令书檄、碑铭赞颂，皆闾所起草。太和年间曾一再上表提出政见，并出为相州刺史。孝文帝几次亲临其府第说：“闾昔在中禁，有定礼正乐之勋；作藩于州，有廉清公干之美……可谓国之老成，善始令终者也”，对高闾的功绩及其人品给予了相当的评价。

李彪（444—501年），字道固，顿丘（今河南清丰）人，出身寒族。“少孤贫，有大志，笃学不倦”，举孝廉。孝文帝初年为秘书丞，与秘书令高祐[①]奏请仿照《史记》、《汉书》体例，以纪传体编纂国史；又上表系统提出政见。前后六次出使南朝。迁御史中丞，多有纠劾。李彪素以言语耿直坦率著称，孝文帝称赞其“识性严聪，学博坟籍，刚辩之才，颇堪时用”，常呼为“李生”，比之于汉代的汲黯，为“国家得贤之基”。

刘芳（453—513年），字伯文，彭城（今江苏徐州）人。早年穷窘，发愤苦读，被文明太后擢为中书侍郎。常为孝文帝“侍坐讲读”，以“才思深敏，特精经义，博闻强记，兼览苍雅，尤长音训，辨析无疑”著称，撰有《毛诗笺音义证》十卷、《礼记义证》十卷等，号称“刘石经”（东汉造石经于太学，诸儒文字脱讹不正，多往石经核对），迁国子祭酒，又为

① 高祐（？—499年），字子集，渤海（今河北南皮）望族。博涉书史，为秘书令，与李彪奏请修国史。出为西兖州刺史，于县、党、村立学。

太尉长史兼侍中。他认为“为国家者，罔不崇儒尊道，学校为先”，主张加强礼义教育，弘化社会风尚。

崔光（451—523 年），字长仁，清河大族。父仕南朝，为徙代“新民”。光家贫好学，富于文采，又“有大度，喜怒不见于色”。任著作郎，参与编修国史，迁中书侍郎、散骑常侍等。出巡地方时，曾将所经历及古事赋诗三十八篇。孝文帝曾称赞其才能“浩浩如黄河东注，固今日之文宗也”。

王肃（464—501 年），字恭懿，琅玡临沂（今山东临沂）人，东晋大族王导之后。肃少而聪辩，涉猎经史。太和十七年（493 年），由于父兄为齐武帝萧赜所杀，肃从南朝投奔北魏[①]。孝文帝立即引见，虚襟待之。“肃陈说治乱，音韵雅畅”，两人“或屏左右相对谈说，至夜分不罢。肃亦尽忠输诚，无所隐避，自谓君臣之际犹玄德之遇孔明也”。拜辅国将军、豫州刺史，“器重礼遇日有加焉”。孝文帝曾用“不见君子，中心如醉，一日三岁，我劳如何”的诗句表达对王肃的情感。

此外如“综习经典”的游明根（419—499 年）、“才学儁赡”的宋弁（452—499 年）、“涉历经史”的郭祚（约 451—517 年）、“博览书传”的邢峦等，或“以经书进”，或“以文史达”，都受到孝文帝的赏识和重用。“其余涉猎典章，关历词翰，莫不縻以好爵，动贻赏眷”[②]。

从孝文帝身旁汉族士人的地域构成来看，他们主要来自

---

① 王肃来奔，集中反映了一部分南方士族对南朝政权失望，进而发展到冲突与分裂，不惜投奔北朝的倾向，并且对太和改革发挥了重要作用。当然，当时也有不少北朝的官员、将领，或因统治集团内部矛盾，或因战败而投奔滞留南朝，其后境遇也各不相同。这是一种比较复杂的历史现象。

② 《魏书》卷八四《儒林传》。

三个区域。首先是河北南部及其周围地区，包括博陵（今河北安平）的崔辨、崔挺，清河（今山东临清）的崔光、崔亮、崔宗伯，赵郡（今河北赵县）的李安世，广平（今河北鸡泽）的宋弁等。这个地区汉族大姓最为集中，代表了经过十六国战乱保存下来的中原传统文化。其次是河西地区，如陇西的李冲。该地区保持了流寓当地的汉族士人所代表的文化。再次是南朝，如彭城的刘芳和江南的王肃，他们体现了南方汉族文化的影响。这三个区域的士族，构成了太和年间世家大族和汉族文化的主体。在他们的共同影响下，孝文帝不但逐步萌发和增强了改革拓跋旧俗的意识，而且其汉族传统文化素养也得到了进一步提高。

据史载，孝文帝是颇为擅长文章的。他能够作诗词铭颂等各类文体。他常常随着兴致勃发，挥笔立就。有时在马背上触景生情，灵感喷涌，脱口而出，就成了一篇像样的文章，不再改动一字。据说，太和十年（486年）他20岁以后的诏令和各类文章，都是亲手所作，并非臣下捉刀代笔。

孝文帝的文字作品大约有百来篇，他曾将它们编成文集，分赐臣下[①]。太和十八年（494年），刘昶[②]出镇彭城，孝文帝亲自饯行，命百僚为昶赋诗，又以其文集一部赐昶，曰："时契胜残，事钟文业，虽则不学，欲罢不能。脱思一见，故

① 《魏孝文帝集》唐以后佚。今人朱祖延纂《北魏佚书考》（中州古籍出版社1985年版）有《后魏孝文帝集》部分，网罗搜集其各类、文体共178篇。

② 刘昶（436－497年），字休道，南朝宋文帝刘义隆第九子，封义阳王。废帝刘子业立，疑昶有异志。466年，昶投奔北魏，封宋王。太和十八年为大将军，督吴越楚彭城诸军事。昶有武略，孝文帝曾与群臣论大将军，曰："刘昶即其人也。"

以相示。虽无足味，聊复为笑耳”[①]。他虽然以水平不高自谦，“欲罢不能”，却正是他酷爱文学、迷恋诗赋的性格的写照。太和十九年，孝文帝在兖州召见崔挺[②]，谓挺曰：“别卿已来，倏焉二载，吾所缀文，已成一集，今当给卿副本，时可观之。”[③]崔挺离京出任光州刺史在太和十八年，可见孝文帝的自编文集正是在这一年完成的。

我们不妨来欣赏他的两篇祭山川之文。

《初学记》卷五收孝文帝《祭岱岳文》，极力描绘泰山的巍峨雄姿：

> 维太和十九年，敢昭告于泰山东岳之灵：造化氛氲，是生二仪，玄黄既辟，山川以离。四流含灵，五岳苞祇，并兼万象，出纳望羲。岱宗穹崇，梁甫盘崛，青邱碕岘，春阯郁律。肇正庶类，启光品物。上敷神工，下融灵秩，载协化文，四气以溢。百王镌成，莫不兹室。

《初学记》卷六收孝文帝《祭河文》，赞颂黄河的浩荡奔腾，一泻千里，及其滋育万物的功德：

> 维太和十九年，皇帝告于河渎之灵：坤元涌溢，黄渎作珍，浩浩洪流，实裨阴沦。通源导物，含介藏鳞，启

---

① 《魏书》卷五九《刘昶传》。

② 崔挺（445—503年），字双根，博陵大族。“少敦学业，多所览究”。举秀才，拜中书博士。时为光州刺史。

③ 《魏书》卷五七《崔挺传》。

润万品，承育苍旻。惟圣作则，惟禹克遵，浮楫飞帆，洞厥百川。朕承宝历，克纂乾文，腾鸾淮方，旋鷁河濆，龙聆御渎，凤旆乘云。汎汎棹舟，翾翾沂津，宴我皇游，光余夷滨。肇开水利，漕典载新，千舻桓桓，万艘斌斌。保我大仪，惟尔作神。

从这两篇祭山川之文中，能看出孝文帝的文辞修饰的功夫确实不同一般。当然，人们不应该过于苛求。因为从文学史的角度说，北魏的大多数时期除了一些乐府民歌外，文坛寂落，大抵上只会模仿南朝浮靡的文风，谈不上有不朽之作。

孝文帝还有一些文坛轶事见于史传。

太和十三年（489 年）七月，孝文帝至平城灵泉池，与群臣驾龙舟，飘荡水面，赋诗唱和。

在洛阳，一次孝文帝与群臣宴于流化池。杯盏交错、酒酣耳热之际，孝文帝仰观桐叶的繁茂，脱口吟诵："其桐其椅，其实离离，恺恺君子，莫不令仪。"又命群臣赋诗。孝文帝读了彭城王拓跋勰当场作的诗后，亲自为他改动一字，并说："虽琢一字，犹是玉之本体。"又有一次，孝文帝在出巡途中，见山旁有大松树，就边走边吟诗，并将诗写下来给拓跋勰看，说"吾始作此诗，虽不七步，亦不言远"，自以为诗才不比曹植差多少，十分得意。他要拓跋勰也当场作诗一首。此时拓跋勰距孝文帝不过十几步，他不甘示弱，还没走到孝文帝身边其诗已成，曰："问松林，松林经几冬？山川何如昔，风云与古同。"

任城王拓跋澄（467—519 年），字道镇，是拓跋晃的孙子、拓跋云的儿子，"少而好学"，"风神吐发，德音闲婉"，被誉为“宗室领袖”，历任梁州刺史、徐州刺史、中书令、尚书令等。江南萧齐使臣来北魏，不觉赞叹道：“往魏任城（指拓跋云）以武著称，今魏任城乃以文见美也。”准确地概括出两代拓跋统治者的不同风韵。孝文帝极为信任拓跋澄，也经常和他谈诗论文，往复唱和。一次，孝文帝于清徽堂召见王公侍臣，随后一起到洗烦池，孝文帝说：“此池中亦有嘉鱼。”拓跋澄引用诗经《小雅·鱼藻》的句子形容道：“此所谓‘鱼在在藻，有颁其首’。”孝文帝觉得意犹未尽，又脱口引用了诗经《大雅·灵台》的句子：“且取‘王在灵沼，于牣鱼跃’。”[①]确实，《灵台》的句子更生动，也更切合当时的情景。

冯熙在北邙山建造了寺庙，由贾元寿作碑。孝文帝游寺见到碑文，称为佳作。冯熙病死，孝文帝不胜唏嘘，亲自为他起草了墓志铭。冯诞被任命为司徒，孝文帝代他写了表示谦逊推辞的三让表。冯诞上任时，孝文帝又替他草拟谢章。诞卒，又亲撰碑文及挽歌，“皆穷美尽哀”，极尽饾饤铺陈之能事。

孝文帝曾与宗室子弟宴于皇信堂，不按爵秩。而以辈份年齿为序入坐，“用家人之礼”。行礼已毕，孝文帝命众人赋诗，各言其志，特别指名要拓跋澄为“七言连韵”，并亲自与

① “有颁其首”是说鱼儿头大体肥；“于牣鱼跃”则是形容满池的鱼儿跳跃翻腾。“灵沼”是周王所到的池沼名。

他对诗，“往复赌赛”，直至深夜，尽欢而散[①]。

南安王拓跋桢[②]出为相州刺史，孝文帝于华林都亭为其饯行。有酒无诗，未免遗憾。孝文帝对众臣说：“今者之集，虽曰分歧，实为曲宴，并可赋诗申意。”他命令在座者“武士弯弓，文人下笔”[③]。

孝文帝南征，曾宴饮于悬瓠（今河南汝南）的方丈竹堂。酬酢赠答之后，孝文帝想到国家尚未统一，南方尚有萧齐不肯宾服，与北魏隔淮对峙，不觉感慨系之，歌唱起来，声调悠扬悲凉：“白日光天无不曜，江左一隅独未照”。群臣纷纷续歌。彭城王拓跋勰歌曰：“愿从圣明兮登衡会，万国驰诚混江外”；郑懿[④]歌曰：“云雷大振兮天门辟，率土来宾一正历”；邢峦歌曰：“舜舞干戚兮天下归，文德远被莫不思”；郑

① 据史籍所载，孝文帝为人笃情感，重信义，无论对王公还是一般大臣，都极少有无缘无故大发脾气、滥耍君主威风的时候。孝文帝有时还十分随和、诙谐。如艾陵伯拓跋苌“性刚毅，虽有吉庆事，未尝开口而笑”。孝文帝迁都宴别时打趣道：“闻公一生不笑，今方隔山河，当为朕笑。”竟不能得。又说：“五行之气，偏有所不入。六合之间，亦何事不有。”于是“左右见者，无不扼腕大笑”（《魏书》卷十四《神元平文诸帝子孙列传·拓跋苌传》）。

② 拓跋桢（？—496年），景穆帝拓跋晃子，曾因聚敛违法削爵，后复封，为镇北大将军、相州刺史。

③ 在洛阳时，孝文帝曾与众臣宴饮猜字谜。他说：“三三横，两两纵，谁能辨之赐金钟。”李彪首先猜到，却不说破，而为谜底另说一谜面：“沽酒老妪瓮注坻，屠儿割肉与秤同。”甄琛也说：“吴人浮水自云工，妓儿掷绳在虚空。”彭城王道：“臣始解此字，是‘習’字。”孝文帝遂将金钟赐予他。此亦可称为一段趣闻。见《洛阳伽蓝记》卷三《城南》。

④ 郑懿（？—510年），字景伯，荥阳大族，中书令郑羲子。“历涉经史”，任尚书吏部郎、给事黄门侍郎，袭爵荥阳伯。

道昭[①] 歌曰："皇风一鼓兮九地匝，戴日依天清六合。"充满着对统一蓝图的憧憬，孝文帝十分兴奋，又歌道："遵彼汝坟兮昔化贞，未若今日道风明"，并命邢峦将歌词全部记录下来[②]。

《魏书》卷八五《文苑传》序说："高祖驭天，锐情文学，盖以颉颃汉彻，掩踔曹丕，气韵高艳，才藻独构；衣冠仰止，咸慕新风。"以上不同侧面的片断记载，正可以让人们了解孝文帝的人品与文采的大概。而这种人品与文采，又是推动其改革思想的形成与发展的重要因素。

第三节 皇后与嫔妃

拓跋部入塞以前，"世崇俭质，妃嫱嫔御，率多阙焉，惟以次第为称"。这是与当时统治机构与制度的简单、粗率相适应的。道武帝拓跋珪"始立中宫，余妾或称夫人"，"皆有品次"。随着专制制度的逐步巩固，后宫人数不断增多，等级也日渐森严，出现了左右昭仪、贵人、椒房等名目。根据北魏传统，"将立皇后必令手铸金人，以成者为吉，不成则不得立

① 郑道昭（？－516年），字僖伯，郑懿弟。"少而好学，综览群言"，历任中书侍郎、国子祭酒、青州刺史等，"好为诗赋，凡数十篇"。

② 《魏书》卷五六《郑羲传附郑道昭传》。另外，［清］赵翼：《廿二史札记》卷十四《魏孝文帝文学》说："古今帝王以才学著者，曹魏父子、萧梁父子为最。然皆生自中土，绩学少年。惟魏孝文帝，生本北俗，五岁即登帝位，此岂有师儒之训，执经清业，如经生家所为，乃其聪睿夙成，有不可以常理论者。"其实孝文帝的文学修养与环境及本人勤奋有很大关系，上已述及，不能一概归之于"聪睿夙成"、"不可以常理论"。

也”。铸金人带有神明裁判的意味，预示着候选者的生育能力。如果她不能生儿子，就自然被剥夺当皇后的资格。太武帝拓跋焘以前，北魏君主都以各少数民族部落女子为皇后；自文成帝拓跋浚迎冯氏起，就差不多都立汉人为皇后了。孝文帝则“改定内官”，重新确定了左右昭仪、三夫人、三嫔、世妇、御女以及各种女职的名目和品级，反映出后宫制度的汉化倾向。

文明太后当皇后时大约未曾生育（至少是没有公开），这也可以说是她的幸运。如果她生了儿子，根据皇太子母亲都要赐死的规矩，她就命运叵测了。所以，如果后宫有谁生了儿子并立储，“小有疑忌，便见诛戮”的太后便坚持按祖制将她赐死，以免对自己的权势造成威胁。当然，如果是太后自己的侄女生了太子，情况会怎样，则是不易推测的。

原来，孝文帝最先宠爱的是一位宫女林氏。她出身于官僚家庭，父亲曾任平凉（今宁夏固原）太守，被乙浑所害。林氏“容色美丽”，年轻的皇帝与她一见钟情，生皇子拓跋恂。他将来是应该被立为太子的，林氏由此大难临头了。孝文帝不忍心“袭前事”，但又不能违反太后的旨意。就在生下皇子后不久，太和七年（483年），林氏在后宫结束了自己短暂的一生，被追赐皇后的头衔。过了十几年，拓跋恂因为进行反对变法的叛乱而赐死，林氏又被追废为庶人。

孝文帝生前所立的两位皇后，都是冯熙的女儿，太后的侄女。

原来，太后为了培植羽翼，巩固自己的地位，早年就让两个侄女进了宫。其中一个不久就病死了，另一个也染上沉疴，被送回去做了尼姑。

于是太后干脆把冯熙的第三个女儿也送进宫。她于太和十七年（493 年）立为皇后，“贞谨有德操”。孝文帝南征，她留守京师，不久又率领六宫南迁洛阳。孝文帝在冯熙、冯诞死时特地致书于她“以叙哀情”，等返回洛阳，又对她“恩遇甚厚”。谁料天有不测风云，孝文帝竟然又钟情于皇后的姐姐。原来，他一直恋恋不忘故人，并曾留心察访。听说那位尼姑病已痊愈，立刻派人带玺书前往慰问。而冯氏原来就并非真的笃信佛教，一看这情势，马上离庙还俗，来到洛阳。这位“有姿媚，偏见爱幸”的冯氏被封为左昭仪，日益受宠，“宫人稀复进见”。她仗着自己入宫早，对皇后态度倨傲，并且经常在皇帝面前进谗诋毁。皇后纵然“性不妬忌”，也难免显出愧恨之色。孝文帝对她越来越冷淡，终于把她废了。废皇后满腹哀怨，到瑶光寺当了尼姑，伴随青灯古佛凄凉地度过余生。

一赶走妹妹，左昭仪就当了皇后。但是，孝文帝鞍马劳顿，连年南征。久居深宫的皇后孤寂冷落，就开始与内侍官私通，“颇有失德之闻”。后来听说孝文帝在前线生了病，就更加肆无忌惮，丑态百出。宦官剧鹏再三谏阻无效，“发愤而卒”①。

孝文帝的妹妹彭城长公主，年轻守寡。皇后的弟弟北平公冯夙曾经通过孝文帝求婚。公主不愿意，皇后却硬要他们成婚。公主一气之下，就带着侍婢、家僮十多人，“乘轻车，冒霖雨”，赶到前线，晋谒皇帝，叙述自己的意愿，揭发皇后

---

① 《魏书》卷九四《剧鹏传》。剧鹏，高阳（今河北蠡县）人，为文明太后所礼遇。当时为给事中。

淫乱。孝文帝“闻而骇愕”，将信将疑。当时在他身边的彭城王元勰对此事较清楚，原原本本地说了出来。接着，宦官刘腾[①] 也到悬瓠报告了详情。孝文帝这才感到事情果真严重。

回到洛阳后，孝文帝便审讯皇后的内侍。真相大白，孝文帝把皇后召来，支撑着病体加以审问和斥责，并让内侍揭发。只因为太后的关系，孝文帝不便连废两个冯氏皇后，就下令将她幽居后宫。孝文帝死后，北海王元详奉遗旨赐冯氏死，谥曰幽皇后，这段公案才得以了结。

此外还有一位高氏，是高肇[②] 的妹妹。她生于高丽，举家内迁后入宫廷。太后见她“德色婉艳”，丰采奇异，十分喜欢。高氏遂得以接近孝文帝，先后生元恪、元怀和一个女儿（长乐公主）。当时冯昭仪想自己抚养元恪，就派人暗杀了高氏。到孝明帝元诩时，为高氏加谥号曰文昭太皇太后。

孝文帝的后宫主要的还有：袁贵人，生元愉；罗夫人，生元怿、元悦；郑充华，生元怢。此外，文明太后曾为孝文帝纳荥阳郑羲女为嫔[③]；孝文帝还分别纳博陵崔挺女为嫔[④]、京

---

① 刘腾（464—523年），字青龙，当时为中黄门，后迁大长秋卿、司空等，封长乐县开国公。“善射人意”，为灵太后所宠，与领军元叉共擅权。按，《魏书》卷九四《刘腾传》谓腾向孝文帝所言幽后隐事“与陈留公主所告符协”，陈留公主似应为彭城公主。

② 高肇（？—515年），字首文，渤海人。祖上因避永嘉之乱而居高丽，父、叔时归属北魏。肇在宣武帝时任尚书令、司徒，结纳朋党，“朝野侧目”，被杀。

③ 《魏书》卷五六《郑羲传》。郑羲（？—492年），字幼骥，荥阳大族，“文学为优”，拜中书博士、中书令、西兖州刺史等。

④ 《魏书》卷五七《崔挺传》。

兆韦崇女为充华嫔[①]。为了进一步推行汉化，鼓励鲜卑贵族与汉族大姓联姻，在洛阳时，孝文帝又"以范阳卢敏[②]、清河崔宗伯[③]、荥阳郑羲[④]、太原王琼[⑤]四姓，衣冠所推，咸纳其女以充后宫。陇西李冲以才识见任，当朝贵重，所结姻娅，莫非清望，帝亦以其女为夫人"[⑥]。这样算来，孝文帝单有姓氏或家世可稽的后宫就有十多个。

已知的孝文帝女儿，除上面提到的长乐公主外，还有淮阳公主[⑦]、济南长公主[⑧]、义阳长公主[⑨]、兰陵长公主[⑩]、顺阳长公主[⑪]等。

大体上看，孝文帝是一位不乏感情、富于情趣的君主，但同样摆脱不了传统宫廷生活模式的束缚。他的几个皇后（包

---

① 《魏书》卷四五《韦阆传附韦崇传》。韦崇，字洪基，京兆（今陕西西安）大族，历任中书博士、南颍川太守等，有治绩。

② 卢敏，字仲道，范阳大族，太和初拜议郎，早卒。

③ 崔宗伯，清河大族，崔逞曾孙，宣武帝初追赠清河太守。《魏书》卷六九《崔休传》谓孝文帝纳崔休妹为嫔。按崔休为崔宗伯子，字惠盛，少孤贫，举秀才，任给事黄门侍郎、尚书左丞、青州刺史等，"手不释卷"，"爱才好士"。

④ 据《魏书》卷五六《郑羲传》，文明太后为孝文帝纳羲女；孝文帝本人所纳当为郑胤伯女（见同卷《郑胤伯附传》）。胤伯为羲侄，"有当世器干"，历任中书博士、司空长史、东徐州刺史等。

⑤ 王琼，字世珍，太原大族，王慧龙孙，任典寺令、光州刺史、中书令等，"有受纳之响"。

⑥ 《资治通鉴》卷一四〇，齐建武三年。

⑦ 《魏书》卷四四《乙环传附乙瑗传》。

⑧ 《魏书》卷四七《卢玄传附卢道虔传》。

⑨ 《魏书》卷四七《卢玄传附卢元聿传》。

⑩ 《魏书》卷五九《刘昶传附刘辉传》。

⑪ 《魏书》卷八三《冯熙传附冯穆传》。

括生前册封的和死后追封的），由于严酷的宫廷制度和后、妃之争，没有一个能避免悲剧式的命运。只有在他那些具有士族背景的嫔妃身上，才能较多地体现出中原汉族文化和民族融合的时代精神。

第四节　亲政的开始

如前所述，孝文帝是在文明太后的抚养和教育下成长的。文明太后曾经对他产生过左右一切的影响。那么，到太后去世以前，这种关系是否始终如一呢？我们能否根据太后临朝听政的史实，以及《魏书》卷十三《皇后列传》中所谓孝文帝“雅性孝谨，不欲参决，事无巨细，一禀于太后。太后多智略，猜忍，能行大事，生杀赏罚，决之俄顷，多有不关高祖者”的记载，认定在太和十四年（490年）以前，北魏的一些重大改革方案，如班禄、均田、立三长等，都是在太后主持下出台的，孝文帝只不过是一个唯唯诺诺、毫无主见的傀儡皇帝呢？解决这个问题，是研究孝文帝生平和思想的重要一环。

从北魏前此的历史看，皇帝一般很早就即位并亲自处理朝政了。道武帝拓跋珪16岁重建代国，明元帝拓跋嗣18岁即位，太武帝拓跋焘16岁即位，文成帝拓跋浚8岁即位，献文帝拓跋弘12岁即位，经太后称制，14岁就亲政了。这并不因为他们特别聪睿，而是由前代皇帝早卒的客观需要和宫廷传统所决定的。很难想象，五岁即位的孝文帝到了20岁还不能对改革决策施加影响。

笔者认为，孝文帝大约是在太和十年（486年）前后开始主持政事的，其理由如次：

一、太和九年（485年）李安世上疏均田，“高祖深纳之，后均田之制起于此矣”[①]；太和十年李冲奏请立三长，“诸官通议，称善者众，高祖从之，于是遣使者行其事”[②]。虽然太后也起了重要作用，但上述记载已经为我们透露了孝文帝参与改革决策的消息。在太和十四年以前的另外一些事情上，孝文帝也扮演了重要角色。例如，据《魏书》卷七《高祖纪下》所载，太和十三年（489年）正月，南朝“萧赜遣众寇边”，到当年八月，北魏即派人“使于萧赜”；十二月，“萧赜遣使朝贺”。这中间当然有一个转变方针的决策过程，也就是《魏书》卷五五《游明根传》所记载的“诏以与萧赜绝使多年，今宜通否，群臣会议”，“明根曰：‘……我今遣使，于理为长。’高祖从之”的情况。又如，太和十二年（488年），有司上“安民之术”，“帝览而善之，寻施行焉”[③]。又如，太和十一年（487年），李彪、高祐等奏“请取有才用者，参造国书”，“高祖从之”[④]；李彪又上七条“狂瞽之言”，“高祖览而善之，寻皆施行”[⑤]，等等。都说明了孝文帝决断的权力。

二、孝文帝曾多次接见藩邦使臣、祭祀祖宗天地，或者于平城内外巡视和游赏。但过去都是跟着文明太后去的。据《魏书》的《高祖纪》和《礼志》载，太和十年春正月癸亥朔（元旦），“帝始服衮冕，朝飨万国”；四月，“初以法服御辇，

① 《魏书》卷五三《李孝伯传附李安世传》。
② 《魏书》卷一一〇《食货志》。
③ 《魏书》卷一一〇《食货志》。
④ 《魏书》卷五七《高祐传》。
⑤ 《魏书》卷六二《李彪传》。

祀于西郊”。其强调“始”、“初”，值得注意。此外，太和十年孝文帝两次去方山，太和十三年（489年）七月“幸灵泉池，与群臣御龙舟，赋诗而罢”等，活动频繁，却不复见太后踪影。很可能她已经染病。而且《高祖纪》也是以太和十年为界分上、下两个部分。这些岂非说明孝文帝开始独立行事，向天地、山川、祖宗和藩国宣告他的地位的变化吗？

三、《高祖纪下》谓：“自太和十年已后诏册，皆帝之文也。”皇帝亲自起草诏令，当然是其主持政事的更有力的证据。

其实，细绎原文，《皇后列传》中这段话的意思，是说孝文帝凡事都请示太后，太后处理有些事情则可以不关照皇帝。然而太后所“决之俄顷”并且“多有不关高祖”诸事，是指“生杀赏罚”之类。而其他凡“事无巨细”者，只是说孝文帝皆禀于太后，并没有说他不能提出自己的意见。“不欲参决”并不等于客观上没有参与。根据《魏书》所载，当时受文明太后宠信的大臣，一般与孝文帝的关系也十分密切。因此太后的“决之俄顷”是有限度的，而且上面引用的这一段话并没有指出具体年限。我们很难由此得出直到太和十四年，改革大计都由太后决断，孝文帝只是唯太后意志是从、没有独立的思想的结论。

就太和年间的诸项改革措施以及文明太后与孝文帝在其中的作用而言，大体上可以分为三种类型。一种是年代较早的宽法弛刑、澄清吏治，主要由太后拍板；第二种是稍迟的整顿临民之政（如实施均田、租调和三长制），由太后与孝文帝共同批准；第三种是迁都并推行拓跋部的汉化，由孝文帝独立决定。纵观太和时代，我们完全有理由认为，孝文帝是否已经起主导作用的分水岭，就在第二个类型（阶段）中的太和十年。这一年，20岁的孝文帝已经成为北魏王朝的主要统治者、改革的实际主持人。只不过由于太后未曾宣布“罢令不听朝政”，孝文帝在形式上没有“亲政”、或者说有些事情还必须禀告太后而已。至于孝文帝在太和十年以前一段时期的言论和活动，例如《魏书》卷一一一所载“高祖驭宇，留心刑法”、太和三年（479年）“敕群官参议厥衷，经御刊定，五年冬讫”之类，虽然他本人不起主要作用，同样是研究孝文帝其人的重要资料。

太和十四年（490年）九月癸丑（18日），49岁的太后因病去世了。这在整个北魏朝廷引起了巨大的震动。孝文帝的脑海里涌现出往日的一幕幕：太后对自己悉心抚育，谆谆教诲；太后带着自己游方山、幸灵泉、祭天地、祀祖先、召群臣、决万机……，他不觉“哭三日不绝声，勺饮不入口者七日”[①]。经过中部曹杨椿[②]等大臣劝谏，孝文帝才每餐进一点很少的粥，“所御三食，不满半溢（镒）”。

太后生前早已预造好陵墓，只要略加修整，即可下葬。她又留有“终制”，要求从速下葬，葬仪从简。但孝文帝连日替太后守灵，“哀毁过礼”，“昼夜不释绖带”，并未提起此事。安定王拓跋休[③]、齐郡王拓跋简等率百僚上表，说“山陵将就，请展安兆域，以备奉终之礼”，提醒孝文帝按照汉魏以来成式

① 《魏书》卷一〇五《天象志四》。卷五八《杨播传附杨椿传》则说“文明太后崩，高祖五日不食”。

② 杨椿（455—531年），字延寿，华阴（今陕西华阴）大族，与其兄杨播“并侍禁闱”，历任中部曹、梁州刺史、太仆射等，在任贪婪。后为尔朱天光所杀。

③ 拓跋休（？—494年），景穆帝拓跋晃子，孝文帝叔祖，皇兴二年（468年）封安定王，历任三都大官、侍中、太傅等，“治断有称”。

和太后终制举行葬礼。他们看到皇帝不忍心立即下葬太后，又提出应该替社稷百姓着想，节哀从事："理贵随时，义存百姓，是以君毙而即位"，"逾月而即葬"。孝文帝回答："自遭祸罚，慌（恍）惚如昨，奉侍梓宫，犹俙髣髴（仿佛）。山陵迁厝，所未忍闻"，表示自己极度悲哀，于心不忍。

在群臣们的再三恳求下，孝文帝终于表示"山陵可依典册"，同意入葬了。在十月癸酉（9 日），即太后死去第 20 天，举行了隆重的葬礼。"哀毁骨立"的孝文帝穿着丧服和草鞋，拄着拐杖，率领文武百官，在御林军的护卫下，陪伴太后梓宫（棺木），从平城皇宫出发，步行到方山。在肃穆的气氛中，"奉诀陵隧"，将梓宫入葬永固陵。陵墓四周，每边长 60 步，规模相当宏伟；墓室内，每边长二丈。室内不设置素帐、缦茵、瓷瓦之类的明器，简朴庄重。孝文帝认为这样的规制，既遵从太后遗嘱，又有一些变化。由于"梓宫之里，玄堂之内，圣灵所凭"，不能渎犯，所以严格遵守太后终制，布置十分朴素；而"其余外事，有所不从"，规模较为壮观，以宣泻自己的痛慕之情。

太后葬礼虽毕，事情却远没有结束。皇帝不但频繁地前往方山谒永固陵，而且干脆在陵旁搭建草庐住下，为太后守陵。只是在迫不得已的时候才身着缞服（麻布丧服）回到太和殿引见群僚百官。他宣布要这样做三年。

群臣暗暗着急，他们连续不断地上表，援引前代史例、现实需要以及太后终制，恳求皇帝尽早释服从吉，主持大政。

孝文帝对此不予理会。一次，君臣身着缞麻相见于太和殿。"哭拜尽哀"后，孝文帝说，想起太后的事，不免"五内崩摧"，面对众臣上奏，"倍增号哽"；自己"朝夕食粥，粗亦支任”。如果“不遂哀慕之心，使情礼俱损，丧纪圮坏者，深可痛恨”。高闾等人反复上言，指出前代所谓天子三年之丧从来没有真正实施，北魏建国以来“因而无改”，“无异前式”。因此，“愿暂抑至慕之情，遵先朝成事，思金册遗令，奉行前式，无失旧典”。

孝文帝回答，自己所以不采纳众议，是出于缅怀太后恩德，“情不能忍故也”。即使引用前朝史实，也不足以说服自己。同时他又表示：“今仰奉册令，俯顺群心，不敢暗默不言，以荒庶政。”这就是说，他准备穿缞麻、理朝政了。这是一个重要的让步。孝文帝说，如此，既表达了自己的悲痛之情，又不违悖太后生前教诲和群臣恳求。

一些大臣并不赞成这个办法。高闾等人指出，皇帝身穿缞麻在宫殿上接见群臣、处理朝政，吉凶相混，太不像个样子。而且臣下是否继续穿缞麻呢？如果穿，有碍公务；如果不穿，单让皇帝一个人披麻戴孝，也有背为臣之义。

最后，孝文帝下诏采取一个折衷的办法。一方面，他坚持服三年丧，“绝酒肉，不内御”；另一方面，又将自己的丧服降低一级，“以葛易麻”，不再穿缞麻，同时处理朝政①；公卿大臣也“变从练礼”，相应改为更低等级的丧服；七品以下官民则不穿

① 《晋书》卷一一七《姚兴载记上》提到后秦宫廷中关于丧仪的一次争论：“兴母虵氏死，兴哀毁过礼，不亲庶政。群臣议请依汉魏故事，既葬即吉”，尚书郎李嵩认为：“既葬之后，应素服临朝，率先天下，仁孝之举也。”尹纬则反驳道：“帝王丧制，汉魏为准。嵩矫常越礼，愆于轨度，请付有司，以专擅论。既葬即吉，乞依前议。”这场关于采纳服丧三年的礼制还是依据汉魏“既葬即吉”制度的争论，与北魏围绕文明太后丧仪的争论十分相似。最后，姚兴采纳了李嵩的建议。也许拓跋宏从中受到了启迪。

丧服，“尽除即吉”。这个办法总算平息了各方面的议论。

关于太后丧仪的争论，表章诏令，往复来回，为时甚久。特别到后来，不无故作姿态的成分。孝文帝坚持要服丧三年，主要还是从接受儒学、提倡“孝”道的需要上考虑的。

儒家经典曾对包括斩缞在内的服制作出严格的规定，特别是东汉末年的“党锢之祸”以后，士族门阀的儒学所强调的重点，进一步从“忠”转移到“孝”，从而竭力宣传服制的意义。但是在实践中，历代汉族政权早已对服制酌情作了变革，实行一套适合现实需要的服丧办法。北魏建国以来，不过遵循汉魏旧制，“既葬公除”，并不恪守服丧三年的古训。孝文帝却在文明太后的丧仪上大做文章，其用意就在于为世人作出尊奉儒学所特别强调的“孝道”的表率，并且向天下宣告，他决心改变汉魏以来不符合古礼的规制，恢复和继承儒家传统，推动礼教，达到汉化。“他对祖母的‘哀慕缠绵’，也许并不是由于悼念，而是激励生者继续进行汉化，为进一步搞好‘文治’做个样子”①。

《高祖纪下》载，太和十五年（491 年）春正月丁卯②，“帝始听政于皇信东室”，“初分置左右史官”；夏四月癸亥（一日），“帝始进蔬食”；当年还曾亲自审理疑狱，巡视京邑，决定禘祫之礼。太和十六年（492 年）春正月，“降居青阳左宫，布政事”；二月，“移御永乐宫”，并且“幸北部曹，历观诸省，巡省京邑，听理冤讼”。

---

① 程应镠：《南北朝史话》，北京出版社 1977 年版，《魏孝文帝》。

② 据《中国史历日和中西历日对照表》（上海辞书出版社 1987 年版），北魏太和十五年春正月初一为甲午，因此该月不可能有丁卯，《魏书》记载当有误。

这就是说，从太和十五年起，孝文帝已经“亲政”，独自处理朝政。从此，他不但在形式上，而且在实质上也成为太和改革运动的主帅。

第三章　拓跋宏改革思想渊源

高祖引见朝臣，诏之曰："卿等欲令魏朝齐美于殷周，为令汉晋独擅于上代?"（拓跋）禧曰："陛下圣明御运，实愿迈迹前王。"高祖曰："若然，将以何事致之?为欲修身改俗，为欲仍染前世?"禧对曰："宜应改旧，以成日新之美。"高祖曰："为欲止在一身，为欲传之子孙?"禧对曰："既卜世灵长，愿欲传之来叶。"高祖曰："若然，必须改作。"

——《魏书》卷二一《献文六王列传·咸阳王禧传》

太祖龙飞九五，初定中原，及太宗承基，世祖纂历，皆以四方未一，群雄竞起，故锐意武功，未修文德。高宗、显祖亦心存武烈，因循无改。朕承累世之资，仰圣善之训，抚和内外，上下辑谐。稽参古式，宪章旧典，四海移风，要荒革俗。

——《魏书》卷一〇八《礼志三》

这两段记载使我们看到，孝文帝等人认为，前代君主专重武力征服；而在平定“群雄”以后，要让国家长治久安，“迈迹前王”，使子孙永守富贵，就必须“修身改俗”，除旧布新，用“文德”改造拓跋旧俗。这就是孝文帝的改革思想。

究这种思想产生的原因，西晋末年以来北方地区社会经济的衰破、阶级矛盾和民族矛盾的日趋复杂尖锐，是其历史背景和客观要求；孝文帝本人的特定生活环境和汉族文化修养，为其创造了必要的前提条件；而前几代君主以及文明太后时期所采取的某些革新措施，又为其提供了足资借鉴的经验教训，并且造成了一种不可逆转的时代趋势。这样，到太和十年前后孝文帝改革思想的逐步开始形成，就成为一种水到渠成、瓜熟蒂落的事情了。

孝文帝改革思想的基本渊源是儒家文化。他曾一再表示，要参考和仿效“古式”、“旧典”，用“文德”、“文教”、“文治”取代“武功”、“武略”，也就是要实施儒家思想指导下的政治统治。因此，孝文帝的改革思想就是文治思想，就是以儒家的“文”改革拓跋部传统的“武”，从而找到一条推动民族进步、实现民族融合的道路的思想。

为此，孝文帝以恢复和继承中原儒家思想文化传统为己任，大力倡导尊孔崇儒。他于太和十年（486 年）九月，诏起明堂、辟雍；太和十三年（489 年）七月，立孔子庙于京师；太和十六年（492 年）二月，将孔子从“宣尼”尊谥为“文圣尼父”；同年四月至皇宗学，亲问博士经义；太和十九年（495

年)四月,至鲁城(今山东曲阜)亲祀孔子庙,诏拜孔氏四人、颜氏二人为官,又诏选诸孔宗子一人封崇圣侯,邑一百户,以奉孔子之祀,又诏兖州为孔子起园柏,修饰坟垅,更建碑铭,褒扬“圣德”。

这些活动,表明孝文帝确认孔子创立的儒学为国学,亦以之为自己的思想基础和行为准则。这就规定了他的改革思想的深层结构带有浓厚的儒家色彩,弥漫着汉族文化的气息。

具体地说,孝文帝改革思想的儒学渊源表现在他的正统观、德治观、礼教观和哲学观几个方面。

第一节　“神运兆中,皇居阐洛”的正统观

中国从夏商起,就形成了华夏居中、四夷宾服的统一意识。《尚书·禹贡》划天下为九州,《诗经·小雅》所谓“溥天之下,莫非王土;率土之滨,莫非王臣”,都是这种意识的反映。孔子删《春秋》,主张尊王攘夷,诛乱臣贼子。《春秋公羊传》隐公元年则明确提出“大一统”观念。经过秦、汉两代统一的君主专制集权王朝的建立,汉武帝时,中央集权有了很大发展。西汉董仲舒在《春秋繁露》等著作中,竭力渲染、发挥大一统思想。他把大一统说成是“天地之常经,古今之通谊”,强调“强干弱枝,大本小末”,“一统于天子”。董仲舒的学说,成为汉代统治者加强集权、开拓边疆的理论依据。

在分裂割据时代,“大一统”思想必然以争取正统地位的形式表现出来。究竟谁是华夏的正统、中国的主人?回答这个问题的意义不仅仅在于争得正统的地位,更在于为消灭割

据、恢复大一统提供根据。毫无疑问，只有正统王朝才有资格南讨北伐，完成国家的统一与振兴。

三国时代的曹魏与蜀汉，分别以正统自居，进行连绵不断的统一战争。永嘉之乱后，晋室南渡，各民族政权在黄河流域展开了血腥混战。南迁的司马氏政权，自认为华夏正统，把北方各族斥为“索虏”、“夷狄”。从祖逖、庾亮、庾翼、殷浩到桓温，相继渡江北伐，有的还曾打到洛阳与关中，震动天下，似乎很快就可以扫清“虏氛”、重建汉族统一王朝了。不少北方汉人也认为唯有南方政权才是正统所在。东晋永和十年（354 年），桓温进军关中，当地民众“皆安堵复业，持牛酒迎温于路者十八九，耆老感泣曰：不图今日复见官军”[①]；前秦丞相王猛临死时也说：“晋虽僻陋吴越，乃正朔相承。”[②]由于诸多主客观条件的限制，特别是由于东晋世族门阀的极度腐朽，北伐屡遭失败。以后宋齐梁陈几个小朝代，虽以正统自居，却力量日衰，国祚短促，只能偏安江东一隅，再也没有大举北伐的能力了。

与此同时，北方各少数民族统治者虽然来自塞外，经济文化发展程度不高，但他们在占据中原、建立政权以后，却摇身一变，视江南汉族王朝为“岛夷”，标榜自己的正统地位，并且为此采取了一些相应的举措。北魏建国后的历代统治者特别是孝文帝更为深刻地认识到，一批汉族士人虽然参加了

---

① 《晋书》卷九八《桓温传》。

② 《晋书》卷一一四《苻坚载记下附王猛传》。这种以南方为正统的意识到北齐尚未消除。高欢曾说：“江东复有一吴儿老翁萧衍者，专事衣冠礼乐，中原士大夫望之以为正朔所在”（［唐］李百药：《北齐书》卷二四《杜弼传》）。

拓跋政权,但他们的正统观念并不一定和自己完全一致。他们常常会情不自禁地流露出憧憬和崇拜江南汉族王朝的感情,而对拓跋部采取鄙视或不屑一顾的态度。这对巩固北魏王朝是极为不利的,只有对汉族士人的正统观念加以改造和更新,消除原来的偏颇意识,牢固树立北魏的正统地位,才谈得上名正言顺地统一中国。

为此,孝文帝俨然以天下之主的姿态,多次祭祀中原地区的名山大川和前代圣哲,祇告北魏的兴起和功业,敬祈天地神灵的承认和护佑。他在《祭嵩高山文》中一再自称"曰乎皇魏","朕承法统";在《祭河文》中则说:"朕承宝历,克纂乾文"。他把自己塑造成一位奉承天的旨意、得到神的帮助而君临天下的圣主:"吾应天历运,乘时树功"[①];"天贶具臻,地瑞并应","实赖神祇七庙降福之助"[②]。他还一再亲自祭拜比干、孔子等人,表明对中原汉族传统精神的极度重视,他自己就是这种精神的传承人。这种鼓吹"君权神授"和以儒家文化传承人形象出现于世的方式,确实在一定程度上调和

① 《魏书》卷二一《献文六王列传·广陵王羽传》。

② 北魏统治阶级与此相呼应,不惜大量制造所谓神瑞。如延兴二年(472年)四月,"幽州献白鹊";延兴五年(475年)四月,"白兔见于代郡";承明元年(476年)八月,"齐州献嘉禾",同年十一月,"冀州献白鸠";太和二年(478年)二月,"凉州献赤乌。周武王时,衔麦至而克殷",自然象征着北魏应该统一中国,同年七月,"白乌见于凉州。王者宗庙肃敬则至";太和三年(479年)三月,"肆州献一角鹿",同年十月,"徐州献嘉瓠,一蒂两实";太和七年(483年)六月,"青州献三足乌。王者慈孝天地则至";此外各地还献有玉印、玉车钏等等。有意思的是,只要一处发现某祥瑞,各地都会纷纷发现,竞相上表呈献,年年不断,热闹非凡(《魏书》卷一一二《灵征志》),正所谓"太和以降,年未一纪,然嘉符祯瑞,备臻于往时"(《魏书》卷五七《高祐传》)。

了西晋末年以来一直比较紧张的民族关系，有助于消除汉族士人的怀疑态度和逆反心理。

北魏初年，曾经“诏百司议定行次”，采取了崔玄伯等人的建议，“从土德”①。孝文帝试图通过重新讨论五德终始的问题，理顺北魏与以前各朝的正统相袭关系。

这场讨论是在太和十四年（490 年）八月开始的。高闾首先发表意见。他沿用了崔玄伯等人的观点，认为除了“龌龊边方，僭拟之属”如与北魏对峙的南朝，因为“事系蛮夷，非关中夏”，自然没有资格继承正统以外，其他各朝只要能够入据中原，虽然“祚命有长短，德政有优劣”，有资格成为正统却是一致的。因此，（曹）魏承汉，为土德；晋承魏，为金德；赵承晋，为水德；燕承赵，为木德；秦承燕，为火德。如此推算下来，北魏继承前秦，应该是土德，色尚黄。

李彪、崔光等人对此表示怀疑。他们指出，北魏历史并不始于道武帝在前秦灭亡后的复国，而始于“神元帝”力微。力微曾与晋朝往来友好，至于“桓帝”猗㐌、“穆帝”猗卢，也每每援助危难之中的晋朝。到道武帝拓跋珪，“终平燕氏，大造中区”。由此可知，西晋灭亡之日，正是北魏兴起之时。而且，从东周灭亡到汉朝建立差不多是 60 年，汉朝排除了暴秦而直接继承东周，为火德；西晋倾覆到道武帝建国差不多也是 60 年，自然也应该排除当中的这些朝代而直接继承晋朝。况且两赵、秦燕诸政权“德祚微浅”、“纲纪弗立”，岂能为北魏所继承。因此北魏应该直接继承晋朝的金德，为水德，

① 《魏书》卷二《太祖纪》。

色尚黑[1]。

这场讨论，熙熙攘攘，一直持续到第二年正月。最后，孝文帝出来说话了。他一方面表示排斥两赵秦燕，“越近承远，情所未安”，有点说不过去；另一方面又表示“考次推时，颇亦难继”，继承前秦为土德也确有不妥之处。他似乎是左右为难，踌躇再三，最后终于说自己不能违背多数人的意见，“便可依为水德”。

“五德相袭，分叙有常”，孝文帝最终裁夺北魏为“水德”。《魏书》卷一〇八《礼志一》所记载的这场讨论，其意义不仅在于重新认定北魏的行次，更在于向天下宣告，从周、汉、（曹）魏、晋到北魏，一脉相承，“应天历运”，王气所钟，是正统所在。其他各朝，或因僭位，或属“夷狄”，或残暴无道，自然都是伪政权。这样，北魏就不再与石赵、苻秦之类为伍，而应该与周、汉、魏、晋诸朝并列了。

儒家正统观念，一般地说，不过是历代统治者假托天与神的意志，争夺和巩固其统治地位的陈腐意识而已。但是对北魏中期孝文帝这样少数民族出身的统治者而言，正统观念却蕴含着进一层的意义。首先，这种观念为迁都洛阳提供了重要依据。所谓“神运兆中，皇居阐洛”[2]，正是说明北魏这样的正统王朝应该上秉天意，下俯人情，迁都于历代政治中心所在的中土，而不能将统治重心局促于寒冷贫瘠的北疆边

---

① 北魏直接继承晋朝的观点至迟在道武帝时代就出现了。《魏书》卷十五《昭成子孙列传·拓跋仪传》：拓跋仪曾对后燕慕容垂说：“先人以来，世据北土，子孙相承，不失其旧。乃祖受晋正朔，爵称代王，东与燕世为兄弟。”

② 《南齐书》卷三〇《曹虎传》。

隅，与“夷狄”为邻；其次，这种观念有助于改革旧俗、推动汉化。作为正统王朝，北魏势必吸引更多的汉族士人参加政权，并且采取从政治经济到思想文化的一系列自我更新、自我改造的措施，使拓跋部在各个领域都摆脱落后民族的习俗，使北魏实现从“武功”向“文治”的转变，并且成为符合历代中原王朝模式的、“齐美于殷周”、“迈迹前王”的政权；再次，这种观念又与孝文帝的屡次南征、统一中国的努力联系在一起。北魏既然为天下正朔所在，“天无二主，土无两王”①，孝文帝率师南征，结束西晋末年以来的分裂状况，重建大一统王朝，就是理所当然的了。这里又体现出某种积极进取、消灭割据的雄心。因此，孝文帝的正统观，发轫于传统儒学，同时又与时代发展和民族进步紧密联系，在当时具有一定的积极意义。

第二节　“前车之辙，得不慎乎”的德治观

历史上，随着商周王朝的更替，天命思想受到了冲击。周初统治者吸取商朝崇尚武力、滥施刑杀而遭覆灭的教训，认识到“天命靡常”②、“惟德是辅”③，上天并不保祐那些荒淫暴虐的人。为此，周初提出“明德”④、“敬德”⑤，实施比较缓和

① 《魏书》卷四三《房法寿传附房伯玉传》。
② 《诗经·大雅·文王》。
③ 《左传》僖公五年引《周书》。
④ 《尚书·康诰》。
⑤ 《尚书·召诰》。

的统治策略。孔子针对春秋末期剧烈的社会变动和阶级矛盾，进一步提出了“导之以德”、“为政以德”[①]、“胜残去杀”[②] 的思想，并成为儒学的重要内容。以后历代较为明智的统治者，都继承了这种观念，把“德治”作为基本的统治方针。

十六国以来的一些统治者，挟带着塞外民族勇武骠悍的风尚，在北方地区横征暴敛、肆意屠戮，严重破坏了社会经济文化，激化了社会矛盾。在北魏建国前后的相当一段时期内，拓跋部继续野蛮压迫、掠夺各族人民，动辄屠杀敢于反抗其统治的人。而孝文帝 拓跋宏，在当时具体的历史条件下，吸收、继承了儒家传统的德治观，总结并批判了以往的教训，在十六国以来的北方地区，第一次比较系统地把“德”、“德治”与改革联系起来，提出了用“文德”改造拓跋部的“武略”的问题。

孝文帝经常谈到“德”。他曾说：“日蚀修德”，“朕以寡德，政缺平和”，“上天致谴，实由匪德”[③]。他认为，坚持“德”会得到天的护祐，违背“德”必然受到天的惩罚。孝文帝特别注意总结前朝的经验教训，说：“前车之辙，得不慎乎？”[④] 太和十七年（493 年）九月，他第一次来到洛阳，周巡宫殿基址，触目是残破荒凉的景象。他对侍臣说：“晋德不修，早倾宗祀，荒毁至此，用伤朕怀。”他心情沉重，噙着热泪，

① 《论语·为政》。
② 《论语·子路》。
③ 《魏书》卷七《高祖纪》。
④ 《魏书》卷七九《成淹传》。

吟诵起《诗经》中的《黍离》[①]。

孝文帝强调“文德”，他的德治观具有在当时是比较丰富的内涵。

作为一代君主，孝文帝明显地表现出儒家传统要求的虚己纳谏和招揽贤才的品质。他坦率地承认自己虽为万乘之尊，却是人而非神，不可能无事不晓：“朕既非神，焉能知也”[②]，甚至也有可能因言路壅塞或考虑欠周而犯错误：“朕政治多阙，灾眚屡兴”；“朕承祖宗，夙夜惟惧，然听政之际，犹虑未周”[③]。

因此，他行事“如履薄冰”，“思闻己过”，把虚心听取臣下的意见作为补救的手段，多次要求臣下乃至庶民百姓直言极谏，匡其所不逮，“不得以朕先言，便致依违，退有同异”[④]。太和七年（483年）九月，他针对朝臣唯皇帝旨意是从的现象，要求“自今群官奏事，当献可替否，无或面从，俾朕之过，彰于远近”。太和八年（484年）八月，他针对言路阻塞、“思言者莫由申情，求谏者无因自达”的局面，下诏“百辟卿士、工商吏民，各上便宜”，“直言极谏，勿有所隐”；“朕将亲览，以知世事之要，使言之者无罪，闻之者足以为戒”。太和九年

---

① 《魏书》卷七《高祖纪下》。《黍离》是《诗经·王风》中的一篇，西周末年，犬戎攻破镐京，杀死荒淫无道的周幽王。东周初年，有王朝大夫来到镐京，见宗庙宫殿均已毁坏，长了庄稼，不胜感慨，因作此诗。其第一段云：“彼黍离离，彼稷之苗。行迈靡靡，中心摇摇。知我者，谓我心忧；不知我者，谓我何求。悠悠苍天，此何人哉？”

② 《魏书》卷五三《李冲传》。

③ 《魏书》卷七《高祖纪上》。

④ 《魏书》卷五三《李冲传》。

（485 年）二月，他又针对班禄后可能出现的问题，准备“博采下情，勤求箴谏”，并要求“百司卿士及工商吏民，其各上书极谏，靡有所隐”。太和十一年（487 年），针对不少地方旱灾严重、饿殍遍野、流民四起的现象，他又下诏“公卿内外股肱之臣，谋猷所寄，其极言无隐，以救民瘼”[①]。孝文帝还多次表彰那些敢于犯颜直谏的人物。如南平王拓跋霄“好直言正谏”，孝文帝十分赏识，特下诏褒扬：“自今奏事，诸臣相称可云姓名，惟南平王一人可自言其封”[②]。又如高道悦，“居法树平肃之规，处谏著必犯之节”，孝文帝称赞其“謇谔之诚，何愧黯、鲍也？”[③]

对于那些中肯的意见，孝文帝“莫不从善如流”，不乏虚心采纳、乐于接受的例子。他还要求史官秉笔直书，“无讳国恶”。他说：“人君威福自己，史复不书，将何所惧。”这对他自己是一种约束，客观上也是对崔浩事件的一个反省。

为扩大统治基础，提高官员素质，孝文帝曾经多次下诏延聘人才。他的人才标准包括德、才两方面，即所谓“经行修敏，文思遒逸，才长吏治，堪干政事者”。他特别强调要搜罗那些“虽加铨采，未能招致”的“贤人”、“高士”。当然，孝文帝在这一方面的论述并不深刻。这是由于当时已有一套选拔和考核官吏的制度，延聘人才又首先要考虑门第出身，以下诏“精访幽谷”的方式加以搜罗毕竟只是权宜之计。

---

① 《魏书》卷七《高祖纪》。

② 《魏书》卷一六《道武七王列传·拓跋霄传》。拓跋霄（？—493 年），道武帝孙，袭爵南平王，为宗正卿、右光禄大夫。

③ 《魏书》卷六二《高道悦传》。高道悦（？—496 年），字文欣，辽东人，祖上于太武帝时归北魏。悦时为治书侍御史。

实行“德治”的重要环节，是在鼓励农耕、劝课农桑的同时实行轻徭薄赋的政策。这是儒家“仁政”思想的具体化。这种政策首先当然有利于占有大量土地和劳动力的地主阶级，同时也多少符合饱受封建剥削的农民的意愿，减轻了他们的负担，有利于调动他们的生产积极性，恢复和发展农业经济。孝文帝曾一再下诏督促地方官吏劝课农桑，“简以徭役，先之劝奖，相其水陆，务尽地利，使农夫外布，桑妇内勤”；否则的话，“若轻有征发，致夺民时，以侵擅论。民有不从长教，惰于农桑者，加以罪刑”。太和六年（482 年）秋，诸州洪水成灾，有的地方颗粒无收。孝文帝派遣朝廷大员巡视抚恤，但一些地方官依然不恤百姓，频催租赋，导致民怨沸腾。孝文帝为此下诏，斥责地方官“不思利民之道，期于取办”，并且严格规定“今课督未入及将来租算，一以丐之。有司勉加劝课，以要来穰，称朕意焉”。在实施均田、改革租调前后，孝文帝也多次下诏减免赋税。

为减轻百姓负担，孝文帝身体力行，革除了一些宫廷弊政。太和初年，就已先后下诏“罢诸州禽兽之贡”、“宫人年老及疾病者，免之”。太和十一年（487 年）十月，又诏“罢起部无益之作，出宫人不执机杼者”。有一次，孝文帝来到皇家的虎圈，看到猛虎威武凶残，想到各地捕猎与进贡猛兽的不易，就说：“虎狼猛暴，食肉残生，取捕之日，每多伤害，既无所益，损费良多，从今勿复捕贡。”太和二十二年（498 年）七月，征战中的孝文帝下令削减后宫开支，皇后与六宫嫔妃的日常费用削减一半，凡有亲属出征的，削减三分之一。在文明太后与孝文帝当政期间，宫廷生活本来就相对不算侈靡，这么一削减，也可以多节省一些开支用于军事，而不过分增加百姓负担了。

据说孝文帝“哀矜百姓，恒思所以济益”，比较注意体察民情，关心民瘼。出巡或行军时，需要筑路架桥，孝文帝即关照不要过分惊扰当地百姓：“粗修桥梁，通舆马便止，不须去草划令平也”，除非迫不得已，一般不征发民力修筑；又规定行军不得践踏田禾庄稼，如因军事行动需要砍伐民树，也必须留绢付款。遇到水旱灾害，孝文帝则注意恤民赈灾。当时百姓多有因饥荒被迫卖儿鬻女者，太和九年（485 年）八月，孝文帝下诏规定被迫卖身者一律还亲：“天之所谴，在予一人，而百姓无辜，横罹艰毒，朕用殷忧夕惕，忘食与寝。今自太和六年已来，买定、冀、幽、相四州饥民良口者，尽还所亲，虽娉为妻妾，遇之非理，情不乐者亦离之。”在《高祖纪》中，因灾减免百姓赋税的记录达 20 多次。对于因饥馑而流亡逃荒者，孝文帝有时还采取一些特别措施。太和七年（483 年）三月，冀、定二州发生饥荒，百姓流亡，孝文帝诏令地方官府在路边供给粥食，并开关津之禁，任流民经过。太和十一年（487 年），天下大旱，百姓又背井离乡，沿路乞讨。孝文帝下诏规定“听民出关就食，遣使者造籍，分遣去留，所在开仓赈恤”；又下令散发宫中物品如衣服、金银、珠玉、绫罗、锦绣、杂器、乘具等，“出其大半，班赉百官及京师士庶，下至工商皂隶，逮于六镇[①] 戍士，各有差。”有时还派遣使者，

---

① 六镇是北魏为抵御外族，而在北边设置、派遣重兵守卫的六个要塞，指沃野（今内蒙古五原北）、怀朔（今内蒙古固阳南）、抚冥（今内蒙古四子王旗东南）、武川（今内蒙古武川西）、柔玄（今内蒙古兴和北）、怀荒（今河北张北）六镇。

“问民疾苦”，并且指示掩埋因灾死亡的骸骨。

孝文帝具有比较突出的矜老怜孤的意识，尤其是对那些因饥荒不能生存的鳏寡贫老，往往下诏给予一些照顾。太和十八年（494年）八月，诏凡御守军镇、年八十以上而无子孙兄弟者，终身给其廪粟；七十以上家贫者，各赐粟十斛。同年十一月，诏冀、定二州鳏寡孤独不能自存者，赐以谷帛。太和十九年（495年）六月，又规定对济州、荥阳等地孤老鳏寡不能自存者，赐以谷帛。孝文帝曾经对臣下说：“疾苦六极，人神所矜，宜时访恤，以拯穷废。鳏寡困乏、不能自存者，明加矜恤，令得存济。”太和二十一年（497年），孝文帝在南征途中又强调“哀贫恤老，王者所先，鳏寡六疾，尤宜矜愍”，下令赐予司州等地孤老衣食，有病无以自疗者，“皆于别坊遣医救护”。遇到灾荒散发救济物资时，饥寒不堪的百姓常发生争相哄抢的现象，“至使人马腾践，多有毁伤”，老弱更被推挤在一旁，哀哀无告。孝文帝特意关照将物品赐予“穷老贫独者”。太和十三年（489年），还曾下令放免宫女赐予北镇守卒贫鳏无妻者。此外，孝文帝曾多次诏令给年老者赐爵优待。如太和十七年（493年）九月，诏路途所经过的洛、怀、并、肆四州之民，“百年以上假县令，九十以上赐爵三级，八十以上赐爵二级，七十以上赐爵一级。”①

孝文帝批评了十六国以来北方战乱频繁、给人民造成巨大苦难的现象。他基于儒家思想，强调以德治民，反对滥兴战争。他说：“祚之修短，在德不在征”②；“朕承太平之基，何

① 以上引文均见《魏书》卷七《高祖纪》。

② 《魏书》卷五三《李冲传》。

为摇动兵革？夫兵者凶器，圣王不得已而用之，便可停也”[①]。当然，他把南征看作是“王师”征讨“岛夷”，从而把德治从北魏推向天下、“不得已而用之”的正义之战。他认为进行这种战争，也是一种“德”的体现。

在连年兴兵南征的过程中，孝文帝也表现出他的德治思想。他比较重视对服役从征军士的优待和抚恤，有不少这方面的言论事迹。太和十九年（495 年）二月，魏军在八公山（在今安徽寿县）上遇雨，孝文帝让人撤去伞盖，与士兵一样淋在雨中；看到路旁有病倒的士兵，他就亲自前去探视慰藉。孝文帝还曾下诏免去从征渡淮军士的租赋三年，让负伤军士复员还乡。太和二十二年（498 年）五月，他又在悬瓠前线诏令优恤从征战死的将士。

对于所俘虏的敌方士卒和民众，孝文帝强调“在君为君，其民何罪”，反对十六国时期坑杀战俘的野蛮做法。南征时，魏军曾一次俘获萧齐士卒三千人，全部放归。太和十八年（494 年）十二月，孝文帝下诏将寿阳（今安徽寿县）、钟离（今安徽凤阳）等地“所获男女之口皆放还南”。魏军偏师征讨西北少数民族吐谷浑时，曾俘虏士兵二千余人及妇女九百人，“悉还去”。对于已经投附北魏的百姓，则给予免除赋税徭役的鼓励。太和二十二年（498 年）二月，诏“以穰民首归大顺终始若一者，给复三十年。标其所居曰‘归义乡’，次降者给复十五年”。

孝文帝的德治思想还体现在他的民族观念上。在封建时代，民族对立和民族压迫是普遍的现象。尤其是十六国以来，

① 《魏书》卷五四《高闾传》。

各族统治者之间打了一二百年的仗，兵燹所到，玉石俱焚，严重扰乱了民族关系，给各族人民带来了浩劫。为此，孝文帝主张确立一种新的民族政策，重建比较正常的民族关系，使以北魏政权为核心的各民族能和睦相处。他曾说："人主患不能处心公平，推诚于物。能是二者，则胡越之人皆可使为兄弟矣。"这里强调君主对于建立和睦的民族关系所应承担的责任，在当时是一种真知灼见。他又说："王者不遗小国之臣"，主张隆重款待那些远道而来、"虔集象魏，趋锵紫庭"的少数民族首领，"依秩赐车旗衣马，务令优厚"。他还要求广布"朝德"，迅速制止边域各族之间的纠纷："可诏荆、郢、东荆三州勒敕蛮民，勿有侵暴。"[①] 总的来说，在强调北魏政权的天下正统地位的前提下，他对各民族并无偏见，并且能够采取一些措施，以促进民族内部及民族之间的"兄弟"式的平安相处。

孝文帝的德治观，当然有笼络人心、维护拓跋部统治的目的，但同时也是总结了十六国的历史教训、吸取和发挥儒家德治理论的结果。孝文帝认识到，民为治国之本，如果过分地迷信"武功"、倚仗"武略"剥削和蹂躏人民，必然激起人民的反抗。只有采取"德治"的措施，用"文德"代替"武略"，才能逐步调整社会矛盾，缓和长期紧张的阶级关系和民族关系，保持北魏政权的长治久安。特别是在与南方汉族王朝对峙的形势下，更需要利用、积蓄和发展民力，以维持与南朝的战争，而绝不能干杀鸡取卵、竭泽而渔的蠢事。因此他的德治观在客观上是有利于减轻百姓负担、缓解人民痛

① 以上引文均见《魏书》卷七《高祖纪》。

苦的。当然，这并不意味着不讲刑杀。孝文帝的德治观，和加强政治统治、建立封建法制是相辅相成的，在思想上和实践中形成了“德主刑辅”的关系。应该说，这种德治观，无论在广度上还是深度上，都超过了十六国以来任何一个少数民族政权所能达到的标准，已经基本上恢复到（在民族关系等方面则是有所突破）儒家传统的有关德治的思想水平。

第三节　“厘革时弊，稽古复礼”的礼教观

礼起源于原始宗教祭神祀鬼的仪式。西周初年，周公“制礼作乐”，把原始的礼改造成严格划分亲疏、尊卑、贵贱关系的等级名分制度。针对春秋时期“礼崩乐坏”的局面，孔子呼吁“克己复礼”[①]、“为国以礼”[②]，提出重建“君君、臣臣、父父、子子”[③]的宗法等级制度、恢复西周礼制的政治纲领。经过孔子修订并由后来的孟子、荀子等大力倡导的礼，不但是历代统治阶级维护旧的社会秩序的等级仪式，更是一种束缚人民思想和行为的强大道德力量，起着使“贵贱有等，长幼有差”[④]、“绝恶于未萌”，“起教于微眇”[⑤]的作用。

十六国以来，战争连绵不断，儒家思想文化传统在北方陷于危机，“礼崩乐坏”再次重演。北魏建国后，历代君主比

---

① 《论语·颜渊》。

② 《论语·先进》。

③ 《论语·颜渊》。

④ 《荀子·性恶》。

⑤ 《汉书》卷四八《贾谊传》。

较重视吸收和模仿前朝礼仪，延揽了相当一批儒者进入统治阶层，参与礼乐的考订与制作。但如前所述，由于种种条件限制，北魏前期的礼乐多有阙漏，不合古制。这种现象不但有碍于吸引更多的士人、消除民族的和文化的隔阂，而且不利于恢复社会生活中的等级名分、巩固北魏政权的统治。

孝文帝从儒家传统思想出发，认识到礼是“文治”的重要内容，礼教的继承和实施是改革拓跋部上下无序、粗鄙简陋的旧俗，从而推进汉化的重要步骤。因此，孝文帝比十六国以来的任何一个君主都更为重视礼。他把礼及礼教提到了治国的根本的高度：“营国之本，礼教为先”①，并视为子孙万代必须恪守的准则：“夫先王制礼，所以经纶万代，贻法后昆”②。他经常亲自出席各类礼仪场合，乐此不疲：“天地、五郊、宗庙二分之礼，常必躬亲，不以寒暑为倦”③。他称赞高闾“有定礼正乐之勋”。对于当时礼仪的错误，他坚决主张按照古制一丝不苟地加以厘订恢复，绳愆纠谬：“今方厘革时弊，稽古复礼，庶令乐正雅颂，各得其宜”④。这种带有明显复古倾向的言论，反映出孝文帝强烈向往汉族传统文化、并用以

① 《魏书》卷十九《景穆十二王传・任城王澄传》。
② 《魏书》卷一〇八《礼志一》。
③ 《魏书》卷七《高祖纪下》。
④ 《魏书》卷一〇九《乐志》。

革除拓跋旧俗的意识[①]。

礼教就是用礼的规范对人民加以教育感化。这是一个将礼传播到乡里村落与百姓日常生活中的过程。古人早就指出："乡饮酒之礼废，则长幼之序失，而争斗之狱繁矣"[②]。孝文帝照搬说："乡饮礼废，则长幼之叙乱。"他要求利用初冬农闲时节，将礼教任务落实到"诸州党里之内"，选择品行高尚的耆老，按照礼的标准对全体乡民进行教育，使每一个家庭及家族都做到"父慈、子孝、兄友、弟顺、夫和、妻柔"，互相友爱和睦。若有不听教诲的，将其姓名上报，予以惩戒；顽冥不化的，则施以刑罚[③]。

礼所规范的各类家庭伦理关系的核心是"孝"。孝文帝模仿前朝统治者，鼓吹孝为立国之根本、教化之关键。他不但自己在文明太后的丧期"哀毁过礼"，后来又亲拜"三老"、"五更"，"养国老、庶老"[④]，以作出表率，而且指示即将赴任的地方官员"可宣孝道"，凡"有不孝不悌者，比其门标，以

---

① 日本学者根本诚在谈到中国传统文化时说："尚古主义作为一种历史观不是拒绝进步的东西，而是一种发展的、改革的思想。作为现实主义者的中华民族谱写了如此悠久的历史，同时也准确地抓住了历史过程中发展变化的因素。"见《中国伝統社会とその法思想》，第32页。东洋哲学研究所昭和五十三年六月版。

② 《礼记·经解》。

③ 《魏书》卷七《高祖纪》。

④ 《魏书》卷五〇《尉元传》：太和十六年（492年）八月，诏"公以八十之年，宜处三老之重；卿以七十之龄，可充五更之选"，于是以司徒、山阳郡开国公尉元为"三老"，尚书、广平伯游明根为"五更"，"养三老五更于明堂，国老、庶老于阶下。高祖再拜三老，亲袒割牲，执爵而馈；于五更行肃拜之礼，赐国老、庶老衣服有差。"

刻其柱”[①]。他还亲自褒扬那些“于父为孝子，于弟为仁兄”的人[②]。这就是确认和推行了以孝道为核心的教化。当然，在社会基层确立上下尊卑的等级伦理关系，达到“风教洽和，文礼大备”的境界，其根本目的在于维护君主专制制度。这是一个由“孝”及“忠”的过程。

孝文帝的礼教的另一内容是表彰那些“守礼履节，没年不改，虽处草莱，行合古迹”的所谓“贞女”[③]，以维系“三从四德”、“夫为妻纲”的儒家纲常观念。

孝文帝对有悖于礼制的错误十分敏感和恼怒。

太和十九年（495年）五月，太子拓跋恂举行冠礼。孝文帝在光极东堂引见他，郑重其事地为他讲述了一番冠礼的“正容体，齐颜色，顺辞令”，“故能正君臣、亲父子、和长幼”的作用。然而，在行冠礼的庄严场合上，出现了一些不合古制的做法。六月，孝文帝召见百僚，对主持冠礼的儒臣严加斥责，指出拓跋恂的冠礼有三个错误。一是按古制，冠

---

① ［唐］李延寿：《北史》卷一五《魏诸宗室传·拓跋赞传》。

② 据《魏书》卷八六《孝感传》，当时有个叫长孙虑的，父亲因故被判死罪。虑即上书云：“今母丧未殡，父命旦夕。虑兄弟五人，并各幼稚”，“乞以身代老父命，使婴弱众孤得蒙存立。”尚书奏云：“虑于父为孝子，于弟为仁兄，寻究情状，特可矜感。”孝文帝遂下诏“特恕其父死罪，以从远流。”

③ 据《魏书》卷九二《列女传》，当时泾州（治今甘肃泾川）有女兕先氏，许嫁彭老生为妻。娉币既毕，尚未过门。兕先氏家境贫寒，率行“贞淑”，以侍父母。老生常往其家逼之，兕先氏坚不肯从，老生一怒之下刺杀之。兕先氏临死前说：“我所以执节自固者，宁更有所邀？正欲奉给君耳。今反为君所杀，若魂灵有知，自当相报。”太和七年（483年），有司劾老生死罪，孝文帝诏曰：“老生不仁，侵陵贞淑。原其强暴，便可戮之”；又谓兕先氏“宜赐美名，以显风操。其标墓旌善，号曰‘贞女’”。

礼应该“灌地降神”[①]或“作乐迎神”，拓跋恂的冠礼却既未灌地，也未奏乐。如此亵渎，神怎么肯降福呢？二是根据古礼，帝王冠有缁布、进贤、武弁、通天四种，拓跋恂却行了个“士冠礼”，与身份极不相称。三是冠礼应该请宾客出席，拓跋恂冠礼却未请宾客。孝文帝认为，三个错误中的一个是自己和诸儒同犯的，两个是诸儒违背自己的旨意而造成的。他指出：“今中原兆建，百礼惟新，而有此三失，殊以愧叹。”他告诫群臣“当思往失，更顺将来”，避免重蹈覆辙[②]。

在婚丧方面，孝文帝也坚持传统的礼制标准。太和七年(483 年)十二月，他说：“淳风行于上古，礼化用于近叶。是以夏殷不嫌一族之婚，周世始绝同姓之娶。”同姓婚娶属于原始时代落后习俗的残迹，有害于后代体质，也有悖于伦理道德观念。北魏初期，统治者忙于征战，无暇顾及这一问题，“后遂因循，迄兹莫变”。孝文帝根据周礼“同姓不婚”的准则，“思易质旧，式昭惟新”，规定严禁同姓婚娶，“有犯以不道论”。孝文帝还指出，“婚娉过礼”，“厚葬送终”，不但侈糜浪费，而且扰乱等级名分，导致“贫富相高，贵贱无别”。为此，他诏令禁止婚丧奢糜越轨，“犯者以违制论”，严惩不贷[③]。

孝文帝曾“亲讲丧服于清徽堂”。在他看来，违背丧礼是不可宽恕的罪过。在文明太后丧期，他曾和大臣们就古代丧仪反复议论辩驳。安定王拓跋休死了，还来不及哭丧，他的

---

① 灌，原作“祼”。灌地降神即斟酒浇地迎神，是古代祭礼的一个节目。孔子说：“禘（一种祭礼）自既灌而往者，吾不欲观之矣。”（《论语·八佾》）

② 《魏书》卷一〇八《礼志四》。

③ 《魏书》卷七《高祖纪上》。

侄子拓跋嵩便外出狩猎游玩。孝文帝听说后十分生气，指责嵩“不能克己复礼，企心典宪”，“捐心弃礼，何其太速!”下令免去他的职务[①]。当孝文帝率军南征时，东阳公拓跋丕上表，以国丈冯熙死于平城，请皇帝亲自赴丧。孝文帝震怒道，如今刚开始经营洛邑，百废待兴，“岂有以天子之重，远赴舅国之丧?”如果皇帝孝敬岳丈，亲临丧事，那要是遇到更大的丧事该怎么办?“天下至重，君臣道悬，岂宜苟相诱引，陷君不德”。拓跋丕的建议，不仅干扰了皇帝的政务，而且违背了丧礼等级，几乎陷皇帝于难堪的境地[②]。

与礼密切相关的是乐。儒家认为乐是陶冶人情的必修功课。孔子说：“兴于诗，立于礼，成于乐”[③]，高度概括了礼乐关系。经过十六国战乱，乐制遭到严重破坏，北魏平定中山后，曾获得一批乐具，并由邓渊重定律吕；平北凉，又获一批“伶人、器服”。但是历代重在武功的拓跋统治者，“不以声律为务”，“声曲多亡”。太和初年，“垂心雅古”的孝文帝比较重视乐制。当有的官员建议讨论此事并派人访问民间采集古乐、搜罗乐器时，孝文帝立即加以首肯。特别是太和十五年（491年）冬到次年春，孝文帝先后就乐的问题发表了自己的见解。

首先，孝文帝认为礼用于“防外”，乐用于“和中”，能够提高人的素养。从大的方面说，乐具有“通感人神，移风

---

① 《魏书》卷十九《景穆十二王列传·任城王云传附嵩传》。拓跋嵩，字道岳，拓跋澄弟，时为步兵校尉。后从征，以功拜左中郎兼武卫将军。

② 《魏书》卷十四《神元平文诸帝子孙列传·拓跋丕传》。

③ 《论语·泰伯》。

易俗”，“关山川之风，以播德于无外”的作用，“至乃箫韶九奏，凤凰来仪；击石拊石，百兽率舞”。因此，乐是淳化风俗、推行改革、实施德治和礼教的必不可少的工具。

其次，孝文帝谈到了乐的演变和衰微：“礼乐之道，自古所先”。到西周末年和汉魏之间，乐经历过两次“崩缺”。北魏兴起以后，虽然“尊崇古式”，但由于“干戈仍用，文教未淳”，未及时对乐进行全面的整理充实，所以古乐散佚，“伶官失守”。乐依然处于衰破的境地，无从发挥应有的作用。孝文帝就此提出和论证了重新修订乐的必要性和紧迫性。

最后，孝文帝规定了有关的人选和步骤。他认为中书监高闾“器识详富，志量明允”，“颇体音律”，可以担此重任，“与太乐详采古今，以备兹典”。如果有其他音乐方面的合适人选，也可以参与其事。

根据孝文帝的要求，高闾及太乐令公孙崇等人对古乐进行整理，特别是搜集了一些“中原旧曲”，初步规划了乐制。“钟石管弦，略以完具，八音声韵，事别粗举”，颇有一些成绩，但未及考订精当。以后迁都，这件事就暂时搁置了下来①。

①《魏书》卷一〇九《乐志》。该志又云：“高祖讨淮、汉……收其声伎”，“江左所传中原旧曲……至于殿庭飨宴兼奏之。”此外，卷一〇七《律历志》云：“魏氏平诸僭伪，颇获古乐。高祖虑其永爽，太和中诏中书监高闾修正音律，久未能定”；卷五五《刘芳传》：“高祖于代都诏中书监高闾、太常少卿陆琇并公孙崇等十余人修理金石及八音之器。后崇为太乐令，乃上请尚书仆射高肇，更共营理”；卷十八《太武五王列传·元孚传》：永安（528—530年）末，冀州刺史元孚上表曰：“昔太和中，中书监高闾、太乐令公孙崇修造金石，数十年间，乃奏成功。时大集儒生，考其得失。太常卿刘芳请别营造，久而方就。复召公卿量校合否，论者沸腾，莫有适从。登被旨敕，并见施用。往岁大军入洛，戎马交驰，所有乐器，亡失垂尽。”

总之，孝文帝的礼教观，是儒学渊源结合太和改革实践的产物。随着当时经济政治等一系列改革方案的出台，北魏王朝比过去更为迫切地需要发挥礼乐的教化作用，调整诸如君臣、父子、夫妻、兄弟、师友之间的关系，作为维护国家政权的纲纪。这样，如何实施礼治，从十六国以来由孝文帝第一次比较全面和认真地提到了日程上来。这种从武功向文治的转变，从崇尚刑杀向崇尚礼教的转变，反映了太和时期北魏统治集团在政治思想和统治策略方面的重大变化。归根结底，还是拓跋部加速走向汉化的表现。

有人认为孝文帝过分执拗于古礼，甚至到了盲目崇拜与顽固的地步。其实这正是孝文帝对他的前辈依违于礼教与拓跋旧俗之间的一种否定。而且，有时候他也能注意到根据具体条件灵活地适用礼。这在文明太后的丧仪上已经有所反映。此外，孝文帝还专门论述过礼的适中与变化："圣人制礼，必均愚智；先王作则，理齐盈虚。过之者俯而就之，不及者企而行之。"[1]太和十九年（495年），青州刺史公孙邃死于任上，孝文帝在邺为之举哀。青州的佐吏们不知道穿什么样的丧服合适。孝文帝下诏说："今古时殊，礼或隆杀。专古也，理与今违；专今也，大乖曩义。当斟酌两途，商量得失。"他强调礼的适用应该斟酌古今，折衷损益，取宜于时。根据这个原则，他指示道：青州的佐吏可按礼制服斩缞到下葬为止；至于一般百姓，若按礼制不穿丧服，显得过分怠慢，可穿齐缞

① 《魏书》卷六三《王肃传》。

三月[①]。所谓“今古时殊，礼或隆杀”，正反映了孝文帝礼教观中灵活变通的因素，这也是与前代儒家关于礼随时代发展而有所损益的思想一致的[②]。

第四节　禁断图谶、裁抑佛道的哲学观

早期儒家具有积极向上的人生观，不大讲天命、鬼神[③]。到西汉董仲舒，大力鼓吹天人感应的神学思想。其后，儒家经学中讲究阴阳灾异和符瑞之说的迷信色彩越来越浓，逐渐形成了专门预决吉凶的谶纬神学。东汉初年，光武帝刘秀“宣布图谶于天下”，把谶纬神学确立为官方尊奉的统治思想。东汉时期的《白虎通义》进一步糅合了儒家经学和谶纬迷信，用以解释封建的政治制度和伦理纲常。

这种谶学，实际上是对早期儒学的反动，曾经受到桓谭、王充等思想家的批判。

孝文帝经常亲往祭祀上帝、鬼神。遇到水旱灾害，他会表示出是因为自己的虔诚不够、未能感动上帝所致：“今飘风

---

① 《魏书》卷三三《公孙表传附公孙邃传》。公孙邃，字文庆，燕都广阳（今北京）人。祖父表为尚书郎，因得罪明元帝被杀。邃在孝文帝时为南部尚书、青州刺史，赐爵范阳侯。

② 如孔子说：“殷因于夏礼，所损益可知也；周因于殷礼，所损益可知也”（《论语·为政》）；又说：“齐一变，至于鲁；鲁一变，至于道”（《论语·雍也》）；“麻冕，礼也；今也纯，俭，吾从众”（《论语·子罕》）。

③ 如孔子说：“未能事人，焉能事鬼”（《论语·先进》）。《论语·述而》称孔子“不语怪、力、乱、神”，采取阙疑的态度。庄子曾说：“六合之外，圣人存而不论”（《庄子·齐物论》）。

亢旱，时雨不降，实由诚慕未浓，幽显无感也。”[①] 在春季，他要求各地认真祭神，虔诚地祈祷神灵的赐福："今东作方兴，庶类萌动，品物资生，膏雨不降……其敕天下，祀山川群神及能兴云雨者，修饰祠堂，荐以牲璧"，语气十分庄重。

然而，与其说这表明孝文帝承认冥冥之中上帝与鬼神的存在，不如说这是他作为一个皇帝所必须做、必须表现出来的。从总体上看，孝文帝注重现实、推行改革，具有积极的、入世的人生观。他所仰慕和继承的，是以德治、礼教为主要内容的儒家传统思想文化，而不是将儒学与迷信虚妄纠缠在一起的神学。他尤其注意剔除儒学自两汉以来被染上的迷信色彩，禁断图谶，恢复儒学的本来面目，巩固儒学的正统地位和君主专制统治。孝文帝承认自己是人而不是神。他曾下令禁断"禳厌之方非典籍所载者"。太和九年（485 年）正月，孝文帝下诏焚毁图谶："图谶之兴，起于三季。既非经国之典，徒为妖邪所凭。自今图谶、秘纬及名为《孔子闭房记》者，一皆焚之。留者以大辟论。又诸巫觋假称神鬼，妄说吉凶，及委巷诸卜非坟典所载者，严加禁断。”[②] 这种凭借行政力量禁毁图谶的方式，表明了他坚决反对两汉以来的谶纬迷信、维护"经国之典"即传统儒学的立场[③]。

古云："国之大事，在祀与戎。”孝文帝有时候却并不特别热衷于祭祀。《魏书》卷一六《道武七王列传》载，阳平王

① 《魏书》卷二七《穆崇传附穆亮传》。

② 《魏书》卷七《高祖纪上》。

③ 王夫之站在明末汉族士人反清排满的立场上，讥笑孝文帝的改革如"沐猴之冠，优俳之戏而已矣"，"索虏欺人之术也"。但对其"并委巷卜筮非经典所载而禁之"，则评价为"卓哉！”见《读通鉴论》卷一六《齐武帝》、《齐明帝》。

拓跋他，拜侍中，迁司徒，有功于国，“太和十二年（488年）薨，年七十三。时高祖有事宗庙，始荐，闻薨为之废祭。舆驾亲临，哀恸，诏有司监护丧事，礼赗有加”。为了一个王公的丧事，祭祀祖先到一半也不管了。

孝文帝认为，天命固然存在，但还须发挥人的主观能动作用：“修短有命，吉凶在人。”① 遇到灾害，要紧的是君主应该反躬自责，切实承担责任，祭祀还在其次。太和十五年（491年），从正月起连续三个多月干旱，有司奏请祭祀百神，祈求赐雨。孝文帝颇不以为然。他说：“万方有罪，在予一人。今普天丧恃，幽显同哀，神若有灵，犹应未忍安飨，何宜四气未周，便欲祀事。唯当考躬责己，以待天谴。”②

北魏开国以来，淫祀成灾，单祭祀诸神的场所就达1200多处。这样既浪费财力物力，增加人民负担，又使迷信荒诞的气氛四处弥漫。孝文帝提出“减省群祀，务从简约”。他认为，祭祀不能搞得太多，太多就谈不上恭敬了，“神聪明正直，不待烦祀也”。他要求根据从简的原则禁断淫祀。太和十五年（491年）八月，他下诏说，平城原有水火之神四十余名，“今圆丘之下，既祭风伯、雨师、司中、司命，明堂祭门、户、井、灶、中霤，每神皆有”，为此，上述四十余种神，“悉可罢之”③。

孝文帝尤其反对以卜筮决定大政方针。在平城时，因准备营造新的宫殿，他曾经从太华殿徙居永乐宫，特召见群臣

---

① 《魏书》卷十九《景穆十二王列传上·拓跋脩义传》。

② 《魏书》卷七《高祖纪下》。

③ 《魏书》卷一〇八《礼志一》。

宣布此事。太子太傅穆亮劝道："臣闻稽之卜筮，载自典经，占以决疑，古今攸尚。兴建之功，事在不易，愿陛下讯之蓍龟，以定可否。"对此，孝文帝列举历代史实加以驳斥，最后说："蓍蔡虽智，其如之何。当委之大分，岂假卜筮！"断然拒绝了穆亮的建议。[①] 准备迁都时，也有人请卜筮以决吉凶。孝文帝答道："卜者所以决疑，此既不疑，何须卜也？"他反对卜筮，同时以充分的理由说服了多数大臣赞成迁洛[②]，这是他的高人一筹之处。

孝文帝具有某种朴素辩证法的思想。他认为世界万事万物遵循着一定的规律演变发展，并且向自己的对立面转化："天地之道，一盈一虚，岂有常泰"，由此推论到人的关系："天道犹尔，况人事乎？故有升有黜，自古而然。"[③] 他强调人对于改变环境的能动作用，斥责恪守"天道"的消极等待为"守株之唱"。南征前，侍中楼毅上表劝谏："天道悠长，宜遵养时晦。愿抑赫斯，以待后日。"孝文帝回答说："时不自来，因人则合。今年人事，殊非昔岁。守株之唱，便可停也。"[④]

魏初及其以后几代的统治者，经过悉心鉴别、抉择，确立了儒学为北魏王朝指导思想的地位，同时大力推崇佛教和道教。孝文帝继承并发扬了前代的尊儒传统，但是对佛、道

---

① 《魏书》卷二七《穆崇传附穆亮传》。穆亮（451—502年），字幼辅，代人，为侍中、秦州刺史，有政绩。后任尚书右仆射、太子太傅等。孝文帝南征，亮留镇洛阳。

② 《魏书》卷一四《神元平文诸帝子孙列传·拓跋丕传》。

③ 《魏书》卷五三《李冲传》。

④ 《魏书》卷三〇《楼伏连传附楼毅传》。楼毅，代人，世为酋帅，历任殿中尚书、侍中、定州刺史等，赐爵常山公。

教的态度有所变化。

应该说,孝文帝对佛教是颇有兴趣的。他自己“尤精释义”,十岁时就在永宁寺“度良家男女为僧尼者百有余人”[①]。他与众僧多有交往,曾经亲自任命被他视为“仁雅钦韵”、“深敏潜明”的僧显为沙门都统,甚至允许高僧“时来相见”,“殿中听一月三入”。孝文帝还曾“集沙门讲佛经”[②],并且鼓励诸州众僧讲经,由“僧祇粟供备”[③]。

然而,寺庙和僧尼的数量过多,占据大量的土地和劳动力,毕竟是对世俗的专制政权利益的严重威胁。尤其是佛教教义鼓吹遁入空门、出家修行,与主张忠君孝悌、德治礼教的儒学直接对立,严重妨碍了儒家思想文化的传播,不利于改革和汉化的实施。孝文帝在允许佛教存在发展并加以利用的同时,又采取了一些限制和裁抑的措施,试图使佛教势力不至于过分地蔓延。

太和九年(485 年),孝文帝下诏整理户籍。为防止“愚民”假冒出家逃避赋役,令“无籍僧尼罢遣还俗”。次年,孝文帝又诏令检括僧籍,凡僧尼、寺主、维那之类,除“道行精勤者”外,其余“蠢者”无论“有籍无籍,悉罢归齐民”,变为国家的户籍。这样,各州共有一千三百余僧尼被遣返还俗。孝文帝还对出家僧尼的数量作了严格限制。太和十六年(492 年)诏,每年在四月八日和七月十五日允许大州度一百人、中

---

① 《魏书》卷一一四《释老志》。

② 《魏书》卷四五《裴骏传附裴宣传》。

③ [唐]道宣:《广弘明集》卷二四引孝文帝《以僧显为沙门都统诏》、《令诸州众僧安居讲说诏》、《听诸法师一月三入殿诏》。

州度五十人、下州度二十人为僧尼。太和十七年（493年），又“诏立《僧制》四十七条”。这些措施，主要以法律形式限制了僧尼数量，使政府得以在一定程度上约束佛教势力的急剧增长。

孝文帝对待名僧的态度也值得注意。太和十九年（495年），他来到徐州白塔寺。名僧嵩法师从鸠摩罗什那里接受了《成实论》后曾在此讲授。孝文帝的“尤精释义”是指精通佛理；他所敬重的僧人，要么曾经帮助过北魏政权，如沙门通顺、惠觉、僧意、道弁，要么曾与他探究过佛理，如道澄。这些不能说明孝文帝对佛教到了痴迷的地步。对那些“谋反”的僧侣，太和时期是一概加以严厉镇压的。太和五年（481年），沙门法秀因“妖诈乱常，妄说符瑞”被杀；太和十四年（490年），沙门司马惠御“自言圣王”，“擒获伏诛”[1]。

除佛教外，孝文帝还“善谈庄老”，深谙道家玄理。但他对道教也有某种程度的限制。平城原有一座唯一的道观崇虚寺。太和十五年（491年）诏令说，过去京师内房舍尚稀，人口不多；如今城内房舍鳞次栉比，人口密集，“人神猥凑，非所以祗崇至法，清敬神道。”以此为理由，孝文帝下令将崇虚寺迁出至城外“桑干之阴，岳山之阳”；同时规定该寺只准“给户五十，以供斋祀之用”。迁都后，沿袭旧制，每年以正月七日、七月七日和十月十五日，由坛主、道士、高人一百零六人行拜祠之礼，不准擅自扩大规模。在这样的严格约束下，道教未能再度兴盛，以至“诸道士罕能精至，又无才术

① 《魏书》卷七《高祖纪》。

可高"①。

孝文帝禁断图谶、裁抑佛道的观点和措施，主要是从剔除两汉以来儒家学说中的迷信荒诞成分、恢复儒家思想文化的本来面目，并且适度限制十六国至北魏前期佛道的过分蔓延，以确立和巩固儒学的统治地位的宗旨出发的。这在客观上与桓谭、王充的反谶纬神学的理论相呼应，也与北朝曾经出现的毁佛运动以及南朝的神灭论思想遥相呼应，在当时北方四处弥漫的宗教与迷信的气氛中，不失为一种大胆的举动，反映出孝文帝思想中所蕴含的某种具有无神论倾向的哲学观，并且有助于在中原地区恢复和发扬儒家思想文化传统、推行改革和汉化。当然，作为北魏的统治者受主客观诸多条件的制约，孝文帝的这种唯物思想又是极不彻底的。他一方面禁断图谶、抑制佛道，另一方面又鼓吹君权神授、五德终始的神秘论，并且醉心于祭礼的考订与完善。这些因素纠缠在一起，显示出孝文帝的哲学思想的严重局限性与矛盾性。

① 《魏书》卷一一四《释老志》。

第四章　行均田与经济改革思想

孝文帝拓跋宏的经济改革思想（早期深受文明太后的影响），是他的德治观的具体化，也是他的改革思想中较早成熟并付诸实践的部分。在这种思想的指导下，他的一系列旨在匡救时弊的经济改革措施，尤其是均田制，以古代中原地区的土地制度为依据，带有浓重的理想色彩，同时又照顾到各地的现实情况，把理想与现实结合了起来，富于创造性，在历史上负有盛名。对汉族地区而言，均田制蕴含着恢复与发展经济的意义；对鲜卑及各少数民族来说，均田制更推动了农耕经济和封建土地关系的确立和巩固，从而促使中国封建经济、土地制度出现了一个新的飞跃，为隋唐时期在全国范围内实行均田制和租庸调制开了先河，起了示范作用。

第一节　经济改革背景

孝文帝从太和九年（485 年）开始主持的北魏经济制度改革，有其深刻的社会历史的客观原因和条件。

西晋末年以来，由于阶级的、民族的和统治集团内部的斗争错综交织，北方地区发生了长期的战争。在此过程中，各统治集团为维持生存，支持军事行动并摧残敌方的生存环境，不惜大量劫掠粮食，征发徭役，对农业经济造成了严重的破坏。昔日人烟稠密、“牛马被野，余粮栖亩”[①] 的黄河中下游地区，几乎变成了一片废墟。永嘉元年（307 年），并州刺史刘琨上表说：“臣自涉州疆，目睹困乏，流移四散，十不存二，携老扶弱，不绝于路。及其在者，鬻卖妻子，生相捐弃，死亡委厄，白骨横野……”[②] 这还只是并州的一幅令人触目惊心的图画，以后这种局面又扩展到了整个中原地区。如永嘉五年（311 年），刘曜围困晋怀帝于洛阳，“王师累败，府帑既竭，百官饥甚，比屋不见火烟，饥人自相啖食”[③]；“于是天下丧乱，秦、雍之民，死者十八、九”[④]。

直到北魏前期，农业经济受统治者践踏、残破而荒芜的情况仍然时有发生。统治者除大量掠夺农民土地并圈占牧场外，还在与南朝往复争夺的地区烧杀劫掠。其中如太平真君

① 《全晋文》卷一二七干宝《晋纪总论》。

② 《晋书》卷六二《刘琨传》。

③ 《晋书》卷二六《食货志》。

④ 《晋书》卷五《愍帝纪》。

十一年（450年），魏军“残破”青、徐等六州，“民死太半”①；“自江、淮至于清、济”，“自免湖泽者，百不一焉。村井空荒，无复鸣鸡吠犬”②。

北魏前期，农业生产力低下，灾害频频。道武帝曾以桑椹充军粮；明元帝因平城大饥，甚至有迁都的打算。文成帝太安五年（459年），“六镇、云中、高平、二雍、秦州，遍遇灾旱，年谷不收”③。献文帝“天安、皇兴间，岁频大旱，绢匹千钱”④。孝文帝即位后的15年中，大多数年份都遇到自然灾害，饥荒严重。如下表⑤：

纪年	灾害、饥荒情况
延兴二年(472年)	“安州民遇水雹”;“州镇十一水”。
延兴三年(473年)	“州镇十一水旱,相州民饿死者二千八百四十五人。”
延兴四年(474年)	“州镇十三大饥。”
承明元年(476年)	“长安二蚕多死”;“牛疫,死伤太半。”
太和元年(477年)	“云中饥”;“州镇八水旱蝗。”
太和二年(478年)	“京师旱”;“州镇二十余水旱,民饥。”
太和三年(479年)	“雍州民饥”。

① 《宋书》卷二六《天文志四》。

② 《宋书》卷九五《索虏传》。

③ 《魏书》卷五《高宗纪》。

④ 《魏书》卷一一〇《食货志》。

⑤ 材料引自《魏书》卷七《高祖纪》。

纪　　年	灾害、饥荒情况
太和四年（480 年）	“膏雨不降”；“州镇十八水旱，民饥。”
太和五年（481 年）	“时雨不霑，春苗萎悴”；“淫雨，洪水为灾”，“州镇十二民饥。”
太和七年（483 年）	“州镇十三民饥”。
太和八年（484 年）	“武州水泛滥，坏民居舍”；“州镇十五水旱，民饥。”
太和九年（485 年）	“京师及州镇十三水旱伤稼”；“饥馑荐臻，致有卖鬻男女者。”

饥荒导致许多地区的农民背井离乡，其中有相当的部分流入平城。早在延兴二年（472 年）就曾“诏流迸之民，皆令还本，违者配徙边镇”①；但是到太和十一年（487 年），齐州刺史韩麒麟还在说：“今京师民庶，不田者多，游食之口，三分居二。”② 这些“不田者”，当然包含许多因破产而流入京师的人。流民的普遍存在，又隐伏着爆发严重社会问题的危险。

西晋末年以来，由于长期的兵燹战乱，北方的封建基层行政机构大多瘫痪瓦解。原先就凭借宗法血缘长期聚居、拥有经济实力的地主豪强纷纷依山傍水，建立坞壁，小的坞壁

① 《魏书》卷七《高祖纪上》。

② 《魏书》卷六〇《韩麒麟传》。韩麒麟（433—488 年），昌黎棘城人，出身士族。孝文帝时曾任给事黄门侍郎、齐州刺史，“寡于刑罚”。太和十一年（487 年），因京都大饥，上表陈时务。

又依附于大的坞壁，“或百室合户，或千丁共籍”[①]，“烟火连接，比屋而居”[②]，互相联结呼应，成为军事自卫、宗族管理和经济生活三位一体的独立小王国。坞壁主人号称坞主或壁帅，统辖着前来投附的中小地主及其属下的众多农民，广占田宅奴婢、部曲佃客。在当时大大小小的军阀集团、割据势力相互混战和烧杀劫掠的局势下，这种基层组织对于保持社会生产和生活的延续起了一定的作用。

在众多的坞壁中，有的凭借自身实力，坚持与割据政权对抗；有的则多少表示顺从割据政权，并且提供一些粮草和租赋。不管哪一类坞壁，都对其所拥有的奴婢、部曲和佃客进行残酷的剥削，强迫农民缴纳大部分的劳动所得。豪强地主利用坞壁占据大量土地和劳动力，“公避课役，擅为奸宄”[③]，威胁到政府的财政收入和地方治安。因此十六国时期的一些政权，往往采取大规模的摧毁坞壁、整顿户籍的行动。前燕慕容暐曾检括户口，“朝野震惊，出户二十余万”[④]，搞得人心惶惶；后燕慕容宝继位后，“校阅户口，罢诸军营分属郡县”，引起“上下离德，百姓思乱”[⑤]。这些行动声势不小，效果却适得其反。

北魏进入中原，在处理坞壁的问题上也曾沿用前朝的办法，兴师动众，甚至不惜诉诸武力。随着拓跋统治者与汉族地主阶级利益的逐步趋向一致，以及北魏政权统治经验的积

① 《晋书》卷一二七《慕容德载记》。
② 《通典》卷三《食货三》引宋孝王《关东风俗传》。
③ 《晋书》卷一二七《慕容德载记》。
④ 《晋书》卷一一一《慕容暐载记》。
⑤ 《晋书》卷一二四《慕容宝载记》。

累，明元帝拓跋嗣以后，统治者吸取了前代教训，政策有所改变。汉族区域坞壁主的地位得到了承认。有的坞壁主应邀出山，担任朝廷官员或地方牧宰，一般的坞壁主则被委以“宗主督护”的头衔，用“宗主”的名义“督护”地方，同时继续保持小王国的独立。宗主督护制意味着拓跋统治者与汉族地主豪强之间的初步合作，北魏政府与坞壁之间的矛盾暂时缓解。但是豪强占据土地、荫庇户口，独立于官府，“民多隐冒，五十、三十家方为一户”，以至“人困于下，官损于上”的状况基本上没有改变。

对此，北魏政府自然不能坐视。太武帝曾一再下诏：“其令州县隐括贫富，以为三级”；“自今以后，亡匿避难，羁旅他乡，皆当归还旧居，不问前罪”[①]。孝文帝即位之初，就下诏“流进之民，皆令还本，违者配徙边镇”；延兴三年（473年），又“遣使者十人循行州郡，检括户口，其有仍隐不出者，州、郡、县、户主并论如律”。这一次，仅青、冀等五州就查出隐附人口十多万。太和五年（481年）七月，又班“户籍之制”[②]，继续整顿户籍。所有这些措施，旨在削弱坞壁势力，贬抑宗主地位，但依然没有从根本上解决豪强与户籍的问题，没有拿出新的办法来代替宗主督护制，改变社会基层组织，收效大不，反而引起宗主们的不满和对抗。豪强与官府斗法，争夺土地和劳动力，严重影响了北魏政府的赋税收入和徭役来源。

土地荒芜，灾害频仍，剥削苛刻，人民饥寒交迫，“耆老

① 《魏书》卷四《世祖纪上》。
② 《魏书》卷七《高祖纪上》。

饭蔬食，少壮无衣褐”，流散死亡，导致“盗贼公行，劫夺不息”[①]，社会秩序动荡，官府财帑匮乏的局面，迫使北魏统治集团考虑社会经济制度的改革。而改革的得以实现，又是与当时的社会客观条件分不开的。

北魏政权自建立以来，东征西伐，统一北方，形成了强大的军事和政治实力，特别是建立起一个有一定统治效率的中央政府。由战乱和饥馑造成的大量荒地，基本上都由北魏政府加以没收和掌握。这就使太和年间由政府向农民授予土地存在着现实可能性。

在中国，特别是中原地区，父系家长制时代遗留下来的土地公有、平均占用的观念一直没有绝迹。在西周，人们认为“溥天之下，莫非王土”，据说还实行过一夫百亩的井田制。以后井田制一再成为人们托古改制、解决土地危机的理想化的楷模。孟子就提出正“经界”的问题，要使每户有“五亩之宅，树之以桑”，“百亩之田，勿夺其时”[②]。西汉末年，一些人提出“限田”，以抑制愈演愈烈的土地兼并。王莽则仿照《周礼》，把全国民田改称“王田”，不许买卖；男子不满八口之家，占田不得超过“一井”（九百亩），原先没有土地的人家，则一夫一妻占田百亩。汉末曹操募民屯田，把流民束缚在土地上，“持官牛者官得六分，百姓得四分，私牛而官田者与官中分”[③]。到西晋，则实行占田制，规定编户百姓的占田课田数量：“男子一人占田七十亩，女子三十亩。其外丁男课

① 《魏书》卷五《高宗纪》。
② 《孟子·梁惠王上》。
③ 《晋书》卷一〇九《慕容皝载记》。

田五十亩，丁女二十亩，次丁男半之，女则不课”①。这些记载，表明向农民平均授予公田，由国家征收租税的观念和实践源远流长，易于为人们所理解和接受。

在北魏进入中原前后，拓跋鲜卑虽然已经跨入文明社会的门槛，但是仍然带有原始父系公社制的许多痕迹，包括一夫一妻小家庭占有大致相当的牲畜和其他生产资料的村社制度等。面对急剧变化的社会环境和经济条件，北魏统治者曾经把氏族村社制度转化为国家编户的“分土定居”和“计口受田”。道武帝于登国初年，“散诸部落，始同于编户”②，即解散原来以宗法血缘维系的氏族组织，将氏族成员转入国家户籍，束缚在土地上，由政府向他们收取赋税。这样就开始了向封建土地制度的过渡。

道武帝平定中山后，进行了大规模的移民和计口授田，并且积极督课农业生产。当时在平城周围划定了“畿内之地”，其外则为“四方四维”，“置八部帅以监之，劝课农耕，量校收入，以为殿最”③；同时“诏给内徙新民耕牛，计口受田”④。

---

① 《晋书》卷二六《食货志》。

② 《魏书》卷一一三《官氏志》。

③ 《魏书》卷一一〇《食货志》。按，“八部帅”亦称“八部大夫”，是拓跋部传统的官职。早期拓跋部在“献帝”邻时，“七分国人，使诸兄弟各摄领之，乃分其氏”，加上拓跋氏自己共八部。这种八部的形式一直被承袭下来。至天兴元年（398年）十二月制定京邑，置“八部大夫于皇城四方四维面置一人，以拟八座，谓之八国”（《魏书·官氏志》），也就是仿效汉族王朝官制，把“八部大夫”附会于“八座”（东汉、曹魏都以尚书令、仆射和各曹尚书并称“八座”）。它们由传统的八部的子孙担任，除监课农桑外，还参理朝政。因此，北魏的“八座”实为拓跋旧制与汉族官制相结合的产物。

④ 《魏书》卷二《太祖纪》。

道武帝以后，“计口受田”及类似的分授土地的方式继续在实行并有所发展。如明元帝时“置新民于大宁川，给农器，计口受田”[①]；太武帝时，因高允进言，“遂除田禁，悉以授民”[②]。太武帝还说：“生民贫富不均，未得家给人足”[③]，表示要平均“贫富”（当然首先是均授农田）以减轻饥荒。以后，统治者又一再发布这方面的诏令。如拓跋晃曾经要求“有司课畿内之民，使无牛家以人牛力相贸，垦殖锄耨”，“各列家别口数，所劝种顷亩，明立簿目。所种者于地首标题姓名，以辨播殖之功”[④]。尤其值得注意的是，太和元年（477年），孝文帝有一段诏令很明确地提到平均田亩：“其敕在所督课田农……一夫制治田四十亩，中男二十亩。无令人有余力，地有遗利”[⑤]。这些规定未必完全付诸实践，但在客观上多少推动了北魏封建土地所有制的发展，可以看作是后来田制改革的嚆矢。

由此可见，均田制不是空中楼阁，而是历代土地制度长期演变发展的结果。从前朝的土地国有制，到魏初的“分土定居”、“计口受田”以及太武帝时期的有关规定，直至孝文帝太和年间，面对土地荒芜、人民流散、阶级矛盾尖锐的情况，吸收了古代中原王朝的土地国有、平均占用的观念和经验，创立并且推行了均田制。这完全是一个合乎逻辑、脉络清晰的发展进程。

---

① 《魏书》卷三《太宗纪》。

② 《魏书》卷四八《高允传》。

③ 《魏书》卷四《世祖纪》。

④ 《魏书》卷四《世祖纪附恭宗纪》。

⑤ 《魏书》卷七《高祖纪上》。

太和年间田制改革的直接起因，是李安世的一篇上疏。李安世（443—493 年），赵郡大族，散骑常侍、平西将军、宣城公李孝伯子。安世"幼而聪悟"，"温敏敬慎"，后任主客令、相州刺史等，"敦劝农桑，禁断淫祀"，甚有政绩。《魏书》卷五三《李孝伯传附李安世传》载：

时民困饥流散，豪右多有占夺，安世乃上疏曰："臣闻量地画野，经国大式；邑地相参，致治之本。井税之兴，其来日久；田莱之数，制之以限。盖欲使土不旷功，民罔游力。雄擅之家，不独膏腴之美；单陋之夫，亦有顷亩之分。所以恤彼贫微，抑兹贪欲，同富约之不均，一齐民于编户。窃见州郡之民，或因年俭流移，弃卖田宅，漂居异乡，事涉数世。三长既立①，始返旧墟。庐井荒毁，桑榆改植。事已历远，易生假冒。强宗豪族，肆其侵凌，远认魏晋之家，近引亲旧之验，又年载稍久，乡老所惑，群证虽多，莫可取据。各附亲知，互有长短，两证徒具，听者犹疑，争讼迁延，连纪不判。良畴委而不开，柔桑枯而不采，侥幸之徒兴，繁多之狱作，欲令家丰岁储，人给资用，其可得乎！愚谓今虽桑井难复，宜更均量，审其经术，令分艺有准，力业相称，细民获资生之利，豪右靡余地之盈。则无私之泽，乃播均于兆庶；如阜如山，可有积于比户矣。又所争之

---

①《魏书》卷七《高祖纪上》、卷一一一《食货志》皆言太和九年（485 年）行均田、太和十年（486 年）立三长，与此矛盾。

田，宜限年断，事久难明，悉属今主，然后虚妄之民，绝望于觊觎；守分之士，永免于凌夺矣。”

李安世上疏的中心意思，就是一个“均”字。他首先阐述了古代“量地画野”、“邑地相参”的田制及其寓意，为自己的立论提供了历史的依据；接着又分析了北魏土地占有关系混乱、豪强侵夺、争讼纷纭的情况，指出其对社会的严重危害，强调了改革的必要。最后，李安世提出建议，在不触动“今主”对土地占有的前提下，充分利用荒地，“宜更均量”，实行均田，以抑制兼并，化解纷争，发展农业。这篇上疏，实际上成为太和年间田制改革的纲领。

第二节　经济改革方案

原因既存，条件具备，实行均田制就是势在必行了。李安世的建议与孝文帝的思想不谋而合，因此深受赞许。太和九年（485年）十月，孝文帝专门就此下诏说：“朕承乾在位，十有五年。每览先王之典，经纶百氏，储畜既积，黎元永安。爰暨季叶，斯道陵替，富强者并兼山泽，贫弱者望绝一廛，致令地有遗利，民无余财，或争亩畔以亡身，或因饥馑以弃业，而欲天下太平，百姓丰足，安可得哉？今遣使者，循行州郡，与牧守均给天下之田，还受以生死为断，劝课农桑，兴富民之本。”①

这一道诏令，几乎是李安世上疏的翻版。它宣告北魏统

① 《魏书》卷七《高祖纪上》。

治者采纳了李安世的建议，开始改革土地制度，推行均田制。

根据《魏书》卷一一〇《食货志》所载，孝文帝在太和九年所规定的均田制方案的要点有：

> 诸男夫十五以上，受露田四十亩，妇人二十亩，奴婢依良。丁牛一头受田三十亩，限四牛。所授之田率倍之，三易之田再倍之，以供耕作及还受之盈缩。
>
> 诸民年及课则受田，老免及身没则还田。奴婢、牛随有无以还受。

所谓露田，是种植庄稼而不栽树的耕田。露田需要轮作休耕，所以要有倍田。一夫一妇可受露田60亩，加上倍田，可以有120亩甚至180亩的田地。这对于一个小家庭来说，是个可观的数目，由此可知北魏政府确实掌握着大量的荒地。露田在农民年及课税时由国家授予，年老免税或死亡时由国家收回另行分配。农民对露田只有使用权，没有所有权。另外，每个奴婢与良人一样受田，丁牛则一头受30亩，最多可以受四头。这些数目也不小，显然是有利于富裕家庭的。

> 诸桑田不在还受之限，但通入倍田分。于分虽盈，不得以充露田之数，不足者以露田充倍。
>
> 诸初受田者，男夫一人给田二十亩，课莳余，种桑五十树，枣五株，榆三根。非桑之土，夫给一亩，依法课莳榆、枣。奴各依良，限三年种毕，不毕，夺其不毕之地。于桑榆地分杂莳余果及多种桑榆者不

禁。

诸应还之田，不得种桑榆枣果，种者以违令论，地入还分。

诸桑田皆为世业，身终不还，恒从见口。有盈者无受无还，不足者受种如法。盈者得卖其盈，不足者得买所不足。不得卖其分，亦不得买过所足。

诸麻布之土，男夫及课，别给麻田十亩，妇人五亩，奴婢依良。皆从还受之法。

这一部分是有关桑田和麻田，即植树或植麻的田地的规定。第一次授田时，男子每人受 20 亩桑田，具体数目“恒从见口”，即以授田时的人数为依据，由子孙继承。授田后如男子人数发生变化，桑田数量超出定额的不必归还，可以出卖；不足定额部分则可以自买所不足，但不得卖掉其定额。由于倍田是露田的轮作部分，所以露田可以充作倍田，倍田不得充作露田。具体地说，当实际荒地数量不足时，可以把一部分露田算在倍田数之内，也就是减少实际所受倍田的数量。反之，如果把倍田算到露田之内，则意味着减少直接种植庄稼的露田，自然为法律所不允许。同时，桑田不单独授予，而是抵充倍田。如果一家除夫妇外还有若干男夫，应受桑田超过 60 亩或 120 亩的倍田，也不能减到露田那里，以确保当年的粮食生产。桑田必须按法定时间、数量和品种种植桑、枣、榆等树木，否则要夺还田地。据此，桑田虽然可以继承，并在一定范围内允许买卖，其私有权却是很不充分的。至于不宜植树的地区，则授予麻田。本来，麻田是相当于桑田的，这里却规定麻田“皆从还受之法”，不得继承与买卖，显然不合理[①]。

诸有举户老小癃残无授田者，年十一巳上及癃者各授半夫田，年逾七十者不还所受，寡妇守志者虽免课亦授妇田。

诸还受民田，恒以正月。若始受田而身亡，及卖买奴婢、牛者，皆至明年正月乃得还受。

诸土广民稀之处，随力所及，官借民种莳，役有土居者，依法封授。

诸地狭之处，有进丁受田而不乐迁者，则以其家桑田为正田分，又不足不给倍田，又不足家内人别减分。无桑之乡准此为法。乐迁者听逐空荒，不限异州他郡，惟不听避劳就逸。其地足之处，不得无故而移。

授还田地都以每年正月进行。对于全家老小病残及寡妇未再嫁者，给予特殊照顾。土广民稀之处，官府雇人力尽量予以耕种。“役有土居者”，不可解。《册府元龟》卷四九五《田制》作“后有来居者”，当是。如果地狭人稠，田地不足以授受的，只好采取酌量减少的办法。先以桑田充露田，等于取消了桑田；再不足，则不给倍田；再不足，则减少家庭成员的份额。原则上，土地不足地区的人迁往地广人稀处垦

① 北齐在继续推行均田制时，对此重新作了修正，规定：“每丁给永业二十亩，为桑田。其中种桑五十根、榆三根，枣五根。不在还受之限。非此田者，悉入还受之分 。土不宜桑者，给麻田，如桑田法”（《隋书》卷二四《食货志》）。

荒，是受到鼓励的。但“不听避劳就逸”的规定，则较空泛。

> 诸民有新居者，三口给地一亩，以为居室，奴婢五口给一亩。男女十五以上，因其地分，口课种菜五分亩之一。
>
> 诸一人之分，正从正，倍从倍，不得隔越他畔。进丁受田者恒从所近。若同时俱受，先贫后富。再倍之田，放（仿）此为法。
>
> 诸远流配谪、无子孙及户绝者，墟宅、桑榆尽为公田，以供授受。授受之次，给其所亲；未给之间，亦借其所亲。
>
> 诸宰民之官，各随地给公田，刺史十五顷，太守十顷，治中别驾各八顷，县令、郡丞六顷。更代相付。卖者坐如律。

这是授田中的一些细则规定。新迁居者每三口给地一亩作为宅基地；15 岁以上的给菜地五分之一亩。露田、倍田等各种性质的田地应区分清楚，不能混淆。凡受田者应就近给予，贫困户适当优先。远流配谪及户绝无子孙者，田地充公另行授受。地方官在职期间根据其职位高低分别授予一定数量的田地，不得买卖。

田制改革的进行，必然引起田地收益情况的变化，从而导致赋役制度的改革。对封建政权来说，只有收缴更多的赋税，征发更多的徭役，田制改革才有意义。租调制，就是伴随均田制而来的太和经济改革的又一重要内容。

前已述及，北魏前期赋税沿袭西晋的办法，实行“九品混通”，以户为征收单位。由于九品的评定权掌握在当地的豪强、大姓手中，他们“纵富督贫”、“避强侵弱”，竭力把负担转嫁到农民头上，造成弊端丛生。北魏的租调征收有时还有一些变化，如太和八年（484年）因颁发百官俸禄，每户又增收帛三匹、粟二石九斗等，加上各种杂调和临时性征发，人民的负担是极为繁重的。孝文帝对此有比较清醒的认识。他指出：“自昔以来……富强者并兼有余，贫弱者糊口不足。赋税齐等，无轻重之殊；力役同科，无众寡之别。虽建九品之格，而丰埆之土未融；虽立均输之楷，而蚕绩之乡无异。”

针对这种情况，在均田令颁布后的次年，即太和十年（486年），李冲上书，提出了租调改革的方案：

> 其民调，一夫一妇帛一匹，粟二石。民年十五以上未娶者，四人出一夫一妇之调；奴任耕，婢任绩者，八口当未娶者四；耕牛二十头当奴婢八。其麻布之乡，一夫一妇布一匹，下至牛，以此为降。大率十匹为工调（《通典》卷五《食货五》作“十匹中五匹为公调”），二匹为调外费，三匹为内外百官俸，此外杂调。
>
> 民年八十以上，听一子不从役。孤独癃老笃疾贫穷不能自存者，三长内迭养食之。

这个方案很快得到批准：“书奏，诸官通议，称善者众。

高祖从之，于是遣使者行其事”[1]。

新的租调制是与均田制的基本内容相适应的。授田以一夫一妇进行，所以纳税也以一夫一妇为单位，而不是像过去那样以户为单位。奴婢、耕牛也受田，所以也有缴税的义务。受田有桑田、麻田之分，所以调也分为绢、布二种。从数额上看，一夫一妇只纳调帛一匹、租粟二石，比北魏前期“九品混通”下的户调帛二匹、絮二斤、丝一斤、粟二十石轻得多了。但由于农民从豪强依附下摆脱出来，普遍受田，列入国家户籍，政府掌握的征税对象大大超过从前，封建国家的财政收入非但不会减少，反而有所增加。

均田制及其租调制的性质，实际上是一种国有土地的共耕制，即国家将国有土地分配给农户使用，国家只作为主权者收取租、调（实为地税）。这与魏晋南北朝时期的另一种土地制度，即国家作为地主将国有土地出租给佃农（国家佃农）耕种而收取地租的情形（典型的如曹魏的屯田制）是有所区别的。相对来说，在均田制及其租调制下，农民的独立性较大一些。至于那些“豪富并兼者”，则因拥有较多耕牛、奴婢，得以多占田地，而耕牛、奴婢纳税却很有限，地主、豪

① 《魏书》卷一一〇《食货志》。关于“匹”的规格，《食货志》载：“旧制，民间所织绢、布，皆幅广二尺二寸，长四十尺为一匹，六十尺为一端，令任服用。后乃渐至滥恶，不依尺度。高祖延兴三年（473年）秋七月，更立严制，令一准前式，违者罪各有差，有司不检察与同罪。”

强自然也获得好处。[①]

然而，北魏统治集团很清楚，面对当时的社会现实，不清理户籍、铲除坞壁，不整顿基层政权组织、强化乡村统治机构，要推行均田制和租稠制、保证财税和劳动力的供给，只能是不切实际的幻想。这样，就导致了太和经济改革的另一项重要内容——三长制的规划和实施。

太和十年（486年），也就是颁布均田令的次年，李冲"以三正治民，所由来远"[②]，在提出租调改革方案的同时上言："宜准古，五家立一邻长，五邻立一里长，五里立一党长，长取乡人强谨者。邻长复一夫，里长二，党长三。所复复征戍，余若民"[③]。

从李冲的建议看，三长制就是沿用古代如管仲、商鞅等人设计的邻里乡党或什伍相连的办法把人民编制起来，纳入国家户籍，亦即实施均田和征收租调赋税、征发兵役徭役的对象，同时负有维护社会治安、防备"盗贼"的职责。邻长、里长、党长分别由乡村中的"强谨者"担任，他们可以享受免役的特权。这种办法的特点，在于尽可能地避免恐慌骚动，

---

① 与孝文帝经济改革有关的，是太和年间的度量衡改革。北魏前期，斗秤甚大。太和十九年（495年）六月，诏废除长尺大斗，依《周礼》制定小斗秤。《魏书》卷七八《张普惠传》："仰惟高祖废大斗，去长尺，改重秤，所以爱万姓，从薄赋"；《资治通鉴》卷一四八梁天监十七年载张普惠上疏亦曰："高祖废大斗，去长尺，改重秤"，与上同。然同书卷一四〇齐建武二年则曰："魏改用长尺、大斗，其法依《汉志》为之。""改用"误，当为"改"，即将大尺、斗改为小尺、斗，这是一项有助于减轻人民负担的措施。又，《左传》定公八年孔颖达正义谓魏齐斗秤，于古二而为一。这应该是指宣武帝、孝明帝时期又逐渐增大的度量衡。

② 《魏书》卷五三《李冲传》。

③ 《魏书》卷一一〇《食货志》。

同时也触及到了根深蒂固的宗主督护制度。它通过比较平和、稳妥的途径，从改革社会基层机构入手，把宗主督护制演变成邻、里、党等组织，把宗主相应地改变成邻长、里长、党长，直接置于国家的控制之下，进而由国家掌握户口，统治全体人民。

李冲的建议得到文明太后与孝文帝的赞赏，却遭到一些人的反对。中书令郑羲、秘书令高祐等认为："冲求立三长者，乃欲混天下一法，言似可用，事实难行"；郑羲又自作聪明地说："不信臣言，但试行之，事败之后，当知愚言之不谬。"在这场争论中，太尉拓跋丕倒比较开明，曾说"臣谓此法若行，于公私有益"。还有许多人采取折衷、观望的态度，认为"方今有事之月，校比民户，新旧未分，民必劳怨"，不如等到秋后，"徐乃遣使，于事为宜"。李冲则指出，如果立三长与征租调脱节，"百姓徒知立长校户之勤，未见均徭省赋之益，心必生怨"；两者应该同时进行，使百姓"知赋税之均，既识其事，又得其利，因民之欲，为之易行"。

实际上，前述反对立三长的理由显然是极不充分的。郑羲、高祐等人简直没有提出什么像样子的见解。如果用三长制代替宗主督护制叫做"混天下一法"的话，那只不过是用新的"天下一法"代替旧的"天下一法"而已。最后，文明太后做了结论："立三长，则课有常准，赋有恒分，苞荫之户可出，侥幸之人可止，何为而不可？"这样一来，反对派即使心中不服，也无可奈何了①。

在这场争论中，孝文帝完全是站在改革势力一边的。他

---

① 《魏书》卷五三《李冲传》。

对豪强兼并土地、隐匿户口、与政府相抗衡的现象早就有所了解，现在当然是鼎力支持立三长。讨论结束后，孝文帝下诏说："邻里乡党之制，所由来久。欲使风教易周，家至日见，以大督小，从近及远，如身之使手，干之总条，然后口算平均，义兴讼息"；"自昔以来，诸州户口，籍贯不实，包藏隐漏，废公罔私。富强者并兼有余，贫弱者糊口不足"；"朕每思之，良怀深慨。今革旧从新，为里党之法，在所牧守，宜以喻民，使知去烦即简之要"①。

这一道诏令，全面阐述了三长制的起因、作用与规划，体现了孝文帝在社会基层组织方面"改旧从新"的思想，实际上是推行三长制的宣言，对当时的经济改革实践产生了重要影响。

第三节　经济改革思想

根据上述材料，我们可以对孝文帝的经济改革思想作一些分析。

首先，孝文帝主张通过"均给天下之田"的办法，从根本上抑制土地兼并，解决土地问题。

前代地主豪强对土地的贪欲和掠夺，一次次地导致"富者田连仟伯，贫者亡立锥之地"②、"富强者并兼有余，贫弱者糊口不足"③的局面。贫苦农民胼手胝足，辛勤耕种，却经常

---

① 《魏书》卷七《高祖纪上》。

② 《汉书》卷二四《食货志上》。

③ 《魏书》卷一一〇《食货志》。

在地主豪强的兼并下，失去土地这一最基本的生存条件，“或争亩畔以亡身，或因饥馑以并业”[1]，陷于破产流亡，甚至委身沟壑的境地。因此，土地问题是秦以来历代阶级矛盾的焦点，是导致贫苦农民武装反抗、严重威胁封建专制政权的问题。

孝文帝根据前代土地集中的史实和井田、限田、屯田、占田的思想及实践，结合拓跋部过去的氏族所有制以及魏初分土定居、计口授田的经验，认识到只有把地主豪强的兼并限制在一定的范围内，使“雄擅之家，不独膏腴之美；单陋之夫，亦有顷亩之分”[2]，才有可能使农民维持物质资料和劳动力本身的简单再生产，为政府提供源源不断的赋税和徭役。为此，孝文帝批准并颁布了均田令，并“遣使者循行州郡，与牧守均给天下之田”，由政府以法律的形式授予农民一定数额田亩的份地，不允许豪强染指。在均田制下，一夫一妇最高可以获得 200 亩的露田、倍田和桑田，既种粮食，又植桑麻果木。这意味着让农民维持一家一户、男耕女织的自然经济，在某种程度上满足了农民对土地的渴望，有助于造成大量的自耕农，巩固封建国家的经济基础。但是，孝文帝并不是想把土地的地主豪强所有制转变为农民所有制。露田、倍田的受还以生死为断，农民没有所有权，所有权仍然掌握在由北魏政府集中代表的地主阶级手中。至于桑田，虽然可以继承，并允许在一定范围内买卖，北魏政府却可以用法律对桑田上的种植加以规定，如三年内种植未毕，“夺其不毕之地”，农

① 《魏书》卷七《高祖纪上》。

② 《魏书》卷五三《李孝伯传附李安世传》。

民对桑田的私有权仍然受到严格的限制。因此，均田制下地主阶级的土地所有权并没有改变。

其次，孝文帝特别重视劳动力对土地的依附关系。

北魏前期，由于土地兼并和水旱灾害，农民普遍离弃家园、辗转流徙："或因年俭流移，弃卖田宅，漂居异乡"[①]，"弃业"现象严重，农业经济日益萎缩。孝文帝看到了劳动力依附于土地，对恢复农民生产积极性和提高土地收益的作用，要求以各种手段招回农民"赴耕耘之业"[②]。均田令规定露田、倍田从男女及课之年起授，到老免或身没还田；又规定男女授田数量不同，"远流配谪、无子孙及户绝者"田地充公，都是将劳动力存在与否，作为授还田地的依据，或者按照劳动力的强弱作为授受田地的标准。这样做的根本目的，在于改变过去劳动力游离于土地之外，农民流散或投附于豪强门下的局面，把农民附着在土地上从事耕作，使封建政府获得稳固的剥削对象，同时也有利于稳定社会秩序。

再次，孝文帝强调通过均田制，尽可能地开垦荒地，充分发挥地力。

战国初年李悝在魏国主持变法时，曾经提出"尽地力"[③]，鼓励垦荒，发展农业。孝文帝的经济改革思想的重要内容，是通过均田的办法，要求"有司勉加劝课"、"在所督课田农"[④]，促使农民开垦荒地，增加投入，提高单产，为北魏政府提供

---

① 《魏书》卷五三《李孝伯传附李安世传》。

② 《魏书》卷七《高祖纪上》。

③ 《汉书》卷二四《食货志上》。

④ 《魏书》卷七《高祖纪下》。

充分的赋税收益。例如，均田令规定男女在其大半生中可以占有露田和倍田，还可以把桑田作为世业，由子孙继承，甚至耕牛也可以受田。这种相当稳定的立法，寓有鼓励农民养牛，并且在几十年或更长的时间里，不断增加对土地的投资，精耕细作，提高粮食单产的意蕴。同时，均田令鼓励地狭人稠处的农民迁往地广人稀处，“乐迁者听逐空荒，不限异州他郡”，迁徙后“依法封受”，可以兑现均田的授受数量。对荒地，官府还借用民力尽可能加以开垦。这表明孝文帝已经认识到农业劳动人口均匀分布的问题。

均田制方案规定除露田生产粮食外，还授予农民生产麻、桑、榆、菜蔬和建筑住宅所需的土地，并各按其性质、特点确定授予的亩数；均田令还规定露田、倍田和麻田为必须还授之田，桑榆果树田及宅田则为世业田。这些显示出孝文帝认识到对土地的不同形式利用的必要性，特别是注意到了树木对于抵御风沙、保护庄稼的作用，以及土地作物生长周期的长短的不同。

除此以外，孝文帝还一再强调地方官吏必须督责农民努力耕作。如延兴三年（473 年）二月，诏“牧守令长，勤率百姓，无令失时”；太和元年（477 年）正月，诏“相其水陆，务尽地利，使农夫外布，桑妇内勤”；太和二十年（496 年）五月，诏“其令畿内严加课督，惰业者申以楚挞，力田者具以名闻”。孝文帝还比较重视兴修水利。太和十二年（488 年）五月，他下令六镇、云中、河西及关内六郡，各修水田，通渠灌溉；十三年（489 年）八月，又令诸州镇有水田之处各通灌溉，“遣匠者所在指授”。为了表示重农，他还亲自耕田，如太和十七年（493年）二月，“车驾始籍田于都南”[①]。这些都是旨在推动农业经济的恢复和发展。

第四，孝文帝要求通过租调改革，适当减轻农民负担，缓和阶级矛盾，同时为政府提供更多的赋役。

在均田和劝课农桑的基础上，孝文帝的租调改革思想包括两个方面。一是通过搜括户口，把农民从豪强地主的荫庇下争夺过来。国家对受田农民“按籍而征之，令其与豪富兼并者一例出赋”[②]，也就是将豪强向农民的征敛变成国家向农民征发的赋役，从而使国家获得更多的财政收入。二是根据儒家“不患寡而患不均”[③] 的理论，强调“通有无”、“均劳役”，合理负担，“口算平均”[④]，改变过去贫富有别，却承担相同的赋役，甚至“督贫纵富”的现象。在新的租调制下，农民的负担不但比豪强的征敛轻，也比过去“九品混通”下的租赋轻，因而有助于提高农民的劳动热情，缓和社会矛盾。当时有个叫傅思益的著作郎反对说：“九品差调，为日已久，一旦改法，恐成扰乱”[⑤]，实际上并未出现“扰乱”。因为通过租调改革，把原来赋税无常准、“聚敛烦数”、农民“贫弱”而国家仍“匮于财”的局面，在法律上改变成大致平均的负担，政府也增加了收入，从而达到“天下太平，百姓丰足”，当然是能够为人们所接受的。

第五，孝文帝试图通过“依局割民，阅户造籍”、“为里

① 《魏书》卷七《高祖纪下》。

② ［宋］马端临：《文献通考》卷二《田赋二》。

③ 《论语·季氏》。

④ 《魏书》卷一一〇《食货志》。

⑤ 《魏书》卷五三《李冲传》。

党之法”、建立三长制，为均田和租调的实施创造条件。

孝文帝全力支持并以诏令的形式将三长制这种新的社会基层组织法定化，旨在检括和清理浮游、荫附人口以及无主土地，并将其列入国家版籍，从而打破坞壁，抑制兼并，实施均田制。立三长后，一邻有5家，一里有25家，一党有125家。所谓家，已经不是过去“五十家、三十家方为一户”的大户，而是名符其实的小家庭了。如《魏书》卷五七《高祐传》载：立三长的诏令颁布后，高祐出为西兖州刺史，镇滑台（今河南滑县），也曾“令一家之中，自立一碓；五家（邻）之外，共造一井，以供行客”。这个家，显然不是过去的大户。从此，小家庭取代坞壁成为社会的细胞，由国家直接管理，宗主督护制随即烟消云散。

孝文帝认为，三长直接与人民接触，熟悉乡里民情，国家通过三长检括户口，征收赋税，征发兵役徭役，就有可能达到“口算平均”，改变过去贫富“无轻重之殊，无众寡之别”的弊端，从而实现均田与租调改革的意义。同时，推行三长制，切实整顿户籍，就有可能在发生天灾时，较为公平地实施赈贷，避免“廪恤不周”、人民“饿死衢路”的惨象的重演。

此外，孝文帝还强调三长在民间可以起到行为表率、调解讼争和劝善惩恶的作用。三长层层统辖，犹如人身之使双手，树干之连枝叶，把封建统治的触角伸向社会生活的深层，使“风教易周，家至日见”，从而“义兴讼息”、稳定社会秩序。

第六，孝文帝在抑制豪强兼并土地和掠夺劳动人手的同时，注意到保护豪强的既得利益。

北魏政府，形式上是一个凌驾于各阶级、各阶层之上的国家权力的执行者，有时还与豪强地主之间存在着争夺土地与劳动力的利害冲突，实际上则是拓跋统治者与汉族贵族官僚、豪强地主的互相支持、互相利用的关系的体现，是整个地主阶级利益的集中代表。孝文帝为了进一步取得地主阶级特别是中原汉族士族与豪强的支持，在实施经济制度的改革时，对其利益有明显的妥协与保护。

必须指出，均田制不是把全部土地打乱重新授受，而只是通过分配荒地，让农民也得到份地，地主多占田地的情况基本上没有改变。有些地区，土地普遍荒芜，可能有条件较广泛地推行均田制，那么往往也对地主、富豪特别有利。因为"丁牛一头受田三十亩，限四牛"，单这一条规定，就可使富裕人家多获得120亩田地；此外还有"奴婢依良"的授田，奴婢的数量又没有限制。一般农民家庭不大可能拥有四头丁牛，更谈不上蓄奴。而且，奴婢、丁牛负担的租调又远较一般农民为轻，20头丁牛或八个奴婢，才相当于一夫一妇所纳租调。这等于是鼓励富裕人家占足四头耕牛及尽可能多的奴婢，也拥有几乎谈不上限额的田地。而在地狭人稠处授田数量的酌减，先减劳动力再减"家内人"的田地，对家庭成员通常较少的农民又是一个不利的因素。此外，官僚阶层还享有法定特权，可以依据职位占据相当数量的公田，如一个县令可以占有相当于一夫一妇所占露田、桑田七点五倍的六顷"公田"。这势必加剧荒地不足的状况。

整顿户籍和推行三长制，是袭用了传统的办法，并且密切结合抑制兼并、均平赋役的均田制和租调制，既迎合汉族传统的思想和汉族士人的胃口，又较为适应广大农民的心理。

在三长制下，宗主督护变成了三长管辖。担任三长的多为乡村中的“强谨者”亦即豪强地主，有的也就是原来的“宗主”。他们在均田制下本来就有一些好处，担任三长又可享有免役特权。正由于如此，三长制在经受一些阻力后终能顺利贯彻，封建国家统治和剥削农民的基本格局通过三长制的形式得以延续下去。

因此，孝文帝并不是要做到土地和赋役的完全平均，而只是在保护地主阶级经济权益的前提下，通过均田制，将一批流离失所的劳动力固着在国家掌握的荒地或无主土地上，即解决劳动人手和土地的重新结合问题。由于在均田制下，土地的授受和买卖都有严格的法律规定，因而也由此限制了土地兼并和赋役不均愈演愈烈的趋势。太和年间的经济改革，正是使两大对抗阶级的经济利益得到某种程度的妥协的产物。①

第七，孝文帝主张采取行政命令的手段，由上而下地推行经济改革。

当时北魏建国已经有100年，已经建立起一个庞大的、虽

① 美国学者 Dunj Li 比较了王莽和孝文帝对土地制度的改革，指出：孝文帝“没有遇到如以前的王莽曾经遇到过的那样强大的反对力量。孝文帝的改革不太激烈，结果却更为有效。虽然有一部分土地分给了农民个人，但是给贵族家庭的土地总量的比例却增加了”；“王莽的土地改革触动了地主利益，导致其强烈的抵抗并引起最终导致其统治崩溃的叛乱；北魏所采取的类似的改革措施却和平地实现了，没有造成社会动荡。”见 *THE AGELESS CHINESE：A HISTORY*，Third Edition，Charles Scribner's Son's，New York，1978，P. 138. 当然，这只是问题的一个方面。北魏存在大量荒地可以拿来授田，这是王莽所未曾有的条件。

然效率不高却能够大致维持正常运转的中央官僚机构，积累了一定的统治经验。特别是在统治集团内部，有一批熟悉经济情况的汉族士人。在基层，均田令下达后的第二年，也开始推行三长制，建立起封建基层政权，统治的触角伸到了农村各个地方。这样就使孝文帝对通过行政力量推行均田制有比较充分的信心。所以，李安世建议均田，孝文帝即“深纳之”，并发布诏令，“遣使者循行州郡，与牧守均给天下之田”；李冲建议改革租调，“诸官通议，称善者众，高祖从之”，亦颁布诏令，“遣使者行其事”[①]。发布诏令和派遣使者是孝文帝推行经济改革的主要行政方式。这种方式比较迅速便捷，但也容易引起虚浮和隐漏的问题。

从根本上说，孝文帝的经济改革思想，是他的德治观的必然发展。孝文帝以儒家学说的继承者自居，从传统的德治思想出发，试图通过均田制、租调改革以及三长制，在不过多触犯地主阶级利益的前提下，给人民提供起码的生存和生产条件，使北魏政府获得维持专制统治和战争的税源。此外，孝文帝的经济改革思想中的有关抵御风沙、注意农业生产的客观规律等内容，对一个进入农耕经济时间并不长的少数民族政权来说，则完全是新的观念，尤为难能可贵。

第四节　经济改革实践

均田令下达后，统治者立即派使者巡回各地监督推行。由于各地政治、经济和民情条件不同，推行的效果也有差异。

---

① 《魏书》卷一一〇《食货志》。

最早实施均田制的，是京畿即平城周围地区。《魏书》卷三三《公孙表传附公孙邃传》："高祖与文明太后引见王公以下，高祖曰：'比年方割畿内及京城三部，于百姓颇有益否？'邃对曰：'先者人民离散，主司猥多，至于督察，实难齐整。自方割以来，众赋易办，实有大易。'""方割"就是将荒地划分成若干份，交给农民耕种，即实行均田。这样不但有利于农民，对官府也"实有大益"，易于征收租调了。可见均田制确实在平城一带得到了实施。

在中原，均田制的推行却遇到一些阻力。均田令颁布后的第三年即太和十一年(487年)九月，孝文帝在诏令中承认："乃者以来，犹有饿死衢路，无人收识。良由本部不明，籍贯未实，廪恤不周，以至于此……可重遣精检，勿令遗漏"[1]。检括户口，造册登记，是授田的基本依据。没有这一步，授田无从进行，农民不能维持生计，一遇灾害，便有"饿死衢路"者。同年，齐州刺史韩麒麟上书说："顷年山东遭水，而民有馁终；今秋京都遇旱，谷价踊贵。实由农人不劝，素无储积故也"。因此他建议"制天下男女，计口受田。宰司四时巡行，台使岁一按检"[2]。由此我们可以知道，太和十一年时，京师刚刚开始均田，尚未办妥，所以要"重遣精检，勿令遗漏"；而齐州（治今山东济南）的韩麒麟似乎还不知道均田令已下，他还在建议"计口受田"。到太和十四年（490年），高闾在上书中说孝文帝"知劳逸之难均，分民土以齐之"[3]，才

① 《魏书》卷七《高祖纪下》。
② 《魏书》六〇《韩麒麟传》。
③ 《魏书》卷五四《高闾传》。

表明均田制正在推行之中。

实施三长制和整顿户籍，也经历了一个阶段。太和十年（486 年）孝文帝在发布诏令后不久，就派出使者到各地检括户口、设立三长，把宣言变为实践。如闾庄，“太和中，初立三长，以庄为定户籍大使，甚有时誉”①；又如尧暄，“太和中，始立三长，暄为东道十三州使，更比户籍”②。

定户籍与立三长之初，天下人多以为不便。由于触犯其利益，“豪强并兼者尤弗愿也”。太和十一年（487 年）孝文帝在诏令中说，去年虽然开始“依局割民，阅户造籍”，“然乃者以来，犹有饿死衢路，无人收识。良由本部不明，籍贯未实，廪恤不周”，“可重遣精检，勿令遗漏”。可知当时并未定户籍，立三长。到太和十四年（490 年），又诏“依准丘井之式，遣使与州郡宣行条制，隐口漏丁，即听附实。若朋附豪势，陵抑孤弱，罪有常刑”③，不惜动用刑法了。经过反复强调与宣传，才逐渐深入人心，“海内安之”。

此外，到宣武帝景明年间（500—503 年），也就是均田令颁布 15 年以后，均田制才在中原直到北疆边镇地区得到普遍的推行。这可以从源怀的上表中得到证实：“景明以来，北蕃……主将参僚，专擅腴美，瘠土荒畴给百姓，因此困敝，日月滋盛。”他提出运用行政力量，重新分配田地：“诸镇水田，

---

① 《魏书》卷八三《闾毗传附闾庄传》。闾庄，本为柔然人，赐名，曾任七兵尚书等。

② 《魏书》卷四二《尧暄传》。尧暄（？—495 年），字辟邪，上党长子（今山西长子）人，历任中散、南部尚书、大司农卿等，“前后从征及出使检察三十余许度，皆有克己奉公之称”，赐爵平阳伯。

③ 《魏书》卷七《高祖纪下》。

请依《地令》分给细民，先贫后富，若分付不平，令一人怨讼者，镇将以下连署之官，各夺一时之禄，四人已上夺禄一周。”由于采取了这些有力措施，“时细民为豪强凌压，积年枉滞，一朝见申者，日有百数”①。正是在实施均田制的过程中，出现了边镇守将倚仗权势、欺凌贫民、多占土地，从而导致分田不公的问题，所以才提出按“地令”即均田令重新授田。而“先贫后富”的建议，也是与均田令中的规定相一致的。

北魏后期，颇有一些贵族官僚因侵占田产、恃强凌弱而受处置。如华州（治今陕西华县）刺史杨播“至州借民田，为御史王基所劾，削除官爵”②；其弟太仆卿杨椿，曾因“招引细人，盗种牧田三百四十顷”，被处五年刑，以赎论。杨椿又曾与华州民史底争田互讼，官府“以椿势贵，皆言椿直，欲以田给椿”。惟主簿寇儁认为“史底穷民，杨公横夺其地”，于是将田地判还给史底③。当然，实施均田制是一个长期的过程。直到魏末，有的地方仍“初给人田，权贵皆占良美，贫弱咸受埆薄，（高）隆之启神武（指大丞相高欢），更均平

---

① 《魏书》卷四一《源贺传附源怀传》。源怀（444—506年），源贺子，历任殿中尚书、雍州刺史，“有惠政”，后为尚书右仆射等。

② 《魏书》卷五八《杨播传》。杨播（？—513年），字延庆，恒农大族，杨椿兄。祖上仕于后燕。播母为文明太后外姑。播曾任员外常侍，以军功赐爵华阴子，兼侍中，又任华州刺史。

③ ［唐］令狐德棻：《周书》卷三七《寇儁传》。寇儁（484—563年），字祖儁，上谷昌平（今北京昌平）人，以军功为散骑常侍、司空府功曹参军、主簿，“守正不挠”，后为凉州刺史，入西魏。

之”[①]。

均田制的推行还可以从贾思勰[②]的名著《齐民要术》中得到某种印证。《齐民要术》曾提到土地休耕，如《耕田》：“田，二岁不起稼，则一岁休之”；《种谷》：“谷田必岁易”，似乎可以从一个侧面证实均田制中用于轮作的倍田。《齐民要术》还以相当篇幅写树木的种植。如《栽树》中专门讲到枣、槐、桑、榆的栽法，《伐木》中又提到榆、桑等。这些都与均田令中有关桑田种植桑、枣、榆等的规定相似，自然不仅仅是巧合而已[③]。

当然，均田的实施是不彻底、有很大疏漏的。首先，贫苦农民常常占田不足，地主富豪则可利用均田令中的某些规定多占土地；其次，有些地方的均田制实施一段时期后，随着豪强地主势力的重新抬头，便逐步遭到破坏。特别是在北魏后期，土地买卖和土地兼并之风又趋激烈，统治阶级欲壑难填，巧取豪夺，即使有些正直的官员如寇儁等，要维护均田令，也无能为力了。据史载，咸阳王拓跋禧“性骄奢……昧求货贿，奴婢千数，田业盐铁遍于远近”[④]；宦官刘腾“山泽之饶，所在固护”[⑤]；又如行豫州刺史崔暹“遣子析户，分

① 《北史》卷五四《高隆之传》。高隆之（？—554年），字延兴，洛阳人。结纳高欢，为尚书右仆射，后入东魏。

② 贾思勰，山东益都人，北魏后期农学家，曾任高阳郡太守。

③ 参阅万绳楠：《魏晋南北朝史论稿》，安徽教育出版社1983年版，第12章第2节。

④ 《魏书》卷二一《献文六王传上·咸阳王禧传》。

⑤ 《魏书》卷九四《刘腾传》。

隶三县；广占田宅，藏匿官奴；障各陂苇，侵盗公私”①；李世哲任相州刺史，“斥逐细人，迁徙佛寺；逼买其地，广兴第宅，百姓患之”②。也有的人由于家境衰败，被迫变卖田产。如夏侯夬“性好酒……沽买饮噉，多所费用。父时田园，货卖略尽”③。在贵族官僚和豪强地主的兼并、掠夺下，均田令中不得变卖田地的规定几乎成了一纸空文④。

尽管如此，孝文帝的经济改革思想毕竟有一定的独到之处，在这种思想指导下的均田令和均田制度毕竟在历史上起过积极的作用，留下了值得重视的一页。

均田制多少抑制了北魏前期土地兼并愈演愈烈的趋势，在北方培植了大量的自耕农。他们不再是浮游、流浪户或受豪强荫庇、役使的依附农民，而是附着于土地上的国家编户，是直接向国家承担义务的自立门户的生产单位。他们占有一

---

① 《魏书》卷八九《崔暹传》。崔暹（？—528年），字元钦，清河东武城人，世居荥阳、颍川之间，性奸猾好利，贪暴酷虐，任南兖州刺史、行豫州刺史等，皆因贪残被纠劾。

② 《魏书》卷六六《李崇传附李世哲传》。李世哲（？—524年），顿丘人，以军功为鸿胪少卿，改太仆卿，出为相州刺史，“以货贿自达”，聚敛无厌，为百姓所患。

③ 《魏书》卷七一《夏侯道迁传附夏侯夬传》。夏侯夬（？—516年），字远廷，谯国（今安徽亳县）人，权贵夏侯道迁子，曾任镇远将军、南兖州大中正等。

④ 美国加利福尼亚大学柏克莱分校教授沃尔夫姆·埃伯哈德曾谈到均田制的被破坏：“新的均田制需要彻底的土地和人口调查，这是在均田令颁布后的次年进行的。我们从后来的统计资料中知道，政府试图实施这项法令，但并不总是成功的。我们曾经读到记录，说某些人声称他拥有这些那些的土地，这些那些的土地属于他，等等，却从来也没有一份记录表明这些人确实得到了属于他的土地。”（见 *A HISTORY OF CHINA*, Koutledge and Kegan Paul, London and henley 1977, P. 145）这种说法不无偏颇，仅可供参考。

块土地，包括可以由子孙继承的桑田，作为“资生之利”（尽管这块土地的所有权属于封建国家，或者说私人所有权受到严格限制）。他们在田地上种植庄稼、树果菜蔬等各种农作物，建造住宅，向政府缴纳较过去被豪强所榨取的为轻的租调。由于自耕农的生产条件好一些，也拥有一定的生活资料，“贫弱者望绝一廛”的局面有所改变，劳动积极性得以发挥，产量提高了，抗灾能力也增强了，“自此公私丰赡，虽时有水旱，不为灾也”①，与过去灾荒连年、饿殍遍野的惨景形成了鲜明对照。

颁布均田令并实施租调制和三长制以后，一方面由于检括户口，国家获得大量新增编户；另一方面由于农业生产的恢复发展，北魏的人口有了明显增加。“正光（520—525年）已前，时惟全盛。户口之数，比夫晋之太康，倍而已矣”②。据唐代杜佑撰《通典》卷七《食货七》，西晋太康年间有户近250万，有口1616万。北魏盛时，尽管只占有半壁江山，边境只到淮南，户数却比西晋多一倍余，当有500万户，出现了“百姓殷阜，年登俗乐。鳏寡不闻犬豕之食，茕独不见牛马之衣”③的局面。与此同时，大致理顺了赋役与剥削关系，北魏政府掌握的财富增加了。宣武帝时，冀州刺史元晖曾“检括户口，听其归首，出调绢五万匹”④。一个州有能力一次出五万匹绢，全国的财富看来确实不少。农业的发展推动了商业

① 《魏书》卷一一〇《食货志》。

② 《魏书》卷一〇六《地形志二上》。

③ 《洛阳伽蓝记》卷四《城西》。

④ 《北史》卷十五《魏诸宗室·常山王遵传附晖传》。

的逐渐繁荣，粮食、食盐、织物等的交换日益频繁。过去北魏不铸钱，采用以物易物或用绢帛、谷物等为货币。为了适应商品经济日渐发达的趋势，太和十九年（495 年），北魏政府首次铸行“太和五铢”钱，作为法定货币①。特别是洛阳、邺等城市人口之集中，市场之繁盛，更为前所罕有。这些都与均田制下农业的发展有密不可分的关系②。

北魏的均田制和租调制，在北齐、北周又被继承发展，直至隋唐。特别是唐朝前期实行均田制和租庸调制，奠定了强盛王朝的经济基础，其影响及于国外。如日本在大化改新后实行的班田制，实为均田制的翻版。

正由于孝文帝开创了均田制度，在一定程度上解决了历代王朝最感头痛的土地问题，做了几百年来封建统治者想做而又一直未做成的事情，因此得到历代史家的赞誉。其中如南宋郑樵在《通志》卷六一《食货略》中谓：“井田废七百年，一旦纳李安世之言，而行均田之法。国则有民，民则有田，周、齐不能易其法，隋唐不能改其贯；故天下无无田之夫，无不耕之民……自太和至开元，三百年之民，抑何幸也！”清初顾

---

① 《魏书》卷一一〇《食货志》谓：“魏初至于太和，钱货无所周流。高祖始诏天下用钱焉。十九年，冶铸粗备，文曰‘太和五铢’，诏京师及诸州镇皆通行之。内外百官禄皆准绢给钱，绢匹为钱二百。在所遣钱工备炉冶，民有欲铸，听就铸之，铜必精练，无所和杂。”

② 日本学者川胜义雄评价说：“在当时，（均田制）是与抵抗三长制的宗主及大土地所有者妥协的产物。然而，三长制与均田法的施行，纠正了大土地所有的趋势和小农的无产化，保证了每一个农户所赖以自立的农田，从而造成了自耕农，促进了农业生产的增长，并且实现了以此为基础的国家财富的充实”（见《中国の歴史》，东京讲谈社昭和四十九年版，第三卷《魏晋南北朝》第 304 页）。

炎武在《日知录》卷一〇《后魏田制》中也说："后魏虽起朔漠，据有中原，然其垦田均田之制，有足为后世法者"，"嗟乎！人君欲留心民事，而创百世之规，其亦运之掌上也已。"对均田制及孝文帝本人都给予了高度评价。

第五章 慎刑狱与法制改革思想

儒家讲礼义，法家重刑赏。从西汉起，人们逐渐认识到这两个方面都是封建统治所不可或缺的，正如《唐律疏议》卷一《名例》所谓“德礼为政教之本，刑罚为政教之用，犹昏晓阳秋相须而成者也”。孝文帝拓跋宏吸收了商、韩一派的某些法家理论，比较注重封建刑罚，但他更反对严刑峻法，主张礼教为先，宽刑宥禁，从而形成了他的法制改革思想。由习惯法到成文法，由野蛮到文明，是法制发展的必然趋势。孝文帝顺应这个趋势，和文明太后一起，领导了北魏法制的创建和改革，制订了闻名于世的《北魏律》，其影响远及隋唐诸律。若非对儒学和前代汉族法制的深刻理解，何克臻此。

第一节 “润饰辞旨，刊定轻重”

拓跋部在进入中原以前，处于从原始氏族公社向阶级社会过渡时期，调整氏族关系的还不是法律。《魏书》卷一一一《刑罚志》说，早期拓跋部“礼俗纯朴，刑禁疏简，宣帝南迁，复置四部大人[1]，坐王庭，决辞讼，以言语约束，刻契纪事。无囹圄考讯之法，诸犯罪者，皆临时决遣。神元因循，亡所革易”。严格地说，这只是氏族首领依靠他们的威望，根据自发形成的传统习俗调整氏族内部关系。

猗卢统一三部前，拓跋鲜卑仍是“国俗宽简，民未知禁”。以后才在诸先进民族的影响下，随着内部贫富分化和阶级对立的产生，逐步出现了萌芽状态的法律：猗卢“乃峻刑法。每以军令从事。民乘宽政，多以违命得罪，死者以万计”[2]；“凡后期者皆举部戮之，或有室家相携而赴死所，人问‘何之’，答曰‘当往就诛’。其威严伏物，皆此类也”[3]。这些法律日益严酷，但仍然比较粗糙，主要是为适应战争和掠夺的需要，而经常以“军令从事”的。到什翼犍时期，法律规定比较具体了：“当死者，听其家献金马以赎；犯大逆者，亲族男女无少长皆斩；男女不以礼交皆死；民相杀者，听与死家马牛四十九头，及送葬器物以平之；无系讯连逮之坐；盗官物，一备五，私则备十。法令明白，百姓晏然。”[4] 从这些

① 四部大人，应该是指拓跋部落联盟时期，掌理氏族成员纠纷的四个酋长。《魏书》卷一《序纪》载，早期拓跋部首领“成帝”毛时，“统国三十六，大姓九十九”；卷一一三《官氏志》谓，早期拓跋部首领“安帝”越时，“诸部有九十九姓”，都没有提到“宣帝”推寅“复置四部大人”的事情。因此，“四部大人”详情待考。

② 《魏书》卷一一一《刑罚志》。

③ 《魏书》卷一《序纪》。

④ 《魏书》卷一一一《刑罚志》。

规定看，当时的拓跋部似乎仍在使用不成文法，但已经是罪刑相应，较有条理，而且明显地打上了中原文化的烙印。

北魏建国后，随着统一战争的进行、官僚制度的趋于完备和汉族文化的进一步渗透，铲除原始痕迹，制订成文法，发展封建法制的任务提上了日程。

首先是道武帝拓跋珪时代。道武帝“既定中原，患前代刑网峻密”[①]，乃于天兴元年（398 年）十一月，诏“三公郎中[②]王德定律令，申科禁”，“吏部尚书崔玄伯总而裁之”。这是北魏历史上第一次大规模修纂法律的活动，也是拓跋统治者制订的第一部成文法，其原则是“除其法之酷切于民者，约定科禁，大崇简易”[③]。当年，道武帝又“遣使循行郡国，举奏守宰不法者，亲览察黜陟之”；天兴三年（400 年），又“分命诸官循行州郡，观民风俗，察举不法”[④]。从此，拓跋部的法制开始呈现出与过去截然不同的特色。

太武帝拓跋焘也比较重视法制，具有比较明显的汉族地主阶级的法律观。他曾经说：“法者，朕与天下共之，何敢轻也”，因此他“明于刑赏……虽宠爱之，终不亏法”。太延三

---

① 这应该是指十六国时期一些政权的法律的残暴繁密。如后赵石虎“虐用刑法”（《晋书》卷一二一《李寿载记》）；“立私论之条，偶语之律”，“威刑日滥，公卿已下，朝会以目”，并有“车裂肢解”、“夷三族”、“以铁环穿其颔而锁之”等酷刑（《晋书》卷一〇七《石季龙载记》）。又如后燕慕容宝“法峻政严，上下离德”；慕容详“杀戮无度，诛其王公以下五百余人”（《晋书》卷一二四《慕容宝载记》）等。用法的严峻，是导致这些政权速亡的原因之一。

② 三公郎中，即三公曹郎中，西汉成帝时所设，主断狱。道武帝皇始元年（396 年），设置尚书省及下属各曹，其中就有三公曹。

③ 《魏书》卷一一一《刑罚志》。

④ 《魏书》卷二《太祖纪》。

年（437年），他下诏说："夫法之不用，自上犯之，其令天下吏民，得举告守令不如法者。"[①] 过去，北魏的法律规定赃满四十匹大辟，太武帝认为过于宽缓，就改成"赃三匹皆死"。当然，这些主要是他在征战中的言论，故多有商、韩法治思想。从整体上看，太武帝的法制观是比较芜杂的。如他主张采儒家经义析狱，太平真君六年（445年）三月诏诸疑狱皆付中书，"以经义量决"；又如正平元年（451年）六月诏曰："夫刑网太密，犯者更众，朕甚愍之。有司其案律令，务求厥中。自余有不便于民者，依比增损。"[②] 太武帝时期有两次大规模的立法活动。一次是在神䴥四年（431年），由司徒崔浩等改定律令，主要内容有除五岁、四岁刑，增一岁刑；将死刑分为斩、绞两等；"大逆不道"腰斩，诛其同籍；官阶九品，得以官爵除刑；妇人当刑而孕，产后百日乃决；年十四以下降刑之半，八十以上及九岁以下，非杀人不坐。从这些修改，已经可以看到儒家礼法互渗、德刑并用思想的痕迹。另一次立法活动是在正平元年（451年），由太子少傅游雅、中书侍郎胡方回[③] 等改定律令，恢复了盗四十匹才处死的规定，并增加故纵、通情、止舍等罪名，共三百九十一条，包括门房之诛四条、大辟一百四十五条，其它二百二十一条。

文成帝拓跋浚初期，"仍遵旧式"，后设"酒禁"，"酿、沽饮皆斩之"；又增置内外候官，"伺察诸曹外部州镇"，多有冤

---

① 《魏书》卷三《世祖纪上》。

② 《魏书》卷一一一《刑罚志》。

③ 胡方回，安定临泾（今甘肃镇原）人，"雅有高才"，曾仕于夏国，为北魏"新民"，任中书博士、侍郎，赐爵临泾子。根据《魏书》卷四八《高允传》，参加此次修律的还有高允、公孙质、李虚等人。

滥;又增律七十九章,包括门房之诛十三条,大辟三十五条[①],法律呈现出严密苛酷的趋势,加剧了社会的动荡。

这样,孝文帝拓跋宏即位后,就走到了一个十字路口:是沿着前代严刑峻法的道路走下去,还是奉行儒家思想,全面改造法律,使其适应拓跋部的汉化和加强封建法制的客观需要?孝文帝根据当时的历史条件,选择了后一条道路。他以儒家传统的礼法结合、德主刑辅的法律原则,对魏初以来制订的法律进行了更新改造,《北魏律》因而出现了一个质的飞跃。

孝文帝对法律怀有一种特别重视和谨慎的观点。他总结了历代立法和执法的经验教训,感慨地说:"夫刑狱之理,先哲所难";"夫刑狱之难,实惟自古"[②]。因此他在即位后,便"留心刑法"[③],后来乃至于亲自下笔,"润饰辞旨,刊定轻重"[④],主持了法律的修订,包括直接进行律条的起草润色。后人评论说:"魏律系孝文自下笔,此前古未有之例。"[⑤]

太和年间也有两次大规模的立法活动。

第一次始于太和元年(477年)。是年九月,孝文帝"诏

① 《魏书》卷一一一《刑罚志》。候官:候的原意为窥伺、侦察。候官是魏初设置的一种监察官,属候官曹,为皇帝耳目,负责侦伺百官过失,报告皇帝。魏初候官又叫"白鹭",《魏书》卷一一三《官氏志》:"以伺察者为候官,谓之白鹭,取其延颈远望";卷二八《庾业延传》:"候官告岳衣服鲜丽,行止风采,拟仪人君。"到文成帝时,增加了候官的数量。

② 《魏书》卷二一《献文六王列传上》。

③ 《魏书》卷一一一《刑罚志》。

④ 《魏书》卷五三《李冲传》。

⑤ 程树德《九朝律考·后魏律考》,商务印书馆1934年版。

群臣定律令于太华殿”[①]。在修订过程中，孝文帝认为过去“律令不具，奸吏用法，致有轻重”，遂于太和三年（479年）又诏高允、高闾等“修改旧文，随例增减”，又敕群官参议厥衷，最后经孝文帝审定裁决。前后历时五年，到太和五年（481年）冬始完成。此律凡八百三十二章，其中“门房之诛十有六，大辟之罪二百三十五，刑三百七十七，除群行剽劫首谋门诛，律重者止枭首”[②]。

第二次始于太和十五年（491年）。是年五月，孝文帝诏议改律令；八月，又议律令事。到次年四月，即“班新律令，大赦天下”。但孝文帝发现新律中仍有不尽人意之处，遂于同年五月又诏群臣于皇信堂“更定律条流徒限制”，对部分条目作了修改，“帝亲临决之”，始告完成。太和十七年（493年）二月，孝文帝论功行赏，“诏赐议律令之官各有差”[③]。此时距迁都已为时不远。

---

① 《魏书》卷七《高祖纪上》。

② 《魏书》卷一一一《刑罚志》。

③ 《魏书》卷七《高祖纪下》。此次修律，孝文帝再一次亲自下笔，同时对李冲“无不访决焉”（《魏书》卷五三《李冲传》）。此外参与其事的还有：穆亮，“参议律令”（卷二七《穆崇传附穆亮传》）；游明根，“参定律令，屡进谠言”（卷五五《游明根传》）；郑道昭，“删定律令，谬预议筵”（卷五六《郑羲传附郑道昭传》）；源怀，“参议律令”（卷四一《源贺传附源怀传》）；高闾，“参定律令”（卷五四《高闾传》）；高遵，“入议律令，亲对御坐”（卷八九《高遵传》）；崔挺，“参议律令”（卷五七《崔挺传》）；封琳，“议定律令”（卷三二《封懿传附封琳传》）；冯诞，“议定律令”（同上）；高祐，“参定律令”（卷五七《高祐传》）；李彪，“参议律令”（卷六二《李彪传》），等等。此次修律，有较多来自河西文化的因素，当废除了原来一些过于繁酷的条文，确立了《北魏律》的基本面貌，惜史载不详。

经太和年间的修纂，《北魏律》基本定型。以后宣武帝又命常景等“议狱定律”①，才最终完成长达一百余年的修律过程。《北魏律》共二十篇，篇目可考者有刑名、法例②、宫卫、违制、户律、厩牧、擅兴、贼律、盗律、斗律、系讯、诈伪、杂律、捕亡、断狱等十五篇，科条简要，体例严谨，具有相当高的立法水平和深远的影响，为后人所推崇③。

第二节 “删除繁酷”，“惟刑之恤”

儒家德治理论的一个重要内容，是慎刑。两汉以来，不少思想家、政治家深刻地批判了轻罪重刑、“以刑去刑”、“以

① 《魏书》卷一一一《刑罚志》。

② 战国初年李悝于魏国变法，制《法经》，分盗、贼、囚、捕、杂、具六篇，其中具法“具其加减”，为加重或减轻刑罚的一般规定，略似后世的刑法总则。商鞅改法为律，称具律。汉初萧何依据《法经》制《九章律》，在六篇后加户、兴、厩三篇，具律置中，“既不在始，又不在终，非篇章之义。”曹魏明帝太和三年（229 年）制《魏律》十八篇，改具律为刑名，置于篇首，起着“经略罪法之轻重，正加减之等差”，“较举上下纲领”（《晋书》卷三〇《刑法志》）的作用。晋武帝泰始三年（267 年）制《晋律》二十篇，析刑名为刑名、法例二篇。《北魏律》沿袭《晋律》，亦为二篇。至《北齐律》，始合并为《名例律》，以后相沿至明清不改。

③ 陈寅恪曾谈及《北魏律》的地位：“元魏刑律实综汇中原士族仅传之汉学及永嘉乱后河西流寓儒者所保持或发展之汉魏晋文化，并加以江左所承两晋以来之律学，此诚可谓集当时大成者”；又云：“北魏前后定律能综合比较，取精用宏，所以成此伟业，实有其广收博取之功，并非偶然所致也”（《隋唐制度渊源略论稿·刑律》，上海古籍出版社 1982 年版）。程树德也指出：“唐宋以来相沿之律，皆属北系，而寻流溯源，又当以元魏之律为北系诸律之嚆矢”（《九朝律考·后魏律考序》）。

杀去杀”[1]的思想，总结了秦朝“法繁于秋荼，而网密于凝脂”[2]，“举措暴众”、“用刑太极”以至于二世而亡的教训，主张实施德政，恤刑慎狱，宽简刑罚，反对滥施酷刑，戮及无辜。

十六国时期，一些少数民族政权施暴政，用酷刑，亡不旋踵。北魏前期的刑罚总的来说，依然相当严峻[3]。为此，孝文帝以儒家思想为依据，总结了前朝的深刻教训，指出：“治因政宽，弊由网密”；“民由化穆，非严刑所制。防之虽峻，陷者弥甚”[4]。他一再强调慎刑，太和十二年（488年）九月诏曰：“‘日蚀修德，月蚀修刑’……公卿已下，宜慎刑罚以答天意。”[5]他批评了当时酷吏横行，吹毛求疵，以峻法为能的现象。太和三年（479年）诏曰：“今候职千数，奸巧弄威，重罪受赇不列，细过吹毛而举。其一切罢之。”[6]于是撤换了酷吏，另置“谨直”者数百人，情况才有所缓和。孝文帝还提

---

① 《商君书·画策》。

② ［汉］桓宽：《盐铁论》卷十《刑德》。

③ 如本书前所述及。又如《廿二史札记》卷十四《后魏刑杀太过》概括道：“后魏起北方，专以刑杀为政令。自猗卢为代王，即严刑峻法，诸部人多以违命得罪，凡后期者，举部戮之。或有宗室相携悉赴死所，或问何往，曰当就诛戮，其威严如此。道武帝以秦王觚使于燕，为所害。及克中山，收害觚者傅高霸、程同等，皆夷五族，以大刃挫杀之。其讨刘卫辰，收其子弟宗党，无少长五千余人，尽戮死……太武帝虽诏有司按律令务求厥中，然如崔浩之诛，清河崔氏无远近，及范阳卢氏、太原郭氏、河东柳氏，皆浩之亲党，尽夷其族。甚至僮吏亦夷五族，同修史者亦族诛。史臣谓太武果于刑戮，后多悔之，则亦仍其祖父旧法也。”

④ 《魏书》卷一一一《刑罚志》。

⑤ 《魏书》卷七《高祖纪下》。

⑥ 《魏书》卷一一一《刑罚志》。

出司法官吏必须称职，定罪量刑应尽量从轻，还可以赦免一部分囚犯使其肆力耕作："廷尉者，天下之平，民命之所悬也。朕得惟刑之恤者，仗狱官之称其任也……今农时要月，百姓肆力之秋，而愚民陷罪者甚众。宜随轻重决遣，以赴耕耘之业"①。

孝文帝亲自主持修订律条时，不论是小修小改，还是集中进行大规模的修订，都比较注意减刑宽禁。如太和五年（481 年）的修律，即废除了"群行剽劫首谋门诛"的条文，"律重者止枭首"。太和十一年（487 年）秋又指出："律文刑限三年，便入极默。坐无太半之校，罪有死生之殊。可详案律条，诸有此类，更一刊定。"② 魏、晋时期常有人提出这个问题，意在恢复古代的肉刑。孝文帝的这条诏令，则是要恢复被太武帝废除的五岁、四岁刑，并且使用流刑，以代替一部分死刑，从而改变"刑限三年，便入极默（死刑）"的过于严酷的律条。经过修订后的《北魏律》，一共只有 20 篇，法网相对疏阔，律条简约。

为减少冤案，体现恤刑，孝文帝规定，凡已判决之案，如存疑问或囚犯有诉冤者，应予重新审理，搞清案情。有时他还亲自录囚或者决断疑案。如太和四年（480 年）四月，孝文帝至廷尉、籍坊的两所监狱，引见诸囚；同年七月，又亲自录囚，轻者皆免之。太和十五年（491 年），"议改律令，于东明观析疑狱"。太和二十年（496 年）又下诏说："法为治要，

① 《魏书》卷七《高祖纪上》。

② 《魏书》卷一一一《刑罚志》。

民命尤重。在京之囚，悉命条奏，朕将亲案，以时议决。”[①]

有时，孝文帝还就优恤囚犯、减轻刑罚临时作出指示[②]。如太和四年（480年）的冬天来得特别早，九月底就已经雪花飞舞，寒气逼人，在监狱的囚犯及服役者多有“冻馁”，孝文帝感到不安，因此派遣“侍臣诣廷尉及有囚之所，周巡省察，饥寒者给以衣食，桎梏者代以轻锁”。次年又说，由于战事频繁，劳役不息，百姓常有犯罪，“轻陷刑网”，“朕每念之，用伤怀抱”。为了不影响农忙，“其敕天下，勿使有留狱之囚”。太和十一年（487年）十一月，又因“寒气劲切，杖棰难任”，下诏限制拷掠，速决狱案：“自今月至来年孟夏，不听拷问罪人。又岁既不登，民多饥窘，轻系之囚，宜速决了，无令薄罪久留狱犴。”[③]

所谓矜老怜幼，是儒家思想的重要内容。孝文帝深信老幼废疾不会严重危害专制制度，对他们采取某些特殊政策，有助于实行德政，体现恤刑。太和十二年（488年）正月，孝文帝下诏让那些年老孤单的“镇戍流徒之人”“解名还本”；太和十八年（484年）八月，又规定对那些年老或废疾的戍边囚犯给予令一子扶养或还乡的特殊照顾。此外，《北魏律》还有诸如“八十已上、八岁已下杀伤论坐者上请”之类的规定。

古代刑罚，商周有墨、劓、刖、宫、大辟等五刑，为残

---

① 《魏书》卷七《高祖纪下》。

② 早在延兴三年（473年），就有诏令曰：“自今京师及天下之囚，罪未分判，在狱致死无近亲者，公给衣衾棺椟葬埋之，不得暴露”（《魏书》卷七《高祖纪上》）。

③ 《魏书》卷七《高祖纪下》。卷七七《高崇传附高道穆传》则记载说孝文帝太和初年，设置廷尉司直一职，“论刑辟是非”，也是有助于减少冤滥的。

害人的肢体与生理机能的肉刑及剥夺人的生命的死刑。战国至秦代奉行重刑主义，酷刑繁多，骇人听闻。汉文帝、景帝时宽简刑罚，用笞、徒等刑取代墨、劓、斩左右趾等肉刑，但同时也存在其它各种名目的刑罚，体系紊乱。经过魏晋以来的长期发展演变，到北魏，刑罚种类与秦汉时已有很大的不同。孝文帝本着删除繁酷、惟刑之恤的精神，继续废减酷刑，改革刑制。

死刑，魏初有轘（即肢解）、腰斩、斩首、绞四种。太武帝时分为轘、腰斩、殊死、弃市① 四等，凡三百九十条。孝文帝强调“刑以节人，罪必无滥”②，废除了轘、腰斩的酷刑，改为枭首、斩首、绞共三等，并将其它各种刑罚废除或降等。

秦汉以来对重大犯罪采取灭三族或灭五族的办法。北魏又有“门房之诛”（将罪犯全家斩尽杀绝）的名目，极为惨酷。特别是太武帝朝，曾多次规定和使用门诛。如“大逆不道腰斩，诛其同籍”；私养沙门、师巫等过期不出者，“主人门诛”；百工伎巧等私立学校者，“师身死，主人门诛”③。崔浩之狱，即使用门诛。文成帝时，又增加了门诛的律条。孝文帝即位后，屡次下诏限制乃至废除五族、三族与门房之诛。如当时外戚中有人“共为飞书，诬谤朝政。事发，有司执宪，刑

---

① 弃市：在人多处公开处死。《汉书》卷五《景帝纪》注：“弃市，杀之于市也。谓之弃市者，取刑人于市，与众弃之也。”按，清末沈家本《历代刑法考·刑法分考》（中华书局 1985 年版，第 139 页）谓北魏弃市用绞刑，未必全是。《魏书》卷一一一《刑罚志》：“大逆及贼各弃市袒斩，盗及吏受赇各绞刑”，可证。

② 《魏书》卷二一《献文六王列传·赵郡王干传》。

③ 《魏书》卷四《世祖纪》。

及五族”，孝文帝改为“罪止一门”①。延兴四年（474年），朝廷以孝文帝的名义下诏说：“下民凶戾，不顾亲戚，一人为恶，殃及合门。朕为民父母，深所愍悼。自今已后，非谋反、大逆、干纪、外奔，罪止其身而已。”太和五年（481年），法秀诈乱，兰台御史张求等百余人“谋为大逆”，有司科以族诛。孝文帝认为“诚合刑宪”，但又说“矜愚重命，犹所弗忍。其五族者，降止同祖；三族，止一门；门诛止身”②。太和十一年（487年），孝文帝更加明确地提出废除门诛：“前命公卿论定刑典，而门房之诛犹在律策，违失《周书》父子异罪。推古求情，意甚无取。可更议之，删除繁酷”③。这样，从太和十六年（492年）颁新律起，夷族和门诛在北魏后期就基本上消失了④。

北魏原有各种拷掠犯人的刑具，如有“重枷”，又称“大枷”，“大几围，复以缒石悬于囚颈，伤内至骨；更使壮卒迭搏之。囚率不堪，因以诬服，吏持此以为能”。这样的酷刑，不知造成了多少冤案，暴露出北魏司法制度的黑暗。对此，孝文帝也加以限制：“帝闻而伤之，乃制非大逆有明证而不款辟者，不得大枷。”⑤

---

① 《魏书》卷八三《闾毗传》。

② 《魏书》卷七《高祖纪上》。

③ 《魏书》卷一一一《刑罚志》。

④ 《魏书》卷五七《崔挺传》载：“时以犯罪配边者多有逃越，遂立重制，一人犯罪逋亡，合门充役。挺上书，以为《周书》父子罪不相及。天下善人少，恶人多，以一人犯罪，延及合门。司马牛受桓魋之罚，柳下惠婴盗跖之诛，岂不哀哉！辞甚雅切，高祖纳之。”

⑤ 《魏书》卷一一一《刑罚志》。

孝文帝的法律观，包含着孔子所说的“无讼”的理想，也就是通过教化，使政治清明，风俗淳朴，人民免于犯罪，平息讼争，达到天下太平。任城王拓跋澄平定穆泰、陆睿之乱后，逮捕了不少案犯。孝文帝亲临平城，“引见逆徒，无一人称枉，时人莫不叹之”。孝文帝对拓跋澄大加赞赏，并感叹道：“昔仲尼云：‘听讼吾犹人也，必也使无讼乎。’然圣人听讼，殆非常人所匹，必也无讼，今日见之矣！”[①]

在封建时代，“无讼”自然只是一种幻想。但是孝文帝留心刑法，宽刑简禁却为史籍所载：“帝哀矜庶狱，至于奏谳，率从降恕，全命徙边，岁以千计。京师决死狱，岁竟不过五十，州镇亦简。”[②] 太和年间因而成为十六国以来法制从极端的野蛮落后走向汉化的重要时期，其风气的变化，在历史上是不多见的。

孝文帝的慎刑思想，也是他的德治观的体现。孝文帝强调德治，“删除繁酷”，“惟刑之恤”，并不是不要刑罚包括某些酷刑，而是废除若干酷刑或是将它们的使用限制在一定的范围内，以把刑罚的锋芒集中指向“谋反”、“大逆”等最严重的案犯，同时也用刑罚调整一般的社会秩序。这就是孝文帝所继承和发展的德主刑辅的刑罚思想，以后《北齐律》、《北周律》、《隋律》等进一步废止酷刑，逐渐产生了新的五刑制。唐初，李渊、李世民集团提出刑法“务在宽简，取便于

---

① 《魏书》卷十九《景穆十二王列传·任城王云传附澄传》。

② 《魏书》卷一一一《刑罚志》。

时”[①] 和“死者不可再生，用法务在宽简”[②] 的思想，并且进一步改革了前代的刑罚制度，确立了体现德主刑辅关系的笞、杖、徒、流、死的五刑体系，一直沿用到明清。这些思想和制度，自然不是凭空产生。溯其源流，无一不和魏孝文帝拓跋宏的改革有关。

第三节　“示之以礼”，“贻法后昆”

孝文帝的法律改革思想，不仅要用德治改造十六国以来的严刑峻法，而且进一步要以礼教改革拓跋部传统的“刑不避亲”[③]、贵贱无别的法律观。

应该指出，孝文帝有一定的法治思想。他强调“存劝两修，恩法并举”[④]，“悬爵于朝，而有功者必縻其赏；悬刑于市，而有罪者必罹其辜”[⑤]。他不但把恩与法、刑与赏看作是专制统治的两个方面，而且主张公布法律，让臣民都看到遵守或违背法律规范所带来的后果，做到有功必赏、有罪必罚。对此，孝文帝自己作出了表率。太子拓跋恂图谋“轻骑奔代”，反叛作逆，事泄后被押。孝文帝召集群臣宣布打算废太子。穆亮、李冲等“并免冠稽首而谢”，替拓跋恂求情。孝文帝答道：“卿所谢者私也，我所议者国也。古人有言：大义灭亲。今恂欲违父背尊，跨据恒朔。天下未有无父国，何其包藏，心与

① ［后晋］刘昫：《旧唐书》卷五〇《刑法志》。

② ［唐］吴兢：《贞观政要》卷八《刑法》。

③ 《魏书》卷四《世祖纪下》。

④ 《魏书》卷五四《高闾传》。

⑤ 《魏书》卷七《高祖纪上》。

身俱。此小儿今日不灭，乃是国家之大祸”①。他认为法律是国家利益的体现，父子感情则属于私人利益的范畴。“国”高于“私”，不能因私徇法，为了私人利益而损害国家利益。拓跋恂虽然贵为太子，犯了罪也要依法处理，“大义灭亲”。孝文帝的这些言论，无疑是先秦时代立法为“公”，明法申令，不避权贵、一断于法的法治思想的折光，并且丰富了南北朝时期法律思想史的内容。

但是，北魏毕竟与战国时代完全不同了。一方面，汉族地主阶级确立封建统治秩序已近千年，积累了丰富的政治经验。特别是西汉王朝实行“罢黜百家，独尊儒术”，将儒学作为法律的指导思想以来，历代统治者实行以礼入律、礼法结合，即把儒家等级名分的礼制贯穿于法律规范、使法律等级化的策略。如《汉律》始有“不敬”、“不孝”的罪名和父子相容隐的条文；《曹魏律》和《晋律》则规定了滥觞于《周礼》“八辟”的“八议”和“准五服以制罪”等内容。另一方面，拓跋统治者发现，在经济文化发达的中原地区，只有确认曾经建立过的门阀制度，恢复和发扬儒家思想文化传统，才能争取汉族地主阶级的支持与合作。如果再全盘照搬战国时代“一断于法”的法治思想，不啻是削足适履，刻舟求剑。北魏前期太武帝的立法，已经具有礼教的内容；孝文帝的法律思想，虽然蕴含法治因素，却经过加工改造，更多地体现出以贯穿等级名分为基本精神的特征。他指出：“夫先王制礼，所以经纶万代，贻法后昆”；他强调对人民“齐之以法，示之

① 《魏书》卷二二《孝文五王列传·废太子恂传》。

以礼"[①]，并且努力把这种思想付诸立法实践。主要是在太和年间修订的《北魏律》，继续坚持和发挥了礼法结合的原则。

在家庭关系方面，孝文帝注意在律条中体现"三纲五常"的封建道德关系，维护尊长卑幼的家庭秩序。《北魏律》原规定子女冒犯父母处以髡刑（剃去鬓发），孝文帝认为量刑过轻，不足以保护尊长利益，应予修改。太和十一年（487年）诏曰："三千之罪，莫大于不孝，而律不逊父母，罪止髡刑。于理未衷。可更详改。"[②] 如果子孙告发父母、祖父母，依《北魏律》处以死刑[③]；如果子孙在三年服丧期内"冒哀求仕"，也被认为有悖伦常，处以五年徒刑[④]。反之，尊长侵害甚至杀死卑幼，则可依法减刑："祖父母、父母忿怒，以兵刃杀子孙者五岁刑，殴杀者四岁刑，若心有爱憎而故杀者，各加一等。"[⑤] 祖父母、父母故意杀死子孙，只服五年徒刑，其法律地位与子孙判然有别。值得注意的是，如果子孙犯有死罪，导致父母、祖父母年老无人赡养，则可上请裁夺，依例予以减免。太和十二年（488年），孝文帝诏曰："犯死罪，若父母、祖父母年老，更无成人子孙，又无期亲者，仰案后列奏以待报，著之令格。"[⑥] 这是通过标榜孝道，把封建礼制法律化。

对于执行死刑的方法，孝文帝也从礼制出发，给予某些

① 《魏书》卷一一一《刑罚志》。
② 《魏书》卷一一一《刑罚志》。
③ 《魏书》卷八八《窦瑗传》。
④ 《魏书》卷一〇八《礼志四》。
⑤ 《魏书》卷一一一《刑罚志》。
⑥ 《魏书》卷一一一《刑罚志》。

变革。“故事，斩者皆裸形伏质。”孝文帝认为，刑法应该是用以“禁暴息奸”的，“绝其命不在裸形。”而且这样做也属于非礼：“今犯法至死，同入斩刑，去衣裸体，男女媟见，岂齐之以法，示之以礼者也”，因此下令予以改正[①]。

作为特权法的封建法律，必然要在条文中体现阶级本质，维护地主阶级的政治和经济利益，确认贵族官僚享有的种种特权。在这方面，孝文帝采纳了李彪的建议[②]。经他修订的《北魏律》，继承了前代法律旨在维护世族门阀特权的一系列规定，并且有所发展。特别是《北魏律》中仍有“八议”即皇亲国戚、贵族官僚等八种人犯罪可以减免刑罚、一般司法机关无权审理的条文，如“皇族有谴，皆不持讯”[③]、“议亲者，非惟当世之属亲，历谓先帝之五世”[④]。《北魏律》又创“官当”即官员犯罪可以官品抵罪而免受刑罚制裁的制度：“王官阶九品，得以官爵除刑”[⑤]、“五等列爵及在《官品令》从第五，以阶当刑二岁，免官者，三载之后听仕，降先阶一等”[⑥]，都是维护统治阶级的司法特权的。

---

① 《魏书》卷一一一《刑罚志》。

② 李彪上书谈到贵族官僚特权的保护，其云：“自太和以降，有负罪当陷大辟者，多得归第自尽。遣之日，深垂隐愍，言发悽泪……然恩发自衷，未著永制，此愚臣所以敢陈未见”；“但恐万世之后，继体之主有若汉武之事焉（指大臣入狱受刑）。夫道贵长久，所以树之风声也。法尚不亏，所以贻厥孙谋也，焉得行思当时，而不著长世之制乎？”孝文帝“览而善之，寻皆施行。”见《魏书》卷六二《李彪传》。

③ 《魏书》卷一一一《刑罚志》。

④ 《魏书》卷十九《景穆十二王列传·京兆王子推传附遥传》。

⑤ 《魏书》卷一一一《刑罚志》。

⑥ 《魏书》卷一一一《刑罚志》引《法例》。

当然，对严重危害专制政权的犯罪，则严惩不贷。《北魏律》明确规定："谋反大逆，枭首"，即使其子孙养于他族，也要"追还就戮"①。此外还有"诈称制者死"、"大逆不道腰斩"、"大不敬者死"等条文。这些行为，或者侵害君主的权力，亵渎君主的尊严，或者危及君主的安全，都必须处以极刑，以儆效尤，即使名列"八议"、"官当"者也不能赦免。这样就解决了贵族官僚的法定特权与专制制度之间存在的矛盾，前者是以绝对服从后者为条件的。

孝文帝以礼入律的思想，反映出他的法治观的严重局限性。与此同时，这种思想及北魏法律中有关礼制的内容，集中体现了拓跋贵族门阀化并与汉族地主阶级加强联合的过程中，确认和维护其特殊的法律地位与政治经济权益的要求，同时也在魏晋律与北齐律、隋唐律之间起到了承上启下的作用，为古代法律和法律思想从比较粗糙的单纯判罪量刑的形态过渡到较完备的礼法结合的形态，作出了贡献。

① 《魏书》卷四一《源贺传》。

第六章　迁都之争

从平城迁都洛阳，是北魏历史上的一项重要转折，也是拓跋部发展和改革史上的一个里程碑。围绕这次迁都，北魏统治集团内部各派之间的分歧和冲突由隐蔽、和缓走向公开和剧烈，孝文帝的改革思想也日渐深刻。这一事件有助于人们理解北魏政治、经济、文化的发展与中原思想文化传统之间的联系，以及孝文帝本人在其中的作用。

第一节　迁都的依据

太和十七年（493 年），孝文帝拓跋宏决定迁都，把北魏的政治统治中心从已经建都 95 年的平城南迁到 600 公里以外的洛阳。迁都前后，北魏统治集团内部各式各样的人物纷纷登场亮相，展开持续数年的纷争，演出了一幕幕精彩纷呈、意蕴深刻的悲喜剧。

在此以前，北魏统治者曾几次迁移政治中心。他们认为："国自上世，迁徙为业"，过长时间地停留在一个地方，"一旦寇来，难卒迁动"[1]，是很不安全的。明元帝神瑞二年（415年），"秋谷不登"，又有人建议迁都邺城。崔浩站在战略的高度，分析了天下形势，指出迁邺虽可暂时缓解饥荒，但从长远看，必然分散北魏的实力："参居郡县，处榛林之间，不便水土，疾疫死伤，情见事露，则百姓意沮。四方闻之，有轻侮之意，屈丐、蠕蠕必提挈而来，云中、平城则有危殆之虑，阻隔恒代千里之险，虽欲救援，赴之甚难，如此则声实俱损矣"，对北魏政权极为不利。反之，据守平城，则居高临下，俯瞰东州，"假令山东有变，轻骑南出，耀威桑梓之中，谁知多少？百姓见之，望尘震服。此是国家威制诸夏之长策也。"他还建议让平城一带的贫苦百姓赴关外就食，以解决饥荒。崔浩不仅是在煞费苦心地替拓跋政权的稳固甚至统治者的面子着想，他的主张在当时也确属高瞻远瞩，代表了北魏国家的长远利益，深得明元帝的赞同[2]。当然，崔浩当时还不可能从政治和文化传统的角度考虑迁都的必要性。

邺城在平城东南约450公里，地处山、河、海、平原之间，"据河北之襟喉，为天下之腰膂"，拥有良好的经济和交通条件，后赵、前燕先后建都于此。孝文帝在太和时，也曾想到迁都于邺，还一度在邺西营造宫室，引见群臣。但是，邺城毕竟在黄河之北，后赵、前燕又不过是少数民族的短命小朝代。建都于此，政治上有其不利之处。孝文帝认为："邺城

① 《魏书》卷十三《皇后列传·平文王氏传》。
② 《魏书》卷三五《崔浩传》。

非长久之地，石虎倾于前，慕容灭于后，国富主奢，暴成速败”[①]，终未迁邺。

排除了邺，都城便只有迁往洛阳了。

迁都与平城的经济条件有密切关系。北魏虽早已入据中原，统一北方，其京师平城却僻处塞上，气候寒冷干燥，风沙弥漫，灾害频仍，粮食供应历来是令人头痛的难题。“恒代无运漕之路，故京邑民贫”[②]，虽然朝廷经常令关内诸州郡征发百姓，用牛车“运粟塞上”[③]，毕竟是杯水车薪，而且加重了百姓的负担。孝文帝即位后，平城一带依然频频发生灾害，甚至在均田令颁布以后的几年中，这种情况一时也没有明显变化。如太和十一年（487年）二月，“肆州之雁门及代郡民饥”；六月，孝文帝诏曰：“春旱至今，野无青草”，“百姓无辜，将罹饥馑”；七月诏曰：“今年谷不登”；十一月诏曰：“岁既不登，民多饥窘”。太和十二年（488年）五月，“京师连日大风”，“发屋拔树”；六月又“大风”；太和十四年（490年），“春夏少雨”；七月，“京师大风，拔树发屋”。太和十五年（491年），“自正月不雨”至于四月。此外，京师一带还时常发生地震[④]。面对连年灾害与饥馑，北魏统治者纵使采取诸如开仓赈恤或放民出关就食之类的措施，也于事无补。与此同时，京师权贵麕集，游食者众，崔浩所谓“分家南徙，恐不满诸州之地”的情景已不复存在，粮食供给的压力却越来

① ［宋］李昉等：《太平御览》卷一五六引《后魏书》。

② 《魏书》卷七九《成淹传》。

③ 《魏书》卷四《世祖纪上》。

④ 以上见《魏书》卷七《高祖纪》、卷五四《高闾传》、卷一一二《灵征志上》。

越大，严重动摇着北魏朝廷的根基。

洛阳的情况则有所不同。中原一带地域辽阔，气候相对温和湿润，历来是农田水利发达地区，所谓“王畿之内，颇为少雨；关外诸方，禾稼仍茂”。太和十年（486年）以后，均田制和租调制在中原地区逐步推行，农业生产在经历战乱后早已有所恢复发展。特别是洛阳北有黄河、涧水，南有洛水、伊水，水运较为便利，四方粮食可以源源不断运输而来。孝文帝曾表示：“今移都伊洛，欲通运四方。”[①] 洛阳漕运的优势为当时其它地区所不具备，可望基本解决粮食供应问题，进而带来经济的繁荣。

平城“在恒山之北，为九州之外”，偏僻闭塞。孝文帝在平城时，出巡所至无外乎方山、灵泉池一带。洛阳则地处中原，西依秦岭，东望嵩岳，南有伊阙耸立，北有邙山屏障，又有数条河水环绕穿行，实为绾毂南北、控制东西的交通枢纽。因此，很早就出现了“洛阳地处天下之中”的观念[②]，为人们所瞩目。从东周起，经东汉、曹魏、西晋诸朝，前后数百年，洛阳一直是京城所在，历代统治者认为中原王朝建都似乎非洛阳莫属。北魏迁都洛阳，移居中土，与从周代以来一脉相承的五德行次关系相吻合，有利于显示自己的正统地位、消

① 《魏书》卷七九《成淹传》。

② ［北魏］郦道元：《水经注》卷十五《洛水》：“《孝经》援神契曰：八方之广，周洛为中，谓之洛邑”；“洛阳，周公所营洛邑也，故《洛诰》曰：我卜瀍水东，亦惟洛食其城方七百二十丈，南系于洛水，北因于郏山，以为天下之凑。”

弭汉族士人的怀疑和敌视心理①。孝文帝曾经表示："伊洛南北之中，此乃天地氤氲，阴阳风雨之所交会"，"崤函帝宅，河洛王里"，"昔……太祖道武皇帝神武应天，迁居平城。朕虽虚寡，幸属胜残之运，故移宅中原，肇成皇宇"②，表明迁都洛阳在某种程度上是受正统观念支配的举动③。

平城长期为北魏都城，拓跋旧贵族集中，保守势力强大，具有浓烈的塞外游牧民族骑射尚武的文化氛围，使孝文帝预想的各项改革屡遭阻挠，难以推行。自太和十年（486 年）立三长以来，六七年间没有重大改革方案出台。所以孝文帝感慨地说："国家兴自北土，徙居平城，虽富有四海，文轨未一，此间用武之地，非可文治，移风易俗，信为甚难"④。既然平城只是"用武之地"，孝文帝要实现改革抱负，施展政治才能，达到"文治"，就必须摆脱这种被动局面，离开平城，寻找更为广阔的新的环境。于是他很自然地选择了经济较为富庶、历史悠久的中原地区的洛阳。这里使人眼界开阔，思想活跃，如鹰展翅，如鱼得水，正是推行改革、实现汉化的理想舞台。孝

① 《魏书》卷一〇八《礼志一》载，早在太和十四年（490 年）和十五年（491 年），北魏朝廷就有人提出："居尊据极，允应明命者，莫不以中原为正统，神州为帝宅"，"地据中夏，以为得统之征。"

② 《魏书》卷十九《景穆十二王列传·任城王云传附澄传》、卷十四《神元平文诸帝子孙列传·拓跋丕传》等。

③ 台湾学者王文进谈到迁都与正统的关系说："既然在王德代运上，北魏已经自认是承魏晋而来的正统，顺理成章地在太和十七年的迁都大计上，必定会以周汉魏晋以来的洛阳古都为目标。所以孝文帝迁都洛阳，本质上是一种对历史文化的强烈传承感。"（《净土上的烽烟——〈洛阳伽蓝记〉》，第 32 页，台北时报文化出版事业有限公司 1982 年版。）

④ 《魏书》卷二一《景穆十二王列传·任城王云传附澄传》。

文帝曾经对陆睿等人说："北人每言'北俗质鲁，何由知书！'朕闻之，深用怃然。今知书者甚众，岂皆圣人！顾学与不学耳。朕修百官，兴礼乐，其志固欲移风易俗。朕为天子，何必居中原！正欲卿等子孙渐染美俗，闻见广博。若永居恒北，复值不好文之主，不免面墙耳。"① 向往儒学，以汉族文化改造拓跋部，是孝文帝的真实心态；"朕为天子，何必居中原"，则未必是由衷之言。

军事态势是决定迁都的另一重要原因。北魏前期，柔然势力强盛，经常进犯至云中、平城一带。始光元年（424 年），柔然进攻云中，太武帝亲往征讨，结果陷入重围，"骑逼马首，相次如堵焉"，差一点做了阶下囚。太延五年（439 年），柔然趁太武帝西征北凉、后方空虚，进犯平城，前锋直逼七介山（今山西平鲁西北）。兵少将寡的"京邑大骇，争奔中城"②，几乎被攻破。太和三年（479 年）柔然 30 万骑南下，魏军"拒守不敢战"。柔然如入无人之境，"于燕然山下（杭爱山南麓）纵猎而归"③。与此同时，北魏与萧齐战争的条件则逐渐形成。迁都洛阳，可以避开柔然进攻的锋芒，适应军事重心南移的形势，以利于孝文帝所说的"銮旆亲戎，清一南服"，"荡涤南海，然后言归"，实现中国的统一，并且静观柔然内变，或寻找时机，再行北征。这种战略意图与北魏的正统意识是一致的。

总之，孝文帝迁都，是通盘考虑各方面的因素、权衡利

① 《资治通鉴》卷一三九齐建武元年。

② 《北史》卷九八《蠕蠕传》。

③ 《南齐书》卷五九《芮芮传》。

弊的结果，反映了他对文明和进步的追求。迁都引起的斗争，实际上是坚持守旧落后还是积极进步发展的两种思想意识之间的矛盾和冲撞，归根结底，是以游牧经济为基础的追求“武功”、“武略”的鲜卑文化与以农耕经济为基础的实行“文治”、“文教”的中原文化之间的直接冲突。

第二节　迁都的实施

确定迁都的战略也许并不难，要实现这个战略，则非轻而易举。孝文帝对旧贵族的反应有过冷静的分析，预计到他们“安土重迁”，指出：“旧人怀土，多所不愿”①；“北人恋本，忽闻将移，不能不惊扰也”②。迁都必然会在统治集团内引起剧烈的震荡和分化，遇到强烈的反对。为了克服阻力，瓦解保守势力，经过精心策划的一幕戏上演了。孝文帝本人既是导演，又是主角。

太和十七年（493 年）六月丙戌（7 日），孝文帝在平城公开宣布南伐萧齐，下令在黄河上搭造便桥。八月丁亥（9 日），孝文帝辞别文明太后的永固陵。两天后，他亲率号称百万的步骑，浩浩荡荡，从平城出发。九月，渡过黄河，于庚午（22 日）到达洛阳。自从永嘉五年（311 年）前赵刘聪击破西晋军队、攻下洛阳，大肆焚烧掳掠以后，180 年过去了。昔日繁华的都城洛阳，如今到处是断墙颓垣，荆棘野草，一片荒芜凄凉的景象。孝文帝凭吊了故宫遗址，又看了河桥，并

---

① 《魏书》卷五三《李冲传》。

② 《魏书》卷十九《景穆十二王列传·任城王云传附澄传》。

到太学观看东汉石经，神色黯然。

在洛阳住了六天，阴雨连绵，孝文帝却又传令大军继续南进。这天，他身着戎装，骑马挥鞭，威风凛凛，又要率领全军出发了。跟随来到洛阳的左右大臣们都猜不透皇帝的用意。他们认为南伐时机未到，贸然出征实在很危险，就纷纷跪在马前磕头劝谏。李冲代表诸臣说了一通困难："陛下以文轨未一，亲劳圣驾，臣等诚思亡躯尽命，效死戎行。然自离都淫雨，士马困弊，前路尚遥，水潦方甚。且伊洛境内，小水犹尚致难，况长江浩汗，越在南境。若营舟楫，必须停滞，师老粮乏，进退为难。矜丧反旆，于义为允。"孝文帝一听，脸上一副勃然大怒的样子："方欲经营宇宙，一同区域，而卿等儒生，屡疑大计，斧钺有常，卿勿复言！"说着，把马缰一拉，仿佛又要出发了。众人惊恐万分，安定王拓跋休等一个个匍匐在地，哭丧着脸，极力劝阻。孝文帝这才换了语调："今者兴动不小，动而无成，何以示后？苟欲班师，无以垂之千哉"；他的话题忽然一转："若不南銮，即当移都于此，光宅土中，机亦时矣，王公等以为何如？"还没等众人反应过来，孝文帝又说："欲迁者左，不欲者右。"那些大臣早就被南伐吓懵了，现在看到不再南伐，也就稀里糊涂地往左边或右边一站，没有人敢公开提出要回老家去了。

孝文帝的这幕戏，是经过周密策划后，在远离保守势力老巢平城的情况下上演的。所谓"行至德者不议于俗；成大功者不谋于众"[1]，连李冲、任城王拓跋澄这样的重要人物都被蒙在鼓里，不清楚究竟是怎么回事，一度扮演了难堪的角

---

① 《魏书》卷五三《李冲传》。

色[①]。实际上，孝文帝的迁都意图，已经得到另一批人的支持和谋划。例如，在拓跋公卿方面，有拓跋提“从驾南伐，至洛阳，参定迁都之议”[②]；拓跋桢“至洛，及议迁都，首从大计，高祖甚悦”[③]。在汉族大臣方面，有郭祚“以赞迁洛之规，赐爵东光子”[④]；张彝“以参定迁都之勋，进爵为侯”[⑤]；崔光“以参赞迁都之谋，赐爵朝阳子”[⑥]，等等。在洛阳停留的六天，无疑正是他们在幕后紧锣密鼓地策划、谋略的日子。

当然，孝文帝深知迁都必须得到李冲、任城王拓跋澄等股肱大臣的帮助。所幸他们本来就不乏政治远见，倾向改革，现在他们很快就理解了皇帝的旨意，站到了支持迁都的行列中来。李冲主动向孝文帝建议立刻在洛阳营建宫殿、宗庙，被

---

① 《魏书》卷十九《景穆十二王列传·任城王云传附澄传》载：孝文帝在平城召见群臣，宣布南伐，遭到任城王拓跋澄的反对。后孝文帝单独引见澄，曰：“此间用武之地，非可文治，移风易俗，信为甚难。崤函帝宅，河洛王里，因兹大举，光宅中原，任城竟以为何如？”澄曰：“伊洛中区，均天下所据，陛下制御华夏，辑平九服，苍生闻此，应当大庆。”孝文帝曰：“北人恋本，忽闻将移，不能不惊扰也。”澄曰：“此既非常之事，当非常人所知。惟须决之圣怀，此辈亦何能为也。”孝文帝说：“任城便是我之子房。”加抚军大将军、太子少保，又兼尚书左仆射。据此，孝文帝在平城已将迁都计划透露给澄，并且取得了他的支持，但卷五三《李冲传》则谓孝文帝在洛阳准备南伐，澄与安定王拓跋休等人“并殷勤泣谏”，所载似有矛盾，志此存疑。

② 《魏书》卷十八《太武五王列传·拓跋提传》。拓跋提，道武帝孙，袭爵临淮王，为梁州刺史，因贪纵徙配北镇，后从驾至洛阳，寻卒。

③ 《魏书》卷十九《景穆十二王列传·南安王桢传》。

④ 《魏书》卷六四《郭祚传》。

⑤ 《魏书》卷六四《张彝传》。张彝，字庆宾，清河东武城人，出身官僚世家，袭爵平陆伯，迁主客令，后为兼侍中、尚书、秦州刺史，在州多有革新。

⑥ 《魏书》卷五五《崔光传》。

委以“营构”与“留守”洛阳的重任①；拓跋澄则因“迁移之旨，必须访众”，而被派回平城，向那里的贵族元老宣布迁都决策。

不出所料，拓跋澄“驰驿向代”，回到平城一宣布，对贵族元老们简直是一个晴天霹雳，“莫不惊骇”。他们深知迁都意味着什么。但是，皇帝的决定已经作出，拓跋澄又“援引今古，徐以晓之”②，竭力说服，众人虽然心怀不满，暂时也无可奈何了。

当孝文帝从平城出发时，已经派人在邺西起造宫殿，可能有万一洛阳不宜建都、则迁往邺城的设想。太和十七年（493年）十月，在洛阳决定了迁都大计、各项事务分派已定后，孝文帝就前往邺城。太和十八年（494年）正月，他在邺城新落成的澄鸾殿召见群臣。有人又建议迁都于邺，被他拒绝。接着，孝文帝又南下洛阳，决断规划、建造都城事宜。二月，复北巡，在途中“诏天下，喻以迁都之意”③。这是以皇帝的名义公开宣布迁都洛阳了。闰二月，他回到平城。

虽然，距孝文帝上次离开平城南征只有半年，现在的平城却是满城风雨，人心惶惶，北魏政权内部出现了明显的分化。支持和反对迁都的，壁垒分明。还有一些是站在中间立场的。如高闾也上表说迁洛“有十损，必不获已”，请求迁往邺城，致使“高祖颇嫌之”④。还有一个于烈，孝文帝曾问他

① 《魏书》卷五三《李冲传》。
② 《魏书》卷十九《景穆十二王列传·任城王云传附澄传》。
③ 《魏书》卷七《高祖纪下》。
④ 《魏书》卷五四《高闾传》。

“迁留孰便”，烈对曰：“圣略渊远，非愚管所测。若隐心而言，乐迁之与恋旧，唯中半耳”，供认自己内心是一半赞成，一半反对。孝文帝说：“卿既不唱异同，深感不言之益。”只要你不表示意见，我就感谢不尽了！[①]孝文帝是注意不把中间派推到保守集团那一边去的。

为了统一认识，孝文帝于平城太极殿引见留守百官，要大家对迁都事“如有所怀，各陈其志”。燕州刺史穆羆[②]首先跳出来反对，他的理由是“征伐之举，要须戎马”，但中原缺少战马，“事不可克”。孝文帝反驳道：你说无马，实属荒诞。虽然战马出在北方边塞，但只要我们在中原设厩养马，“卿可虑无马？”穆羆又说：我听说黄帝都在涿鹿（今河北涿鹿）建都，“以此言之，古昔圣王不必悉居中原。”孝文帝道：“黄帝以天下未定，居于涿鹿。既定之后，亦迁于河南。”尚书于果[③]见穆羆理屈辞穷，就出来说：人们在一个地方住久了，就不想移动，这是“物之常性”，“一旦南移，惧不乐也”。司徒拓跋丕也出来帮腔，说迁都这样的事应该占卜，征得神明同意。孝文帝正色驳斥道：“卜者所以决疑，此既不疑，何须卜也！……朕既以四海为家，或南或北，迟速无常。南移之民，朕

① 《魏书》卷三一《于栗磾传附于烈传》。于烈（438—502年），代人，功臣于栗磾孙、于洛拔子，拜羽林中郎，迁殿中尚书。孝文帝南征，烈镇代邑，“庶政一相参委”。穆泰等作乱，“代乡旧族同恶者多，唯烈一宗无所染预”。其女为宣武帝皇后。

② 穆羆，代人，功臣穆崇后，拜驸马都尉、汾州刺史，有治绩，又为燕州刺史、侍中等，因涉穆泰案，削封为民。

③ 于果，代人，于烈弟，“严毅直亮，有父兄之风”，历任光禄大夫、守尚书，朔、华、并、恒四州刺史等。

自多积仓储，不令窘乏。”拓跋丕见形势不妙，马上转而表示“臣仰奉慈诏，不胜喜舞”。只有前怀州刺史青龙、前秦州刺史吕受恩等不知趣，“仍守愚固，帝皆抚而答之，辞屈而退”①。经过论辩，保守势力进一步陷于孤立，再也提不出像样的反对理由了。这年夏天，孝文帝从平城北巡朔州，视察了北疆重镇怀朔、武川、抚冥、柔玄等处，又谒文明太后永固陵。十月，孝文帝“亲告太庙，奉迁神主”，由高阳王拓跋雍及于烈等将“神主”（前代帝王牌位）迁于洛阳，孝文帝也离开平城再赴洛阳。至太和十九年（495 年）九月，“六宫及文武，尽迁洛阳”②，规模浩大的迁都活动历时两年之久终告完成。

孝文帝的迁都从总体上说比较顺利，这与他采取了正确的策略有关。他坚定地依靠以汉族士人为主体的支持迁都的力量，在他们的协助下，注意做好说服劝导工作，拉拢中间力量；同时对保守势力的态度也比较灵活，既晓之以大义，临之以威严，又在可能条件下作出某些让步，从而达到分化瓦解、减少阻力的目的。例如对拓跋丕，孝文帝深知他顽固恋旧，“亦不逼之，但诱示大理，令其不生同异”，对其余守旧官僚则“抚而答之”。考虑到有些贵族的生活习性，“难于移徙”，孝文帝特许他们“冬则居南，夏便居北”③。他还采取了经济上加以照顾的措施：“南移之民，朕自多积仓储，不令窘乏”。直到熙平二年，孝明帝在诏书中还说：“南迁二纪，犹

① 《魏书》卷十四《神元平文诸弟子孙列传·拓跋丕传》。

② 《魏书》卷七《高祖纪下》。

③ 《魏书》卷十五《昭成子孙列传·元晖传》：宣武帝时，给事黄门侍郎元晖曰：“先皇移都，为百姓恋土，故发冬夏二居之诏，权宁物意耳。乃是当时之言，实非先皇深意。”

有留住”[①]，可见孝文帝当时并没有采取一刀切的办法。

第三节 迁都后的平叛

孝文帝的迁都，既受北魏当时客观局势的制约，也是他倾心汉化、积极改革并且因领先群伦而独立决策的结果。在开始时，拓跋部内对迁都能够充分理解的人实在如凤毛麟角。

拓跋元老们，拥有辉煌的过去。他们的先辈或者他们自己，曾经驰骋疆场，亲冒矢石，勇武绝伦，显示出睥睨一切的非凡气概。他们用鲜血和生命打下北魏的江山，并且扫荡群雄，统一北方，镇压了各被统治民族的反抗，粉碎了外族的历次侵扰。在宫廷内部斗争中，特别是在平定宗爱之乱及拥立文成帝、诛灭乙浑、拥立孝文帝等一系列重大事件中，他们挺身而出，力挽狂澜，立下汗马功劳，进一步确立了自己在北魏统治集团中的重要地位。他们有着自己的既得利益，有着自己长期形成的观察和思索问题的模式，以及几乎一成不变的生活习惯。他们中的不少人，对任何改革、进步以及新的环境、新的观念都很自然地采取敌视和反对的态度。他们意气相投，互相呼应，一损俱损，一荣俱荣，势力盘根错节，难以撼动，形成了一个强大的保守阵营。对他们来说，迁都不但意味着改变久已习惯的生活环境，更预示着将脱离鲜卑的游牧文化圈，而陷入汉族士人和儒家思想文化传统的包围之中，这是他们所于心不甘的。在迁都过程中，他们已经一

---

① 《魏书》卷九《肃宗纪》。

再表示反对。当他们的意见被驳回、迁都已成为既定事实的情况下，他们就开始铤而走险，或者利用代理人，或者亲自上阵，采用武力反叛的行动了。

孝文帝怎么也不会想到，他的太子拓跋恂（元恂）会首先起来反抗。拓跋恂字元道，生于太和七年（483 年），太和十七年（493 年）七月南征前夕立为皇太子。孝文帝对他寄予厚望，一心要按中原王朝的传统模式把他培养成未来的圣主明君、儒家思想的传承者。孝文帝有时似乎也看出了太子离经叛道的苗头，有点不放心。太和十九年（495）五月，太子拓跋恂举行冠礼，孝文帝正色告诫道："容体正，颜色齐，辞令顺，故能正君臣，亲父子，和长幼"；"字汝元道，所寄不轻，汝当寻名求义，以顺吾旨。"当年三月冯熙死后，一些大臣请求皇帝亲自赴丧，孝文帝断然加以拒绝。一来出于礼制，二来也是知道此时回到平城那样的地方，对自已极为不利。于是在六月①，孝文帝特遣拓跋恂回代都赴丧凭吊，对他说："今汝不应向代，但太师薨于恒壤。朕既居皇极之重，不容轻赴舅氏之丧，欲使汝展哀舅氏，拜汝母墓，一写（泻）为子之情。"又叮嘱其"在途当温读经籍"。

果然，拓跋恂所作所为与他父亲期望的完全不同。他"不好书学，体貌肥大，深忌河洛暑热，意每追乐北方"。他一到平城，立刻坠入保守愚顽的氛围中。回到洛阳，拓跋恂还津津乐道在平城的见闻。中庶子高道悦几次苦苦相劝，他

① 此据《魏书》卷七《高祖纪下》、卷八三《外戚传上》等，卷二二《孝文五王列传·废太子恂传》将此事放在太和二十年（492 年）太子改字"宣道"后，似不妥。

却怀恨在心。

太和二十年（496年）八月，孝文帝前往嵩山，元恂奉命留守金墉城。这天夜里，他认为时机已到，亲手杀死高道悦，并与左右密谋，“欲召牧马轻骑奔代”，起兵反叛。不料有军队严守宫门，未能出奔。天亮后，尚书陆琇[①]飞驰报告皇帝。孝文帝闻讯，抑制不住心中的震怒，回到洛阳，立刻将元恂召来痛加斥责，并亲自与咸阳王元禧一起，把他狠狠地打了一顿。元恂被打得皮开肉绽，“不起者月余”，又被关进城西别馆。接着，孝文帝召集群臣，宣布要废掉太子。穆亮、李冲等人尚为太子求情、谢罪，孝文帝说：“卿所谢者私也，我所议者国也。古人有言，大义灭亲。今恂欲违父背尊，跨据恒朔。天下未有无父国，何其包藏，心与身俱。此小儿今日不灭，乃是国家之大祸，脱待我无后，恐有永嘉之乱。”于是百僚不敢再说什么。当年十二月，太子被废为庶人，囚于河阳（今河南孟县西），每日粗食，免于饥寒而已。

囚禁中，元恂似有悔过之心，每日里抱着佛经诵读。不料到次年四月，风波又起。当时车驾正巡视长安，李彪密报元恂“复与左右谋逆”。孝文帝便派邢峦与咸阳王元禧带着诏书到河阳，以毒酒赐元恂死。当时他才15岁[②]。

孝文帝父子之间的冲突，是改革与守旧两大阵容的尖锐矛盾在其家庭中的集中反映。它表明，皇帝家庭温情脉脉的面纱，掩盖不住伴随着斧光烛影的政治斗争。然而，作为一

① 陆琇，字伯琳，代人，功臣陆俟孙，陆馛子，袭爵聊城侯。“雅好读书”，为黄门侍郎、祠部尚书。宣武帝时，因涉咸阳王元禧案，入狱死。

② 《魏书》卷二二《孝文五王列传·废太子恂传》。

个十几岁的缺乏阅历的少年，元恂既不会有“轻骑奔代”的果敢决断，更不可能有“跨据恒朔”之类的深谋远虑。他的背后，是保守阵营中的另外两个更为奸诈阴险的势力集团。元恂失败后，这两个集团便从幕后跳到前台亮相。

首先是穆泰与陆睿集团。穆泰，代人。他的祖先穆崇，早在北魏建国前，就因拥立拓跋珪立功，迁太尉，加侍中。泰赐爵冯翊侯。当初文明太后有意废掉小皇帝，为泰所谏止，由此深得孝文帝信任，为尚书右仆射、定州（治今河北定县）刺史。陆睿，字思弼，也是代人。祖先早年跟随拓跋珪转战，祖父陆俟是明元、太武、文成三朝重臣，封东平王。父亲陆丽有迎立文成帝功，为乙浑所害。睿“沉雅好学”，为北部尚书，以讨柔然功迁都督恒朔二州诸军事、恒州（平城）刺史。孝文帝迁都后，这两个勋贵往来日益频繁。太和二十年（496年）十二月，“不愿迁都”的穆泰上表请求改任恒州刺史，得到批准。他急不可待，“睿未及发而泰已至”，两人一拍即合，在平城勾结起来，密谋煽动叛乱，割占恒、朔一带。他们联络了元隆、元业、元乙升、元超、元贺头、元乐平、元珍、元拔[①]等权贵，共推朔州（治今山西朔县）刺史、阳平王元颐[②]为首。颐表面应允，暗地飞骑驰报。于是孝文帝派任城王元澄率领肆州（治今山西忻县）军前往平叛。元澄以远道奔袭，

① 元拔，明元帝孙，袭爵乐平王，因参与叛乱赐死。

② 元颐（？—501年），景穆帝孙，袭爵阳平王，累迁怀朔镇大将都督，曾表示“当仰仗庙算，使呼韩同渭桥之礼”。孝文帝叹曰：“壮哉王言！朕所望也。”后果大破柔然，任朔州刺史。

很快包围了平城，并先派遣治书侍郎李焕单车入城[①]，“晓谕逆叛，示以祸福”。穆泰等大惊，他们做梦也没有想到朝廷的军队会突然出现，顿时束手无策。参与叛乱的喽啰们人心动摇，一下子散去大半。穆泰眼看大势已去，率领几百人进攻李焕所在的西门，希望侥幸取胜，又不克。穆泰如釜底游魂，单人匹马冲出城西，落荒而逃，被擒获。至此，叛乱即被平定。太和二十一年（497 年）二月，孝文帝到达平城，亲自审讯罪犯，下令将穆泰处死，赐陆睿自杀；乐陵王元思誉[②]知其阴谋而不报，削爵为庶人。当时在代的衮衮诸公，唯于烈一族未卷入斗争漩涡。

另一个是元丕集团。元丕（423—504 年），是“烈帝”翳槐之后，太武帝时拜羽林中郎；献文帝初参与诛乙浑。作为四朝元老，元丕倍受文明太后与孝文帝的尊崇，封东阳王，拜侍中、司徒、太尉，入“八议”，但他历来“谄事要人，骄侮轻贱”。当孝文帝在平城要众臣对迁都发表意见时，元丕玩弄两面派手法，先是极力反对迁都，后见形势不利，转而表示支持。太和十八年（494 年）十月，孝文帝离开平城时，以元丕为太傅，诏曰：“中原始构，须朕营视，在代之事，一委太

---

① 《魏书》卷十九《景穆十二王列传·任城王云传附澄传》：“孝文帝遣元澄，谓曰：“如其弱也，直往擒翦；若其势强，可承制发并、肆兵以殄之。”澄行达雁门，太守夜告：“泰已握众西就阳平，城下聚结，唯见弓仗。”澄闻便速进。右丞孟斌曰：“事不可量，须依敕召并、肆兵，然后徐动。”澄不听，而倍道兼行。又遣李焕先赴，至即擒泰。李焕，字仲文，赵郡大族李顺后，少为李彪所知，自给事中转治书侍御史，后迁司空、梁州刺史。

② 元思誉（？—507 年），景穆帝孙，汝阴王拓跋天赐子，过继于乐陵王胡儿为子，袭封，任镇北大将军，居平城。因涉穆泰案削封为庶人。后复封。

傅。”实际上，“丕父子大意不乐迁洛”，“丕雅爱本风，不达新式，至于变俗迁洛，改官制服、禁绝旧言，皆所不愿”，是个有着花岗岩脑袋的顽固分子。孝文帝早就看穿了这一点，但“以丕年衰体重，亦不强责”。冯熙死后，元丕因奏请车驾赴平城临丧，贬为并州刺史。当太子元恂准备从平城回洛时，元丕的儿子安乐侯元隆、骁骑将军元超等密谋留恂，“举兵断关，规据陉（今山西代县）北”，并且和另一个儿子元乙升一起参加了穆泰、陆睿集团的阴谋活动。元丕在并州，虽不参预其计，但隆、超等把全部计划都告诉了他。他“外虑不成，口虽致难，心颇然之”。阴谋败露后，孝文帝到平城处理案件，把元丕也叫去。结果，以穆泰为首谋，隆、乙升、超皆为“逆党”处死。有司奏请连坐处死元丕，诏听免死，仍为太原百姓。①

迁都后的平叛，虽以孝文帝为首的由拓跋部中具有新思想的分子和汉族士族联合组成的阵营，与以拓跋勋贵、元老为主体的阵营之间，围绕着要不要迁都、要不要改革的问题而进行的正面交锋，孝文帝等依靠武力才粉碎了叛乱，解决了问题。事后，孝文帝对李冲等人说，那些反叛者“早蒙宠禄，位极人臣”，“岂谓陆睿无心之甚，一至于斯！乃于穆泰结祸，数图反噬。以朕迁洛，内怀不可，拟举诸王，议引子恂”，“讪谤朝廷，书信炳然。事既垂就，睿以洛都休明，劝令小缓，于是之后，两人复竞，然犹隐而弗闻。赖阳平王忠贞奋发，获泰之言，便尔驰表，得使王人纠慝，恒岳无尘”；元隆等“首为贼端，其父无人明证，理在可覩。但以言无炳

① 《魏书》卷十四《神元平文诸帝子孙列传·拓跋丕传》。

灼，隐而弗穷，以连坐应死，特恕为民。朕本期有终，而彼自弃”[①]。就这样，孝文帝最终得以摧毁保守阵营，挫败他们的叛乱阴谋。这是因为迁都与改革已经得到越来越多的人的理解和支持，力量对比有利于改革阵营，也因为孝文帝本人的政治手腕和统治策略已经达到成熟的水平，具备了驾驭政局的能力。

第四节　北魏新都洛阳城

孝文帝迁都时，洛阳城内外房屋倾颓，荆棘丛生，荒凉满目。从代北迁来的人，遥遥千里，历尽艰辛，“资产罄于迁移，牛畜毙于辇运。陵太行之险，越长津之难，辛勤备经，得达京阙”，势必陷于“居无一椽之室，家阙儋石之粮”、“富者犹损太半，贫者可以意知”[②]的困境。宫殿残毁，街市破损，居民贫弊，与一个泱泱大国都城的地位是极不相称的。

孝文帝巡视洛阳后，着手在魏、晋故都的遗址上筹划营建工作。太和十七年（493 年）十月，“征司空穆亮与尚书李冲、将作大匠董爵经始洛京”[③]，并以北海王拓跋详“兼督营构之务”[④]。穆亮是勋贵，其职又为司空，主要是利用其资历和声望；董爵则专管具体事务。因此实际上是由李冲主持营建洛阳的筹划工作。《魏书》卷五三《李冲传》说：“冲机敏

① 《魏书》卷四〇《陆俟传附陆睿传》。
② 《魏书》卷六五《李平传》。
③ 《魏书》卷七《高祖纪下》。
④ 《魏书》卷二一《献文六王列传·北海王详传》

有巧思”，“洛都初基，安处郊兆，新起堂寝，皆资于冲。”洛阳城由李冲主持营建，应当受到河西汉族文化的影响①。此外参预其事的，如将作大匠蒋少游：“领水池湖泛戏舟楫之具。及华林殿、沼修旧增新，改作金墉门楼，皆所措意”②；吏部尚书王遇：“洛京东郊马射坛殿，修广文昭太后墓园，太极殿及东西两堂、内外诸门制度，皆遇监作”③；王肃：“时高祖新营洛邑，多所造制。肃博识旧事，大有裨益，高祖甚重之”④，等等。浩大的洛阳营建工程到宣武帝时仍在进行，前后历时当在十年以上⑤。

在营建洛阳的同时，孝文帝于太和十九年（495年）下诏，规定除“其有夫先葬在北，妇今丧在南，妇人从夫，宜还代葬”以外，其余迁洛之人，死后都必须“归骸邙岭，皆不得就茔恒代”⑥，以法律形式规定了南迁的拓跋部人必须世世代代在洛阳一带居住。这一规定对鲜卑族的汉化和洛阳城的建

---

① 参阅陈寅恪《隋唐制度渊源略论稿·礼仪附都城建筑》。

② 《魏书》卷九一《蒋少游传》。蒋少游（？—502年），乐安博昌（今山东博兴）人，为北魏“新民”。“性机巧，颇能画刻”，参与多项革新规划，历任中书博士、将作大匠、太常少卿等。另，唐代许嵩在《建康实录·魏虏》中云：孝文帝“使蒋少游窥（齐）京师宫殿楷式而去”。

③ 《魏书》卷九四《王遇传》。

④ 《洛阳伽蓝记》卷三《城南》。

⑤ 《魏书》卷六〇《韩麒麟传附韩显宗传》：韩显宗曾上书孝文帝：“今洛阳基址，魏明帝所营，取讥前代。伏愿陛下损之又损……宜申禁约，令贵贱有检，无得逾制。端广衢路，通利沟渠，使寺署有别，四民异居，永垂百世不刊之范，则天下幸甚矣”。“高祖颇纳之”。但是洛阳重建仍然“年跨大稔，根基未就”（卷六五《李平传》）。

⑥ 《魏书》卷二〇《文成五王列传·拓跋谐传》。

设与发展产生了重要影响。

北魏营建的洛阳城规制宏伟，气度不凡。居住户口大多从代北迁来。全盛时有十万九千余户，每户以五人计，共有50多万人。全城大致可以分为皇城、内城与外城三个部分。

皇城即宫城，位于内城中偏北，是在曹魏、西晋的南宫城基础上重新营建的。宫城内宣光殿北开凿有碧海，海中建“灵芝钓台”，高20丈。台前石刻的鲸鱼，其势犹如池中跃出，又似空中飞下，形象生动逼真。碧海周围的九龙殿以殿前又成一海的“九龙吐水”而得名。宫城内还有西游园，园中有凌云台，台上有八角井，孝文帝于井上造“凉风观”，据说“登上远望，目极洛川”①。

洛阳内城南北约九里，东西约六里。城四面共有14座门，每座门都有三个门道，可并行九辆车。左右为一般人行道，中央是御道，两边各筑四尺高墙为屏障。内城西北的金墉城东有小城；孝文帝在城内建光极殿，因此将金墉城南门命名为光极门。金墉城内另有重楼飞阁，从远处望之，高如凌云。

内城东北的建春门内御道北有濯泉，周围三里，孝文帝名其“苍龙海”，并于泉北置河南尹。泉西有华林园，内有汉代天渊池。孝文帝曾于池中曹魏文帝所筑九华台上造清凉殿，并建有临涧亭、临危台。景山南还有百果园，果树成林。果林南有石碑。孝文帝曾巡视此地，见碑北有“凝闲堂”，说：“此盖取夫子闲居之义，不可纵奢以忘俭，自安以忘危”，就将其改名为“茅茨堂”②。

---

① 《洛阳伽蓝记》卷一《城内》。

② 《魏书》卷十九《景穆十二王列传·任城王云传附澄传》。

洛阳建制为左祖右社，符合汉族王朝传统的都城模式①。

洛阳外城亦呈长方形，东西20里，南北15里。其范围是南临洛水，北达邙山，东至七里桥，西近张方桥。洛阳的坊里、市大部分在外城，共有220个里供居住②。例如有所谓劝学里、景宁里、阜财里等。迁都以后，洛阳人口日益密集，经济迅速发展起来。

城南宣阳门外四里洛水上有座浮桥叫永桥。永桥南是一片整齐的建筑群，槐柳成荫。其御道东有四馆，道西有四里，分别接纳从各处前来投归北魏的人，居住在此的“附化之民”最多时达一万多家。

城东北有个上商里，据说原是周初“殷顽民”聚居的地方，孝文帝改其名为“闻义里”。迁都之初，朝士多住于其中，互相指以“殷顽民”嘲戏，后皆撤走，唯有造瓦匠留住，供应京师屋瓦。

城西有一块南临洛水、北达邙山的广阔地带叫寿丘里，为北魏皇室聚居地，民间号为“王子坊”。在迁都后的一些年里，拓跋统治者很快适应了伊、洛一带的生活环境，日渐奢侈起来。王子坊一带的“帝族王侯、外戚公主”“争修园宅，互相夸竞”，“高台芳榭，家家而筑；花林曲池，园园而有”③。

洛阳有一些集市贸易场所叫“市”，其中有的市以规模大、

---

① 《周官·考工记》：“匠人营国。方九里，旁三门。国中九经、九纬，经涂九轨。左祖右社，面朝后市。”“左祖右社”即祖庙在王宫左侧，社坛在王宫右侧。

② 此据《洛阳伽蓝记》卷五《城北》。“二二〇”可能为“三二〇”之误。范祥雍《洛阳伽蓝记校注》（上海古籍出版社1982年版）此条下考释甚详。

③ 《洛阳伽蓝记》卷四《城西》。

货物品种多而名闻遐迩。

在城西西阳门外四里、御道南有个“洛阳大市”。

大市东面有通商、达货两个里。里内之人多以屠贩为生，有的资财巨万。有的富商不但在洛阳有豪华的住宅，而且在天下通都大邑都设有商号，赢利惊人，富埒王侯。大市南面调音、乐律两个里的人都擅长吹笙弹筝唱曲，出了不少艺伎。大市西面有退酤、治觞两个里，里内的人大多酿酒。有的酒醇香四溢，人们饮后无不沉醉如泥，多日不醒。大市北面则有慈孝、奉终两个里，里内的人专卖棺材。此外还有准财里和金肆里，是富人住宅区。

洛阳城南的洛水永桥一带也是著名的集市。由于交通便利，又靠近四夷馆，很多藩邦来的人都住在这里做买卖，“天下难得之货，咸悉在焉”，号曰“四通市”或“永桥市”。洛水、伊水里的鱼，都在这里贩卖。鱼味鲜美，有“洛鲤伊鲂，贵于牛羊”的说法①。

随着佛教势力的逐渐兴盛，从太和十八年（494年）起，在洛阳城南伊河入口处两岸的龙门山和香山开凿了许多石窟，即有名的龙门石窟。

洛阳还先后修建了不少寺庙，其中位于城南开阳门外三里的报德寺，是孝文帝为纪念文明太后而建造的。

通过多年的营造和发展，北魏新都洛阳，逐步抹去了战乱的痕迹，成为集政治统治、民居、商业、交通和宗教功能于一体的城市。

洛阳的城建规模和市廛、文化之繁盛，显示出它不但恢

① 《洛阳伽蓝记》卷三《城南》。

复了在历史上曾经有过的重要地位，而且具备了比过去更加绚丽多姿的各民族聚集的色彩。从断垣颓壁到一代都城，这就是太和改革以后若干年中洛阳的发展轨迹。

第七章　定姓族与政治改革思想

《魏书》卷五九《刘昶传》载：太和十九年(495年)，高祖曰："夫典者，为国大纲，治民之柄。君能好典则国治，不能则国乱。我国家昔在恒代，随时制作，非通世之长典。故自夏及秋，亲议条制。"这里所谓"典"，即政治制度。孝文帝的政治改革思想，就是力图以魏晋及南朝政治制度为模式，变革拓跋部原来带有氏族遗迹、"随时制作"的政治体制，建立一种"通世之长典"，为实现"文治"提供有力的保障。在这种思想指导下的太和时期的政治改革，起始早，时间长，涉及面广，其核心则是定姓族，即确认并宣布拓跋贵族与汉族门阀享有同等地位和特权，从而实现两者之间在政治上的联合。

第一节　“置官班禄”，惩腐肃贪

太和年间的政治改革，是从班行俸禄、强化吏治着手的，虽然时代较早，但因属于政治改革范畴，所以一并放在本章中评述。

北魏前期未有俸禄之制，官吏除衣食仰给于官府外，并无其它固定收入①，生活常陷于窘迫，较为清廉者甚至到了贫苦的边缘。如虎威将军胡叟“常苦饥贫”，“馆宇卑陋”②；中书令高允虽然职位显赫，家中却“惟草屋数间，布被缊袍，厨中盐菜而已”，“家贫布衣，妻子不立”③；李冲在得文明太后宠幸以前，虽然担任内秘书令、南部给事中等，也是“家素清贫”④。还有一些官员能够得到皇帝的恩宠赏赐，却非常制。

更为严重的是，由于无俸禄，有的官吏趁机贪污公物。如管理太仓的安屈为了“养亲”，“盗官粳米数石”⑤。更多的官

---

① 魏晋以来各朝官吏无禄或减禄是普遍现象，在经济衰破时尤甚。如《晋书》卷三《武帝纪》：咸宁元年（275年），“以俸禄薄，赐公卿以下帛有差”；卷九《简文帝纪》：咸安二年（372年）诏曰：“往事故之后，百度未充，群僚常俸，并皆寡约”，“今资储渐丰，可筹量增俸。”《南齐书》卷三《武帝纪》：武帝永明元年（483年）诏曰：“守宰禄俸，盖有恒准。往以边虞告警，故沿时损益，今区寓宁晏”，“郡县丞尉，可还田秩。”但北魏前期一直无禄则是突出现象。

② 《魏书》卷五二《胡叟传》。胡叟，字伦许，安定临泾人，“世有冠冕”，入于北魏，拜虎威将军，赐爵始复男。

③ 《魏书》卷四八《高允传》。

④ 《魏书》卷五三《李冲传》。

⑤ 《魏书》卷三〇《安同传》。安屈，辽东胡人，北魏勋臣安同子。

员“取给于民”，大肆搜刮百姓，敲诈勒索，贪赃纳贿，劣迹斑斑。以至统治者不得不承认“天下守令多行非法”①，“长史贪暴”②，“贪秽过度”③。如公孙轨在地方上搜刮成癖，如狼似虎，百姓谓之“初来，单马执鞭，返去，从车百两（辆）”④；崔宽镇陕，“招致礼遗，大有受取”⑤；李宣茂在定州“受乡人财贿”⑥，等等。这些现象，严重败坏官吏的素质，妨害封建统治机器的正常运转，引起社会下层的普遍不满。

对此，统治者曾一再发出警告，并且考虑采取若干措施。明元帝曾遣使者巡行诸州，检阅守宰赀财，非自家所赍，悉定为赃。文成帝痛斥诸刺史“每因发调，逼民假贷”，“上下通同，分以润屋。故编户之家，困于冻馁”；“为政之弊，莫过于此”，因此规定“其一切禁绝，犯者十匹以上皆死”⑦。语气甚为严厉，但未从制度上解决问题，收效不大。“朝廷不制禄以养廉，而徒责以不许受赃，是不清其源而徒遏其流，安可得也”⑧，贪污纳贿反而有愈演愈烈之势。

---

① 《魏书》卷四《世祖纪上》。

② 《魏书》卷四二《尧暄传》。

③ 《魏书》卷五《高宗纪》。

④ 《魏书》卷三三《公孙表传附公孙轨传》。公孙轨（391—441年），字元庆，燕郡广阳（今北京）人，勋臣公孙表子，“以文学知名”。历任大鸿胪、虎牢镇将等，赐爵燕郡公。

⑤ 《魏书》卷二四《崔宽传》。崔宽（410—472年），字景仁，清河大族，拜散骑常侍，出为弘农太守、陕城镇将，袭爵武陵公。

⑥ 《魏书》卷四九《李灵传附李宣茂传》。李宣茂（455—513年），赵郡大族，历任中书博士、定州大中正、幽州刺史等。

⑦ 《魏书》卷五《高宗纪》。

⑧ 《廿二史札记》卷十四《后魏百官无禄》。

为此，有人提出应该通过班禄的方式加以解决。献文帝时，曾经下诏官员凡“受羊一口、酒一斛者，罪至大辟，与者以从坐论”。雍州刺史张白泽上表批评道：“周之下士，尚有代耕，况皇朝贵仕，而服勤无报，岂所谓祖袭尧舜、宪章文武者乎？羊酒之罚，若行不已，臣恐奸人窥望，忠臣懈节。”他提出建议：“如臣愚量，请依律令旧法，稽同前典，班禄酬廉……苟能如此，则升平之轨，期月可望，刑措之风，三年必致矣。”①这篇上表，已经认真地提出了班禄的问题。孝文帝即位以后，对边境各族的战争相对减少；同时在正常年景下，政府的财政状况比过去战争时期略好一些。统治者从缓和阶级矛盾、抑制贪赃受贿和提高统治效能并且为进一步实行改革的需要考虑，准备班禄。

太和二年（478 年）十一月，孝文帝在诏书中说：“诸州刺史，牧民之官，自顷以来，遂各怠慢，纵奸纳赂，背公缘私，致令贼盗并兴，侵劫滋盛。”②这一道诏令，概括出官吏贪贿、官场腐败的情况，为以后的班禄埋下了伏笔。

太和八年（484 年）六月丁卯（26 日），孝文帝认为时机已经成熟，正式下达班禄诏：“置官班禄，行之尚矣。《周礼》有食禄之典，二汉著受俸之秩。逮于魏晋，莫不聿稽往宪，以经纶治道。自中原丧乱，兹制中绝，先朝因循，未遑厘改。朕永鉴四方，求民之瘼，夙兴昧旦，至于忧勤。故宪章旧典，始班俸禄。罢诸商人，以简民事。户增调三匹、谷

① 《魏书》卷二四《张衮传附张白泽传》。张白泽（？—481 年），上谷沮阳人，勋臣张衮孙，任殿中曹给事中，“参预机密”，出为雍州刺史，迁殿中尚书。

② 《魏书》卷七《高祖纪上》。

二斛九斗，以为官司之禄。均预调为二匹之赋，即兼商用[①]。虽有一时之烦，终克永逸之益。禄行之后，赃满一匹者死。”[②]

孝文帝首先追溯了班禄的历史渊源，为自己的改革提供依据。接着又阐明了班禄的起因并规定了俸禄来源。当时俸禄属于政府的一项额外开支，自然要转嫁到人民头上，增加百姓的负担。不过，孝文帝认为增收租调“虽有一时之烦，终克永逸之益”，从长远看，于国于民有利无弊（太和十一年以后，百姓的这项额外负担并入新的租调，不再作为独立的项目）。特别重要的，是强调班禄后官吏不得再行纳贿受财，原来规定的“犯者十匹以上皆死”变成“赃满一匹者死”、“枉法无多少皆死”[③]，严厉得多了。

接着，孝文帝又连续下诏，表达了惩腐肃贪、严格禄制的决心。当年八月诏曰：“中旨虽宣，允称者少。故变时法，远遵古典，班制俸禄，改更刑书”；九月诏曰：“俸制已立，宜时班行。其以十月为首，每季一请。”从此每年以十月始，每季一次班禄，“于是内外百官，受禄有差”[④]。这年秋天，孝文帝派使者巡行天下，“纠守宰之不法，坐赃死者四十余人”，狠煞了一下贪赃之风，“食禄者跼蹐，赇谒之路殆绝”[⑤]，官场风气似乎廉洁了不少。《魏书》卷八八《良吏传》说，魏初以来，

① 《魏书》卷一一〇《食货志》：“太和八年，始准古班百官之禄，以品第各有差”，“至是，户增帛三匹，粟二石九斗，以为官司之禄。后增调外帛满二匹。所调各随其土所出”，记载较为清楚。

② 《魏书》卷七《高祖纪上》。

③ 《魏书》卷一一一《刑罚志》。

④ 《魏书》卷七《高祖纪上》。

⑤ 《魏书》卷一一一《刑罚志》。

“虽动贻大戮，而贪虐未悛”，“高祖（孝文帝）肃明纲纪，赏罚必行，肇革旧轨，时多奉法”，主要就是针对班禄而言的。

次年在均田令中，也考虑到官员的利益，规定地方官员从刺史到县令按官职高低分别授予公田，多者15顷，少者6顷，作为俸田，不得买卖。这样做的用意，也在于保证官员的优裕生活，防止其受贿。当然，遇到特殊情况，也有减禄的。如“太和中军国多事。高祖以用度不足，百官之禄四分减一”①。为弥补军费的不足而减禄，只是权宜之计。

班禄也遭到一些人的反对。淮南王拓跋他曾经奏请“依旧断禄”，即停发俸禄。中书监高闾对此进行了驳斥，指出只有颁发俸禄，才能使“清者足以息其滥窃，贪者足以感而劝善”；“难易之验，灼然可知，如何一朝便欲去俸？淮南之议，不亦谬乎？”② 孝文帝的班禄，是接受了汉族政治思想和制度影响的结果，有助于革除弊政，提高统治效能，为大规模地推行改革创造条件，因此理所当然地得到了中原士族和一般已经开始领取俸禄的地方官员的支持。

第二节　改革官爵，“人守其职”

班禄惩治了贪污受贿之风。随着均田、租调、三长等改革的实施，若干年后，孝文帝又前进一步，形成了官爵改革的思想和方案，试图推行北魏整个官僚机构的汉化。

北魏前期官制虽曾模仿汉族王朝，但保留了不少鲜卑部

---

① 《魏书》卷三一《于栗磾传附于忠传》。

② 《魏书》卷五四《高闾传》。

落传统，如有南北二部大人“分民而治”，并设置幢将；而且官制比较混乱，“其内外百官屡有减置。或事出当时，不为常目，如万骑、飞鸿、常忠、直意将军之徒是也。”就官名而言有两个显著特点。一是常以具备某些特征的物品或鸟兽命名，所谓“多不依周汉旧名，或取诸身，或取诸物，或以民事，皆拟远古云鸟之义。诸曹走使谓之凫鸭，取飞之迅疾；以伺察者为候官，谓之白鹭，取其延颈远望。自余之官，义皆此类”。另一是鲜卑语、汉语杂用。官名用鲜卑语称呼的如皇室子弟之称直懃，内左右之称羽真，尚书称为俟懃地阿之类。有些将军名虽用汉文，也和魏晋以来汉族王朝的将军名号大不一样，如有郑兵、宋兵、陈兵、楚兵、吴兵、越兵将军之类。稀奇古怪的官名，反映了官制的紊乱，不但有悖于中原文化传统，使汉族士人深感别扭，无形中增加了对拓跋统治者的抵触情绪，而且不利于强化君主专制与中央集权，提高统治效率。

因此，在太和年间，孝文帝按照汉族王朝的模式，对北魏官爵制度进行了改革。如太和二年（478 年，或作太和三年即 479 年），“减置候职四百人”，以后又全部撤消；太和四年（480 年），“省二部内部幢将”；太和十一年（487 年），“置散官员一百人，朝请员二百人”；太和十五年（491 年），“置司仪官”，并“置侍中、黄门各四人，又置散骑常侍、侍郎，员各四人；通直散骑常侍、侍郎，员外散骑常侍、侍郎，各六人”等等。此外，太和十七年（483 年），孝文帝召集群臣“议定百官，著于令”；太和二十三年（499 年）再一次颁布《职令》。通过这些改革，北魏基本上剔除了鲜卑语的官名以及官制的混杂现象，建立起一套符合汉族政治传统的官僚机构。

这套官制中，设有三师（太师、太傅、太保）、二大（大司马、大将军）、三公（太尉、司徒、司空）、开府、左右光禄大夫、四征（征东、南、西、北将军）、四镇（镇东、南、西、北将军）、吏部尚书、九卿（太常、光禄勋、卫尉、太仆、廷尉、大鸿胪、宗正、大司农、少府）、散骑常侍、通直散骑常侍、散骑侍郎、通直散骑侍郎以及州刺史、郡太守、县令等职位。所有官职都有一定品级，“凡九品，品各有三”，九品之内每品有正从，从第四品起又加设“上阶”，合计 30 级。经过改革，北魏职官机构和名称全部汉化，“其官品百司，皆如中国”[①]，并且整齐规范，自成体系，是一种以皇权为核心的传统的君主专制集权的官制。

在爵位方面，孝文帝也进行了改革[②]。据《魏书》卷二《太祖纪》和卷一一四《官氏志》载，魏初登国元年（386 年），“班爵叙品，各有差”；皇始元年（396 年），“封拜五等”；天兴元年（398 年），“立爵品”，初步建立起爵品制度。北魏前期，爵品仅为只有称号的虚封，封王甚滥。孝文帝经过改革，确立了实封与虚封并行的爵品制度，并且整顿了王爵封号。太和十六年（492 年）正月，孝文帝下令诸远属非太祖（道武帝）子孙及异姓封王者，皆降为公，其余依次降等：

---

① 台湾学者郑钦仁指出，孝文帝的改革，使南北的政治制度趋于一致，其模仿南朝制度最具体的有舍人省，其官员及官号皆一依南朝的制度。见《北魏中书省考》，台北嘉新水泥公司文化基金会丛书，1964 年版，《绪言》。

② 早在延兴二年（472 年），孝文帝就下诏：“非功无以受爵，非能无以受禄”，凡镇将、刺史假公侯者，“若无殊称，随而削之”，假爵者一律不得世袭（《魏书》卷一一三《官氏志》）。

"王爵非庶姓所僭，伯号是五等常秩。烈祖之胄，仍本王爵，其余王皆为公，（公）转为侯，侯即为伯，子男如旧。虽名易于本，而品不异昔。公第一品，侯第二品，伯第三品，子第四品，男第五品"[①]。同年又诏革除以勋赐官爵者，子孙世袭将军称号的旧制，规定子孙只准袭爵。此外，经过改革，以开国食邑者为实封，除王以外有开国郡公、开国县公、开国县侯、开国县伯、开国县子、开国县男。他们享有一定的食邑户数（即把这些户数缴纳的租税的一部分作为封爵者的收入）[②]。太和十八年（494 年）十二月，又规定，"王、公、侯、伯、子、男开国食邑者，王食半，公三分食一，侯伯四分食一，子男五分食一"[③]。不食邑者为虚封，有散公、散侯、散伯、散子、散男，加上实封，共十二等[④]。经过这些改革，北魏削除了贵族过于膨胀的特权，扭转了滥封爵位的现象，爵制变得比较严谨有系统。

太和十七年（493 年）六月出征前夕，孝文帝发布了有关官制的《职员令》，并为此专门下诏，集中反映了他的官制改革思想。其曰："六职备于周经，九列炳于汉晋，务必有恒，人守其职。比百秩虽陈，事典未叙。自八元树位，躬加省览，远依往籍，近采时宜，作《职员令》二十一卷。事迫戎期，未

① 《南齐书》卷五七《魏虏传》。

② 孝文帝反对裂土分封，认为这种办法不合时宜。《魏书》卷二一《献文六王列传·咸阳王禧传》："有司奏冀州人苏僧瓘等三千人，称禧清明有惠政，请世胙冀州。诏曰：'利建虽古，未必今宜；经野由君，理非下请。邑采之封，自有别式。'"

③ 《魏书》卷七《高祖纪下》。

④ 《通典》卷十九《职官一》谓北魏封爵共十一等，是误漏了开国县公。

善周悉。虽不足纲范万度，永垂不朽，且可释滞目前，厘整时务。须待军回，更论所阙，权可付外施行。其有当局所疑而令文不载者，随事以闻，当更附之”①。

《职员令》是一部体现北魏官制改革成果的行政法典。孝文帝主张以《周礼》为圭臬，以汉晋中原王朝为楷模，清理紊乱的官僚体系，剔除原来那些带有原始性和奴隶制时代色彩的官职，做到“务必有恒，人守其职”，以便“释滞目前，厘整时务”，也就是通过提高统治效能、完成官僚体制的封建化和汉化，为迁都以后逐步把改革推向高潮创造条件。

第三节　“班镜九流，清一朝轨”

魏晋以来，颇有一些思想家、政治家摭取先秦法治理论，反对用人唯亲，提出“唯才是举”、“进用贤良”，却未能造成声势、形成制度。为适应世家大族力量的迅速增长，魏初曹丕采取吏部尚书陈群建议，创立九品中正制，由州郡的大中正或中正“区别人物，第其高下”②。经过一段时期的发展演变，世族门阀逐步通过九品中正制掌握了用人权。从此，在政治生活和社会生活的各个领域，人们都竞相标榜门第、夸耀品级，逐步发展成“上品无寒门，下品无势族”③，“世胄蹑高位，英俊沉下僚”④ 的一整套严格的品第等级制度。

① 《魏书》卷七《高祖纪下》。

② 《通典》卷十四《选举二》。

③ 《晋书》卷四五《刘毅传》。

④ ［晋］左思《咏史八首》之二。

门第品级制度促使统治阶层的门阀化，导致少数贵族世代垄断政权，排斥广大庶族地主中的人才于权力大门之外。这种制度虽然有其腐朽性，但它长期以来却是历代汉族王朝区别上下尊卑贵贱的儒家礼制传统，也是封建政权所赖以维持统治的主要支柱。

在北方的民族大混战中，汉族士族、阀阅曾经遭到很大的摧残。面对恶劣的环境，汉族士族仍然顽强地生存，并且随着割据局面的稳定和北方的逐步走向统一，又慢慢恢复了元气，重新出现了一些著名的高门大姓。在此过程中，有的少数民族政权也采用了九品中正制，注意拉拢汉族士人。如后赵石勒“清定五品，以张宾领选。复续定九品。署张班为左执法郎，孟卓为右执法郎，典定士族，副选举之任”[①]。但是，更多的少数民族政权，由于历史条件的限制，未能建立一套称得上中原王朝那样的甄别人品、铨选人才的制度，更未遑培植出自己的士族大姓。在这方面，他们远远落后于汉族地主阶级，上下无序，贵贱无别，“清浊同流，混齐一等”。拓跋部进入中原前后，虽然许多人功业彪炳，名列勋贵，却为汉族士人所不齿。在汉族士人的心目中，只有他们自己才是天生贵种、天潢贵胄，鲜卑人决不能与自己相提并论。同时，汉族士人也试图通过品级制度，调整和扩充自己的阵容，以在政治权力上与拓跋统治者相抗衡。太武帝时，崔浩就“大欲齐整人伦，分明姓族”，与拓跋统治者发生了冲突，因此罹祸。

到孝文帝时，半壁江山大体稳定，儒家文化影响日深，北

① 《晋书》卷一〇五《石勒载记下》。

魏王朝开始重新考虑把恢复和发扬中原品级门第传统的任务提到日程上来。不过，北魏王朝首先面临着一个有关姓氏的问题。

原先，拓跋部和鲜卑其他部落一样，并无姓氏，后来受到汉族文化的影响，开始以部落名为姓，但这种复姓与汉族一般姓氏仍有明显的区别。迁都后，拓跋部陷于中原汉族人的汪洋大海的包围之中。随着汉语的使用和重定品级门第要求的日渐强烈，这种念起来佶屈聱牙的拓跋复姓，已经成为其原始落后的表征，严重阻碍着汉化的深入和正统王朝形象的树立。为此，孝文帝决心运用行政力量，实行大规模的姓氏改革，将拓跋和其他一些鲜卑部落的复音姓氏改为音近的汉族单音姓氏。

太和二十年（496 年）正月，孝文帝在洛阳下令改姓氏，“诏改姓为元氏”①，其余姓氏也作相应改变。孝文帝认为：“北人谓土为拓，后为跋。魏之先出于黄帝，以土德王，故为拓跋氏。夫王者黄中之色，万物之元也，宜改姓元氏；诸功臣旧族自代来者，姓或重复，皆改之”，此外，“其余所改，不可胜纪”②。这里对拓跋姓氏来源的解释自然属牵强附会，只是表达了他的改革意向。

这次改姓的范围是：

宗姓十族。包括皇室拓跋氏及其宗族，为“献帝”邻率领部落南迁时，“七分国人，使诸兄弟各摄领之”，以及后来所增“叔父之胤”乙旃氏与“疏属”车焜氏两姓所组成。改

---

① 《魏书》卷七《高祖纪下》。

② 《资治通鉴》卷一四一齐建武三年。

姓的结果是：拓跋氏——元氏；纥骨氏——胡氏；普氏——周氏；拔拔氏[1] ——长孙氏；达奚氏——奚氏；伊娄氏——伊氏；丘敦氏——丘氏；俟亥氏——亥氏；乙旃氏——叔孙氏；车焜氏——车氏。

勋臣八姓。为北魏初年的勋臣之后。改姓结果是：丘穆陵氏——穆氏；步六孤氏——陆氏；贺赖氏——贺氏；独孤氏——刘氏；贺楼氏——楼氏；勿忸于氏——于氏；纥奚氏——嵇氏；尉迟氏——尉氏。

内入诸姓。为“神元皇帝（力微）时余部诸姓内入者”，即北魏建国以前前来归附或被征服的各部落。改姓的结果有连氏、仆氏、苟氏、梁氏、略氏、寇氏、罗氏、茹氏等68姓。

四方诸姓。“凡此四方诸部，当时朝贡。登国初，太祖散诸部落，始同为编民”，即北魏建国以后所征服的各部落、部族。其中原有的和更改的姓氏有宇文氏、慕容氏、茂氏、云氏、窦氏、陈氏、狄氏、稽氏、柯氏等32姓[2]。

这样，通过皇帝颁发诏令的形式，原来的拓跋等118个复姓绝大多数都改成了音近的单音汉姓，较易为汉人接受。这些少数民族姓氏与汉族姓氏的界限不复存在，人们只能从史籍中追溯这118个姓氏的来源。从而探寻其曾经代表的民族或部落关系了。

在改姓氏的前后，孝文帝公然决定利用皇帝的力量和权威左右士族，扬抑大姓，调整门第等级关系。其重心是大力

---

① 《魏书》卷一一三《官氏志》作“拓跋氏”，与上重复。近人姚薇元《北朝胡姓考》（科学出版社1958年版）的《宗族十姓》，考其当为“拔拔氏”。

② 《魏书》卷一一三《官氏志》。

尊崇拓跋贵族，使他们名列清流，能够在品级门第上获得与汉族大姓同等的地位，得到社会的尊崇，从而建立起一个全新的贵族社会结构。

太和十九年（495年），孝文帝开始主持定姓族（确定品级门第），“亲议条制”。经过半年的准备、筹划，十二月，他在光极殿召见百僚，发表了一篇洋洋洒洒的讲话，其中说：

> 我国家昔在恒代，随时制作，非通世之长典；或言唯能是寄，不必拘门。朕以为不尔。何者？当今之世，仰祖质朴，清浊同流，混齐一等，君子小人，名品无别，此殊为不可。我今八族以上，士人品第有九；九品之外，小人之官，复有七等。若苟有其人，可起家为三公。正恐贤才难得，不可止为一人，浑我典制。故令班镜九流，清一朝轨。①

很显然，孝文帝认为鲜卑族过去那种“随时制作”、“唯能是寄”、凭借军功与才干取得爵位和官职，以至清浊不分、尊卑混同、贵贱无别的做法，已经不适应拓跋部建立北魏100多年、与汉族门阀逐渐融合的趋势。庶族中也许有人“披褐怀玉而钓于渭滨”，有治国统军之才，但毕竟“贤才难得”，如果因为个别人而妨碍整个门第典制，“此殊为不可”。孝文帝要做的，就是“班镜九流，清一朝轨”，严格清理、重新确认上下尊卑等级品位，以此作为“为国大纲，治民之柄”亦即政治统治的关键。他的初步方案，就是把“八族”等拓跋贵

---

① 《魏书》卷五九《刘昶传》。

族，列入“九等”士人品级；此外另有“七等”“小人之官”。这就意味着，孝文帝不但锐意继承崔浩等人的遗志，要做北魏前期中原汉族地主阶级未曾做到的确认世家品级的事情；而且有志于完成拓跋贵族过去并未想到的建立拓跋门第品级的任务，并在汉族地主与拓跋贵族合流的基础上，实现整个统治阶层的门阀化。孝文帝的这篇讲话，实际上是北魏定姓族的纲领。

关于品级门第与庶族人才的关系问题，还有一段记载值得注意：

> （高祖曰：）自近代以来，高卑出身，恒有常分。朕意一以为可，复以为不可，宜相与量之。李冲对曰：“未审上古已来，置官列位，为欲为膏粱儿地？为欲益治赞时？”高祖曰：“俱欲为治。”冲曰：“若欲为治，陛下今日何为专崇门品，不有拔才之诏？”高祖曰：“苟有殊人之伎，不患不知。然君子之门，假使无当世之用者，要自德行纯笃，朕是以用之。”冲曰：“傅岩、吕望岂可以门见举？”高祖曰：“如此济世者希，旷代有一两人耳。”……显宗进曰：“陛下光宅洛邑，百礼唯新，国之兴否，指此一选。臣既学识浮浅，不能援引古今，以证此义；且以国事论之。不审中、秘书监令之子，必为秘书郎，顷来为监、令者，子皆可为不？”高祖曰：“卿何不论当世膏腴为监、令者？”显宗曰：“陛下以物不可类，不应以贵承贵，以贱袭贱。”高祖曰：“若有高明卓尔、

才具隽出者，朕亦不拘此例。”[1]

韩显宗的话，是指秘书令李彪。按照“高卑出身，恒有常分”的原则，秘书令之子必为秘书郎。但像李彪这样出身卑微的人当了秘书令，其子是否也应承袭父位呢？韩显宗实际上批评了孝文帝以门第选拔官员的政策。孝文帝却反问道：那你为什么不谈谈那些出身高门的秘书令呢？孝文帝坚持认为，应该根据血统确定社会地位，“以贵承贵，以贱袭贱”。凡出身“君子之门”，即为天生贵种，名列清流，只要“德行纯笃”，即使无才无能，也该位居高官。这就是孝文帝“专崇门品，不有拔才之诏”的原因。当然，这并不妨碍在特殊情况下，可以进用庶族地主中的“高明卓尔”、出类拔萃之辈[2]。孝文帝的这个思想，站在贵族一边，指导着他划定世家大族的实践。

汉人阀阅称作郡姓。孝文帝清理了汉族世家的现状，规定以近代以来的官爵为主要标准确定郡姓：“凡三世有三公者为‘膏粱’，有令、仆者曰‘华腴’，尚书、领、护而上者为‘甲姓’，九卿若方伯者为‘乙姓’，散骑常侍、大中大夫者为‘丙姓’，吏部正员郎为‘丁姓’。”[3] 根据这个标准，孝文帝确认北方汉族有范阳卢氏、清河崔氏、荥阳郑氏、太原王氏为四姓，又以赵郡李氏“人物尤多，各盛家风”，与四姓并称五

① 《魏书》卷六〇《韩麒麟传附韩显宗传》。

② 参阅本章第五节。从这里的上下文看，孝文帝是认为庶族官僚之子不应承袭父位的。

③ ［宋］欧阳修等：《新唐书》卷一九九《柳冲传》。

姓，“世之言高华者，以五姓为首”[1]。孝文帝就此确认了北方汉族中地位最高，影响最大的世家大姓。当然他没有说出，四姓或五姓的钦定，是以这些世家大族与北魏统治者的积极合作为条件的。

与此同时，北魏还分别评定、确认了其他各个等级的汉族门阀[2]。

接着，孝文帝着重解决拓跋贵族的门第问题。当年诏曰：“代人诸胄，先无姓族，虽功贤之胤，混然未分。故官达者位极公卿，其功衰（缞）之亲，仍居猥任。比欲制定姓族，事多未就，且宜甄擢，随时渐铨。其穆、陆、贺、刘、楼、于、嵇、尉八姓[3]，皆太祖已降，勋著当世，位尽王公，灼然可知者，且下司州、吏部，勿充猥官，一同四姓。”

上述八姓，是进入中原前后功勋最著者，为拓跋部精英所在。孝文帝规定他们的门第崇高，相当于汉族四姓，“勿充猥官”，即不得担任吏部正员郎以下的职务。

除八姓以外，“应班士流者，寻续别敕”。孝文帝诏令拓跋部的其他贵族官僚也可依家世与职位的不同，享有一定的门第品级（姓族）：

---

① 《资治通鉴》卷一四〇齐建武二年。

② 《魏书》卷六三《宋弁传》云：“未几，以弁兼黄门……时大选内外群官，并定四海士族，弁专参铨量之任，事多称旨。然好言人之阴短，高门大族意所不便者，弁因毁亡；至于旧族沦滞，人非可忌者，又申达之。弁又为本州大中正，姓族多所降抑，颇为时人所怨。”

③ 孝文帝立此八姓，是受到部落联盟制度的影响，八姓实为模仿八部八公体制而树立起来的一种新的八部姓族。参见《乌桓与鲜卑》第四章第四节。

原出朔土，旧为部落大人，而自皇始（396—398年）已来，有三世官在给事已上，及州刺史、镇大将，及品登王公者为姓。若本非大人，而皇始已来，职官三世尚书已上，及品登王公而中间不降官绪，亦为姓。

诸部落大人之后，而皇始已来官不及前列，而有三世为中散、监已上，外为太守、子都，品登子男者为族。若本非大人，而皇始已来，三世有令已上，外为副将、子都、太守，品登侯已上者，亦为族。凡此姓族之支亲，与其身有缌麻服已内，微有一二世官者，虽不全充美例，亦入姓族；五世已外，则各自计之，不蒙宗人之荫也。虽缌麻而三世官不至姓班，有族官则入族官，无族官则不入姓族之例也。

孝文帝以祖上是否部落大人和历代所任官职、所封爵位以及亲疏关系为主要依据确定姓族，而且姓族分档，姓的地位高于族。这种庞大详细的姓族门第制度，有如一张巨大的罗网，将拓跋鲜卑所有大大小小的贵族官僚都包括无遗，列入了门第品级的系统之中。

值得注意的是，孝文帝改姓氏的诏令发布于太和二十年（496年）正月，而定族姓的诏令却发布于太和十九年（495年）十二月。其实，这两项改革举措完全是同时规划、同步进行的，只不过颁诏令的时间略有先后。这样，就可以解释为什么定族姓的诏令里已经采纳了改革后的姓氏。

拓跋部定姓族的实施办法，由孝文帝亲自拟定。其程序是，先由各贵族官僚自报门户，叙述其祖上家世所任官职与所封爵位，申请相应姓族。然后由官府逐个验问，稽查旧籍，核实审定，交皇帝决断。孝文帝特别强调在此过程中禁止弄虚，诈欺舞弊，规定“有实则奏，不得轻信其言，虚长侥伪。不实者，诉人皆加‘传旨问而诈不以实’之坐，选官依‘职事答问不以实’之条。”同时又指派司空公穆亮、领军将军元俨、中将军广阳王元嘉①、尚书陆琇等要员共同负责，“详定北人姓，务令平均。随时了者，三月一列簿帐，送门下以闻。于是升降区别矣。”②

孝文帝定姓族的特点，是利用皇帝的权威，通过国家行政的力量确认和评定门第品级，而不像过去中原王朝那样在一定条件下自发地形成了若干大姓。凭借政治力量的结果，重建了中原的门阀统治，更加速了拓跋人定姓族的完成。这是拓跋部在文治和汉化道路上的一个重大事件。从此，拓跋部的勋臣八姓与汉族的四姓（或五姓）同被法律确认为第一等的高门大姓。他们的品级相同、地位相同，享有同样的特权，都不再做“猥屑”的官职。其他贵族官僚，也都各自找到其门第品级所在。这种政策有助于消除北魏统治阶层内部不同民族成员间因社会地位不同引起的隔阂，增强他们在品级门第关系基础上的联盟，实际上是实现了地主阶级内部权力和财产的再分配；同时，也被认为有助于鲜卑文化融合于汉族

① 元嘉，太武帝孙，有武略，拜徐州刺史等，封广阳王，后为尚书左仆射、司徒。

② 《魏书》卷一一三《官氏志》。北魏确定拓跋部的姓族，时间比较长，引起了不少纠纷，甚至到宣武帝时，“代人犹以姓族辞讼”，于是又派尚书于忠、元匡、侍中穆绍、尚书元长等继续核定、裁决。

文化中，从而实现整个社会的稳定和文化的兴盛。所谓“分氏定族，料甲乙之科；班官命爵，清九流之贯。礼俗之叙，粲然复兴；河洛之间，重隆周道”①，正是反映了这种景象。

第四节　“门尽州郡之高，才极乡闾之选”

选拔官员根据什么标准，通过什么途径，是涉及到封建统治阶层的基本素质和国家机构统治效能的问题。从先秦、秦汉到魏晋以来，历代统治者和思想家对此都极为重视。孝文帝继承了前代选官的政治传统和思想传统。在太和十六年(492 年）七月的诏书中要求慎重铨选官员：“王者设官分职，垂拱责成，振网举纲，众目斯理。朕德谢知人，岂能一见鉴识，徒乖为君委授之义。自今选举，每以季月，本曹与吏部铨简。”

孝文帝遴选官员的原则是“门尽州郡之高，才极乡闾之选”②。从主要的方面来说，要在定姓族的基础上，贯彻“以贵承贵”的精神，依据其品级门第；但在另一方面，也不完全排斥庶族中某些具有治国统军实际才能的“高明卓尔”之辈。这就是说，孝文帝首先强调维护拓跋部和汉族士族的利益，继承和发扬东汉以后的用人传统，同时又不反对在一定范围内给庶族地主中的人才提供某些上升的机会。

---

① 《魏书》卷二四《崔道固传附崔僧渊传》。

② 《魏书》卷七《高祖纪下》。

如前所述，孝文帝从礼制等级思想出发，反对“清浊同流，混齐一等；君子小人，名品无别”，主张“门尽州郡之高”，严格甄别门第，依据门第出身选官。在实践中，孝文帝借鉴和沿袭了两汉、魏晋的实际上由士族把持的察举、征辟、九品中正等选举途径。他将职官分为流内、勋品、流外三种。流内九品被称为“清官”，通常只有士族才能担任；庶族寒人一般只能担任流外的“卑浊”之职。孝文帝称：“我今八族以上，士人品第有九；九品之外，小人之官，复有七等。”所谓的九品即为流内官，而流外“七等”则大抵是各种低级佐吏。《通典》卷十六《选举四》载，孝明帝时，清河王元怿上表曰：“孝文帝制出身之人，本以门品高下有恒，若准资荫，自公卿令仆之子，甲乙丙丁之族，上则散骑秘书，下逮御史长兼，皆条例昭然。”确实，孝文帝曾经专门制定《方司格》等单行法规，专门记叙和列举姓族门第作为选拔官员的根据，堪与南朝大族的牒谱媲美。《新唐书》卷一九九《柳冲传》说，北魏太和时，“诏诸郡中正，各列本土姓族次第为选举格，名曰《方司格》”；唐代刘知几在《史通》卷三《书志》中亦云“江左有两王《百家谱》，中原有《方司殿格》，盖氏族之事，尽在是矣”。

正由于“中正所铨，但存门第，吏部彝伦，仍不才举”，士族不问才能、只凭门第便可猎取功名，往往导致名实相悖，“英德罕升，司务多滞”①，结果只能与统治者的本来愿望相反，官吏素质日益低下，官僚机构涣散腐败。前朝就有“举秀才，不知书；举孝廉，父别居”的说法，北魏选举制度似

---

① 《魏书》卷八《世宗纪》。

乎又走上了过去的老路。对于个中的弊端，韩显宗曾给予尖锐的批评："今之州郡贡察，徒有秀、孝之名，而无秀、孝之实。而朝廷但检其门望，不复弹坐。如此，则可令别贡门望，以叙士人，何假冒秀、孝之名也。"① 朝廷只注重门望，那么就专门征辟察举门望好了，又何必称呼徒有虚名的"秀孝"呢？

孝文帝醉心于中原王朝的选举传统，并不理会此类批评。他十分看重血统、"华资"，往往给大族以特殊照顾。穆弼"耻沉泥滓"，不愿担任国子助教，孝文帝马上给他一个较有实权的职位："高祖初定氏族，欲以弼为国子助教"，穆弼加以推辞，"帝曰：'朕欲敦厉胄子，故屈卿光之，白玉投泥，岂能相污？'弼曰：'既遇明时，耻沉泥滓。'会司州牧、咸阳王禧入，高祖谓禧曰：'朕与卿作州都，举一主簿。'即命弼谒之。"②

孝文帝对于大族往往不顾其实际才能如何，而尽可能委以重任。出身于范阳高门的卢昶，并无殊才，却被委派出使萧齐。临行前，孝文帝要他不必有所顾忌，"无相疑难"。但他毕竟担心卢昶文思迟钝，在外交场合出丑，便一再叮嘱副使王清石："卢昶正是宽柔君子，无多文才，或主客命卿作诗，可率卿所知，莫以昶不作，便复罢也。凡使人之体，以和为贵，勿递相矜夸，见于色貌，失将命之体。卿等各率所知，以相规诲"③，真可谓语重心长，无以复加了。

---

① 《魏书》卷六〇《韩麒麟传附韩显宗传》。

② 《魏书》卷二七《穆崇传附穆弼传》。穆弼，代人，勋臣穆崇后，"涉猎经史"，"矜己陵物"，为孝文帝所知。后为尚书郎、华州刺史等。

③ 《魏书》卷四七《卢玄传附卢昶传》。卢昶（？—516年），字叔达，范阳涿郡大族，"字涉经史"，曾出使萧齐，后为中书侍郎、给事黄门侍郎等。

一般地说，孝文帝对大族出身的官员极为信任，未尝动摇。

沛郡（今江苏沛县）太守邵安、下邳（今江苏宿迁）太守张攀因贪赃被大族、徐州刺史薛虎子纠劾，乃遣子弟到京师上书，诬陷虎子通敌。孝文帝断然回答道："此其妄矣，朕度虎子必不然也。"经有司审理，果然薛虎子通敌事系子虚乌有。孝文帝为此下诏说："夫君臣体会，则功业可兴；上下猜惧，则治道替矣"；邵安、张攀之辈因妄告主官通敌，结果一被赐死，一被鞭一百，配徙敦煌，以"塞彼轻狡之源，开此陈力之效"[①]。

士族出身的郦范担任青州刺史时，有镇将元伊利告范与"外贼"交通勾结，孝文帝不信。经审理，果属诬陷。孝文帝对郦范极加慰勉，表示了高度信任："镇将伊利妄生奸挠，表卿造船市玉与外贼交通，规陷卿罪，窥觎州任。有司推验，虚实自显，有罪者今伏其辜矣。卿其明为算略，勿复怀疑"[②]。

当然，士族能够进入统治阶层的核心集团并建功立业，有时也并非全凭门第及"德行纯笃"，才干仍然起着相当的作用。孝文帝认为："成功立事，非委贤莫可；改制规模，非任能莫济。"如李冲因具治国之"器能"，筹划三长制与租调改革于帷幄之中而受礼遇，为其他士族所不及。《魏书》卷五三《李

① 《魏书》卷四四《薛野賭传附薛虎子传》。薛虎子（441—491年），代人，勋臣薛野賭子。"明断有父风"，为枋头（今河南浚县）镇将、徐州刺史等，袭爵顺阳子。

② 《魏书》卷四二《郦范传》。郦范，字世则，范阳涿鹿（今河北涿鹿）大族。曾协助征南大将军慕容白曜平定三齐，为尚书右丞、青州刺史，进爵永宁侯。其子郦道元为《水经注》作者。

冲传》：冲卒，孝文帝在悬瓠军中举哀，发声悲泣，不能自胜。诏曰："太和之始，朕在弱龄，早委（冲）机密，实康时务。鸿渐瀍洛，朝选开清，升冠端右，惟允出纳"，充分肯定了李冲的才能与功绩，并称其"国之贤"、"朝之望"，下令葬冲于复舟山杜预墓附近。后来车驾从邺城返还洛阳，途经冲墓，左右以告。疾病缠身的孝文帝仍挣扎起身远望冲墓，掩泣良久，说李冲"德为时宗，勋简朕心，不幸徂逝，托坟邙岭。旋銮复舟，躬睇茔城，悲仁恻旧，有恸朕衷。可遣太牢之祭，以申吾怀"，充满着感伤怀旧之情。

应该指出，孝文帝虽然推崇"以贵承贵"的传统，他本人却未必称得上一个纯粹的门第论者。在提出"门尽州郡之高"的同时，他还主张"才极乡闾之选"。这里的"才"，是不是指士族中的人才呢？答案是否定的。因为孝文帝说过，士族"假使无当世之用，要自德行纯笃，朕是以用之"（当然核心集团的士族除外）。他所用的士族，有不少是"宽柔君子，无多文才"或者"虽外无殊效，亦未有负时之愆"。所以"才极乡闾之选"是指最严格地选拔庶族人才。孝文帝认为，在士族占压倒优势的前提下，选拔某些庶族人才作为补充，是扩大统治基础，提高统治效率，加强北魏政权的必要办法。说孝文帝完全"不有拔才之诏"，实在是冤乎枉哉。如太和十五年（491年）七月，"诏诸州举秀才，先尽才学"；太和十九年（495年）十月，"诏州郡诸有士庶经行修敏、文思遒逸，才长吏治、堪干政事者，以时发遣"[1]。庶族中少数确有卓越才干与非凡勋业者，甚至能擢为"勋品"乃至"流内"。

---

① 《魏书》卷七《高祖纪下》。

这方面的突出例子就是对出身寒门的李彪的破格提拔。对此，孝文帝有一段精彩的论述集中表明了他的观点："历观古事，求能非一。或承藉微荫，著德当时；或见拔幽陋，流名后叶。故毛遂起贱，奋抗楚之辩，苟有才能，何必拘族也？彪虽宿非清第，本阙华资，然识性严聪，学博坟籍，刚辩之才，颇堪时用，兼忧吏若家，载宣朝美，若不赏庸叙绩，将何以劝奖勤能？可特迁秘书令，以酬厥款。"①

"苟有才能，何必拘族也"？似乎与孝文帝的一贯思想相矛盾。其实选拔某些庶族人才，同样出于现实需要。大族虽然门第显赫，富赡"华资"，毕竟养尊处优，多有德才俱缺、不堪繁剧者。所以"求能非一"，应该有出身贫寒的庶族人才来弥补，以"劝奖勤能"。这就是在"门尽州郡之高"的前提下，兼以"才极乡闾之选"的统一之处，也预示着北朝寒人地位的开始上升。

第五节　"存劝两修，恩法并举"

选拔官吏以后所直接面临的问题，就是吏治。在这方面，孝文帝也继承了汉族王朝强调使用"刑"、"赏"二柄的思想，提出了"存劝两修，恩法并举"的原则，改革对官吏的管理制度，加强对官吏的考核监督。

孝文帝针对北魏前期官吏素质低下、官场风气不正的情况，要求对官吏进行严格的考核，并且依据考核成绩给予奖

① 《魏书》卷六二《李彪传》。

惩黜陟[①]。太和二年（478 年）十一月，孝文帝发布诏令，指出："悬爵于朝，而有功者必縻其赏；悬刑于市，而有罪者必罹其辜。斯乃古今之成典，治道之实要"；接着，他斥责"诸州刺史，牧民之官，自顷以来，遂各怠慢，纵奸纳贿，背公缘私，致令贼盗并兴，侵劫兹甚，奸宄之声屡闻朕听"；然后又表明了加强吏治的决心："朕承太平之运，属千载之期，思光洪绪，惟新庶绩；亦望蕃翰群司敷德宣惠，以助冲人，共成斯美。幸克己复礼，思愆改过，使寡昧无愧于祖宗，百姓见德于当世。有司明为条禁，称朕意焉。"这种强化吏治的意图，后来逐渐发展成比较具体的吏治思想和实践。

例如，孝文帝曾经亲自主持制定了一些具体的对官员根据考核结果加以奖惩、黜陟与弹劾、裁汰的办法。太和十五年（491 年）十一月，孝文帝诏二千石考在上上者，假四品将军，赐乘黄马一匹；上中者，五品将军；上下者，赐衣一袭。太和十九年（495 年）十月，诏诸州牧精品属官，考其得失，为三等之科以闻，将亲览而予以升降。太和二十年（496 年）七月，诏"邪佞毁朝，固唯治蠹，贪夫窃位，大政以亏。主

① 孝文帝即位不久，北魏朝廷就以他的名义颁布过这一类的诏令。如延兴二年（472 年）诏曰："书云：'三载一考，三考黜陟幽明。'顷者已来，官以劳升，未久而代，牧守无恤民之心，竞为聚敛，送故迎新，相属于路，非所以固民志，隆治道也。自今牧守温仁清俭、克己奉公者，可久于其任。岁积有成，迁位一级。其有贪残非道、侵削黎庶者，虽在官甫尔，必加黜罚。著之于令，永为彝准。"延兴三年（473 年）诏："县令能静一县劫盗者，兼治二县，即食其禄；能静二县者，兼治三县，三年迁为郡守。二千石能静二郡，上至三郡，亦如之，三年迁为刺史。"延兴五年（475 年），诏定考课，明黜陟，等等（《魏书》卷七《高祖纪上》）。

者弹劾不肖，明黜盗禄”。这些措施，旨在表彰政绩显著、严惩贪赃枉法者，以保持吏治的严明。

孝文帝特别强调黜陟应该及时。以前北魏制度官吏三年考绩一次，三次考绩的成绩决定黜陟，一个官吏要经过九年才能有所升降。孝文帝认为时间太长了。他在太和十八年(494 年)九月的诏令中指出：“若待三岁然后黜陟，可黜者不足为迟，可进者大成赊缓。”因此，他决定把黜陟改成与考绩同步进行：“是以朕今三载一考，考即黜陟，欲令愚滞无妨于贤者，才能不壅于下位。”① 其方法是，由各部门考评本部官员优劣，分为三等。六品以下官员由本部尚书核实决断，五品以上官员由皇帝亲自与公卿讨论决定。凡考核成绩为上者擢升，下者贬黜，中者仍守原职。

孝文帝尤其强调考核的慎重。按北魏制度，每三年举行一次天下州镇地方官的考核，但未有京官考绩的规定。当时广陵王拓跋羽镇抚代京，得到孝文帝的赞赏。然而当太和十八年(494 年)春，拓跋羽奏请立即“推准外考，以定京官治行”，将天下地方官的考核方法搬到代京来时，孝文帝回答说，京官考绩，经籍上早有所载，“《明堂》、《月令》载公卿大夫论考属官之治，职区分著。三公尚书三载殿最之义，此之考内，已为明矣”；特别重要的是，京官考绩事关重大，应该谨慎，不可简单照搬各州镇的办法：“论考之事，理在不轻；问绩之方，应关朕听，辄尔轻发，殊为躁也。每考之义，应在年终。既云此年，何得春初也！今始维夏，且待至秋后”，表

① 《魏书》卷七《高祖纪下》。

明了他的慎重态度[1]。

对于官员的奖惩，孝文帝从维护统治机构的正常运转出发，比较注意方式。

其一是适当宽恕，笼之以恩。当时朝廷曾向各州郡佐吏等调查刺史、太守等主官治状，他们往往对不以实，为之百般辩护，依法应按欺罔罪严刑惩治。孝文帝认为，佐吏替主官隐瞒、辩护，事出有因，情可恕罪。太和七年（483年）正月，孝文帝诏曰："朕每思知百姓之所疾苦，以增修宽政"，"故具问守宰苛虐之状于州郡使者、秀孝、计掾，而对多不实"，"宜案以大辟，明罔上必诛。然情犹未忍，可恕罪听归。申下天下，使知后犯无恕"[2]。

平南将军、荆州刺史薛真度在南征中率兵攻打赭阳（今河南叶县），被萧齐守将击败。有人奏请免除其官爵以示惩戒。孝文帝指出，薛真度乃有功之臣，不能因为打了几次败仗，就把他的职位全部给撤了："真度之罪，诚如所奏"，但是"言念厥绩，每用嘉美，赭阳百败，何足计也。宜异群将，更申后效。"最后作出决定："可还其元勋之爵，复除荆州刺史，自余徽号削夺，进足彰忠，退可明失。"[3]

其二是"存劝两修，恩法并举"，褒其功绩，惩其过失，赏罚分明。相州刺史高闾是一个重臣，孝文帝在邺城时，常去高闾府第，并曾下诏表彰其功："闾昔在中禁，有定礼正乐

① 《魏书》卷二一上《献文六王列传·广陵王羽传》。

② 《魏书》卷七《高祖纪上》。

③ 《魏书》卷六一《薛安都传附薛真度传》。薛真度，河东汾阴（今山西万荣）人，天安元年（466年）随从兄安都从刘宋投奔北魏，赐爵河北侯，为平州刺史、荆州刺史等。

之勋；作藩于州，有廉清公干之美。自大军停轸，庶事咸丰，可谓国之老成，善始令终者也”，特赐帛五百匹，粟一千斛，马一匹，衣一袭，以示勉励。可是孝文帝并不因此亏法。当高闾提出要求担任其家乡幽州刺史时，孝文帝虽然勉强同意，对其“知进忘退”却给予批评，并降其封号。其诏曰：“闾以悬车之年，方求衣锦，知进忘退，有尘谦德，可降号平北将军。朝之老成，宜遂情愿，徙授幽州刺史。今存劝两修，恩法并举。”①

广陵侯元衍任梁州刺史期间，奏请假王位，“以崇威重”。孝文帝斥责道：“可谓无厌求也，所请不合。”尽管如此。当元衍转调徐州刺史生了重病时，孝文帝立即敕令徐謇前往医治。謇治愈其病返回，孝文帝高兴地称赞“卿定名医”，赏绢三千匹，又说：“《诗》云：‘人之云亡，邦国殄瘁’。以是而言，岂惟三千匹乎？”他并没有因元衍的过错而忘记其功绩②。

太和二十一年（497年），车驾南征。韩显宗为右军府长史、征虏将军，“亲率拒战”，身先士卒，大破萧齐军队，斩齐将高法援。平定新野（在今河南）后，以显宗为镇南将军广阳王元嘉咨议参军。显宗自以为屈，上表自陈其功，颇为矜傲。孝文帝十分生气，说：“显宗斐然成章，甚可怪责。进

---

① 《魏书》五四《高闾传》。

② 《魏书》卷十九《景穆十二王列传上·阳平王新成传附元衍传》。元衍，字安乐，景穆帝孙，阳平王新成子，赐爵广陵侯，任梁州刺史、徐州刺史等。徐謇，字成伯，丹阳（今江苏南京）人，世为医家，至青州为北魏“新民”。謇历官中散、内侍长等，“合和药剂，攻救之验”精于旁人，甚受文明太后、孝文帝宠遇。

退无检，亏我清风。此而不纠，成长敝俗。可付尚书，推列以闻。”然而，当尚书张彝奏请免显宗官职，孝文帝却又不同意。他指出：“显宗虽浮矫致愆，才犹可用，岂得永弃之也！”他认为对韩显宗这样有才干又有功绩的人，是不宜一概否定的。结果，根据赏罚分明的原则，处以剥夺俸禄，暂守原职，以观后效[①]。

总的来说，孝文帝以汉族传统吏治思想为依据，对官吏的考核、奖惩、黜陟，比较重视和公允，在一定程度上起到了治蠹惩贪、“肃明纲纪”、“聿革旧轨”[②] 的作用，被惩治者往往心悦诚服。有时孝文帝的措施稍偏于宽，这在当时，受到历史条件的制约。孝文帝认为在迁都、改革、南征等一系列重大事件中，需要争取更多的人尤其是拓跋贵族和中原大族支持他的事业，因此对违法贵族、官员的惩治以慎重为好，不宜过多采用激烈手段。

---

① 《魏书》卷四八《韩麒麟传附韩显宗传》。
② 《魏书》卷七六《良吏传序》。

第八章　变语言与文化改革思想

孝文帝认为，只进行经济、政治等方面的改革还不足以从根本上改变拓跋部的面貌。在迁都后，除了改姓氏（前已述及）外，他又进行了婚姻、语言、服饰和祭礼在内的文化领域的改革，"如此渐习，风化可新。若仍旧俗，恐数世之后，伊洛之下复成披发之人。"他所采取的措施，革服饰、变祭礼等侧重于使拓跋部从形式上类似于汉族；改语言、联婚姻，则旨在将拓跋鲜卑的内在特性融合于汉族。这种文化改革，标志着太和年间汉化运动的高潮。而孝文帝的改革思想，也从中呈现出色彩斑斓的特征。

第一节　变语言

拥有独立的语言是一个民族保持其传统习俗和心理状态的必要条件。源远流长的汉语，到两汉魏晋南北朝，伴随着大量文学作品和音韵训诂著作的出现，已经发展成一门在南北方普遍使用、具有丰富的词汇和精密的语法结构以及高度表达力的语言。而拓跋部原来也有自己的语言即鲜卑语。《隋书》卷三二《经籍志一》载："后魏初定中原，军容号令，皆以夷语。"北魏建国后，作为统治者的拓跋部，一方面坚持使用鲜卑语，另一方面在汉文化的影响下，开始学习和推广汉语。与此同时，一些仕于北魏的汉族官员，也有研习鲜卑语言和文化的情况。这是一个交互影响和作用的过程。到太和年间的改革运动中，是继续把鲜卑语还是另把汉语作为官方语言，已经成为一个是倡导汉族鲜卑化还是拓跋部汉化的问题。

孝文帝向往汉族王朝式的礼教社会，但是他认为，一个民族首先必须"正名"而后才谈得上"行礼"。语言不正，焉得"正名"，又如何推行礼教？而汉语，恰恰是前代中原王朝推行礼教的载体和工具。因此，在迁都洛阳后，为了更好地学习、掌握汉族经籍典册，实施礼乐教化，改革拓跋旧俗，消除民族隔阂，孝文帝决心禁用鲜卑语，在拓跋部中推行汉语。

太和十九年（495年）六月，孝文帝下令凡统治阶层中的拓跋人和供职于朝廷的汉人，一律使用汉语，"不得以北俗之语言于朝廷，若有违者，免所居官"①。

孝文帝在实行语言变革，利用行政力量强制推行汉语的同时，又考虑到年龄因素对于学习一门新的语言的限制，作了一些变通的规定。《魏书》卷二一《献文六王列传·咸阳王禧传》有一段记载：

① 《魏书》卷七《高祖纪下》。

高祖曰:“自上古以来及诸经籍,焉有不先正名,而得行礼乎?今欲断诸北语,一从正音。年三十以上,习性已久,容或不可卒革;三十以下,见在朝廷之人,语音不听仍旧。若有故为,当降爵黜官,各宜深戒。如此渐习,风化可新。若仍旧俗,恐数世之后,伊洛之下复成被发之人。王公卿士,咸以然不?”(拓跋)禧对曰:“实如圣旨,宜应改易。”高祖曰:“朕尝与李冲论此。冲言‘四方之语,竟知谁是?帝者言之,即为正矣,何必改旧从新。’冲之此言,应合死罪。”乃谓冲曰:“卿实负社稷,合令御史牵下。”冲免冠陈谢。

孝文帝公然把鲜卑语称作“北语”,把汉语视作华夏“正音”,很清楚地显示出他以华夏正统自居的思想和对两种文化的不同态度。他改用语言的目的,在于除旧布新,转变风气,使拓跋部防止“伊洛之下复成被发之人”。这正说明他认识到了使用哪一种语言对一个民族的兴衰存亡的重要意义。他特别批驳了李冲“帝者言之,即为正矣”的观点,他在强调30岁以下的朝廷官员禁用鲜卑语、必须学习和使用汉语、否则“降爵黜官”的同时,又适当照顾了30岁以上官员的习惯,允许他们有一个慢慢适应和转变的过程。这种富于策略性的规定,有利于减少推行汉语时所遇到的阻力。

对于学习和使用汉语,孝文帝自己作出了表率。他“雅好读书,手不释卷”,刻苦研习,口诵手书,“览之便讲”,“好为文章”,达到了驾轻就熟的地步。他是北魏王朝中汉语和汉族文化水平最高的一位皇帝。他还常常督促拓跋王族公卿学习。如对北海王元详说："比游神何业也？丘坟六籍，何事非娱，善正风猷，肃是禁旅。"[①] 在他的影响下，比较年轻一代的拓跋人学习汉语、阅读汉籍、钻研和掌握汉族文化蔚然成风，所保留的拓跋陋俗则日益减少，"风化"果然为之一新。

与此同时，拓跋人也把原来的一部分鲜卑语融进汉语中，丰富了汉语词汇的表现力。颜之推《颜氏家训》卷七《音辞》比较了南北方言后，认为"南染吴越，北杂夷虏"，鲜卑语对汉语有一定的影响。当时有不少鲜卑语的民歌被翻译成汉语，如宋代郭茂倩编的《乐府诗集》中的许多北朝汉族民歌，都是在孝文帝"断诸北语，一从正音"以后翻译的歌辞。到北朝末年，在鲜卑陆氏中更出现了著名声韵学家陆法言及其名著《切韵》，对汉语的发展作出了重要的贡献。

第二节　革服饰

拓跋部起自塞外，因气候寒冷，又为便于骑射，衣冠式样为编发左衽，小袖襦袴，所以汉人称其索头、索虏。以前孔子曾经说："微管仲，吾其被发左衽矣！"[②] 道出了中原华夏族与北方少数民族在衣冠服饰上的区别，更指明了两种衣冠服饰所各自代表的文化层次的距离。北魏建国后，拓跋统治者曾经试图按汉族礼仪和品级，模仿制定衣冠服饰，但未能

---

① 《魏书》卷二一《献文六王列传上·北海王详传。》
② 《论语·宪问》。

取得多少进展。道武帝天兴六年（403年），“诏有司制冠服，随品秩各有差，时事未暇，多失古礼。世祖（太武帝）经营四方，未能留意，仍世以武力为事，取于便习而已”①。

和汉族服饰相比，北方少数民族的服饰确实“便习”，特别有利于御寒与征战，所以战国时就有赵武灵王胡服骑射的佳话。然而在北方统一后，北魏统治者提倡文治、推行礼乐教化的背景下，再坚持“被发左衽”，就未免显得滑稽可笑了。李彪曾经就服饰与礼制的关系议论说：“第宅本服，自百官以至于庶人，宜为其等制，使贵不逼贱、卑不僭高。不可以移其侈意，用违经典。”② 作为儒家文化象征的汉族服饰，能够起到分贵贱、别尊卑，从而确立等级名分的礼教作用，即所谓“见其服而知贵贱，望其章而知其势”③。

孝文帝十分重视鲜卑服制的改革。在迁都前，孝文帝就曾命李冲、冯诞、游明根和高闾等于禁中讨论改革方案，大抵模仿南朝，并让巧思多艺的蒋少游反复研究、斟酌了六年之久。孝文帝还曾经就服饰亲自垂询于来自南朝的刘昶。此外其他一些人也出了力。如“（张）宗之纳南来殷孝祖妻萧氏，刘义隆仪同三司思话弟思度女也，多悉妇人仪饰故事。太和中，初制六宫服章，萧被命在内预见访采”④。由于服制未定，把鲜卑袴褶作为朝贺大会的礼服又违背礼制，有渎庄严

---

① 《魏书》卷一〇八《礼志四》。

② 《魏书》卷六二《李彪传》。

③ ［西汉］贾谊：《新书·服疑》。

④ 《魏书》卷九四《张宗之传》。张宗之（428—496年），字益宗，河南巩（今河南巩县）人，家世寒微，因事受腐刑。“忠厚谨慎”，擢为侍御中散、中秘书、雍州刺史等。进爵彭城公。殷孝祖（415—466年），刘宋盱眙太守、中郎将。

气氛，孝文帝干脆下诏暂停朝贺。于是史籍上空缺了关于太和十五年（491 年）十二月初一的小岁贺和十六年（492 年）正月初一的元旦朝贺的记录。

迁都后，北魏政府加快了确定服制改革方案的步骤。太和十八年（494 年）十二月南征前，孝文帝正式下诏“革衣服之制”，规定鲜卑人不分男女，一律改着已经公布式样的汉服。太和十九年（495 年）五月，他从前线返回洛阳①，看见拓跋部妇女仍着旧服，就召见留守京城的官员责问道：“昨望见妇女之服，仍为夹领小袖。我徂东山，虽不三年，既离寒暑，卿等何为而违前诏？”咸阳王拓跋禧等只好承认“舛违之罪，实合刑宪”②。当年十二月，孝文帝“引见群臣于光极堂，班赐冠服”③，从此官员一律穿上了汉族式的朝服。

太和二十三年（499 年）正月，孝文帝又一次从前线返回洛阳，发现还有一些鲜卑妇女未改装，又召见公卿，劈头就问：“营国之本，礼教为先。朕离京邑以来，礼教 为日新以不？”任城王元澄回答：“臣谓日新。”孝文帝又问：“朕昨入城，见车上妇人冠帽而著小襦袄者。若为如此，尚书何为不察？”元澄被问得无话可说，但还不服气，嗫嚅道：“著犹少于不著者”，还是不穿鲜卑服装的人多啊！孝文帝勃然大怒：“深可怪也！任城意欲令全著乎？一言可以丧邦者，斯之谓欤？”难道你还想让全城的人都穿鲜卑服装吗？这可真是孔子说的

① 有的南北朝史书把此事说成在太和二十年（496 年）。案《魏书》卷七《高祖纪下》，孝文帝从前线返洛在太和十九年五月，二十年并未出征，更谈不上返洛。

② 《魏书》卷二一上《献文六王列传·咸阳王禧传》。

③ 《魏书》卷七《高祖纪下》。

“一言可以丧邦”！他又叫史官把这件事记载了下来。[①]

从以上记载看，孝文帝把衣冠服饰的改革提到了“礼教日新”的高度，认为这是推行礼教的重要手段，因而抓得很紧。当时，改革服制也遇到一些阻力，加上时间较紧，太和年间未及完成[②]，宣武帝时代又继续了下去。这种强制推行的衣冠服饰的汉化，不但促使北魏的典礼朝仪符合汉族传统，而且推动了拓跋人尤其是其统治阶层的意识观念的转变，使其更易于与汉族交流融合。应该指出，北魏的“革衣服之制”，并非依葫芦画瓢，全盘照搬古代中原或南朝的衣冠服饰，而是主要以古代汉服为标准，参考南朝服制，适当进行了一些变革损益设计而成。这种宽袖长带、款式新颖的服式，南朝人见了，也摩挲赞叹，忍不住效法起来，“江表士庶，竞相模楷，褒衣博带，被及秣陵”[③]，可谓风靡一时。

第三节　联婚姻

改革婚姻制度是推行礼教的另一重要内容。孝文帝即位以前，北魏统治者就曾经对婚姻作了一些规定，主要是用礼制规范婚姻形式，禁止尊卑贵贱之间互通婚姻。文成帝和平四年（463年）诏曰：“今制皇族、师傅、王公侯伯及士民之

① 《魏书》卷十九《景穆十二王列传中·任城王云传附澄传》。

② 《魏书》卷一〇八《礼志四》：“高祖太和中，始考旧典，以制冠服，百僚六宫，各有差次。早世升遐，犹未周洽。”

③ 《洛阳伽蓝记》卷二《城东》。

家，不得与百工、伎巧、卑姓为婚，犯者加罪。”[①] 孝文帝即位后，这一类诏令更是屡见不鲜。如太和二年（478年）五月，针对“百姓习常，仍不肃改”的情况，下诏禁止“婚娉过礼”、“婚葬越轨”；太和七年（483年）十二月下诏禁止同姓为婚的陋俗[②]；太和十七年（493年）九月又诏“断养之户不得与士民婚”；太和二十年（496年）七月又诏：“夫妇之道，生民所先，仲春奔会，礼有达式。男女失时者以礼会之。”[③] 这些诏令，主要强调了婚姻的必备条件和程序，禁止婚嫁的“过礼”、“越轨”和“失时”，从而推动婚姻的礼制化。

孝文帝的婚姻观，基本上沿袭古代汉族的传统婚姻思想，特别是儒家婚姻观。他说：“夫婚姻之义，曩叶攸崇，求贤择偶，绵代斯慎。故刚柔著于《易》经，鹊巢载于《诗》典，所以重夫妇之道，美尸鸠之德，作配君子，流芳后昆者也。然则婚者，合二姓之好，结他族之亲，上以事宗庙，下以继后世，必敬慎重正而后亲之。夫妇既亲，然后父子君臣、礼义忠孝，于斯备矣。”孝文帝认为婚姻是家族之间有力的联系手段，其目的在于祭祖先，供奉宗庙，为家族延续香火；夫妇关系的和谐，则为维系君臣关系打下了基础。同时婚姻实际

① 《魏书》卷五《高宗纪》。

② 同姓不婚，自西周以来即成为传统。《礼记·坊记》：“娶妻不取同姓以厚别也”；《左传》僖公二十三年：“男女同姓，其生不繁。”然而在社会上同姓为婚的现象仍较普遍地存在，故有太和七年之诏。自此以后，一些地区或部族中同姓为婚的习俗仍未绝迹。《北史》卷二二《长孙道生传附长孙绍远传》：北周武帝初年，长孙绍远“出为河州刺史。河右戎落，向化日近，同姓婚姻，因以成俗。绍远导之以礼，大革弊风。”

③ 《魏书》卷七《高祖纪下》。

上是一种由家庭推广到社会的政治行为，是推行礼义教化、强化政治统治的途径。孝文帝的婚姻观，是不折不扣的儒家伦理思想的体现。

由于强调世族门阀的品级门第，婚姻关系成了社会地位和政治地位的象征。魏晋以来，多有大族世为姻亲者。太和时期的典型例子，如李冲与郑羲联姻、李安世与博陵崔氏联姻等。倘若门第不当，便为世人所讥。如公孙睿、公孙邃二人为堂兄弟，睿为“封氏之生（甥）”，“邃母雁门李氏，地望悬隔。”巨鹿太守祖季真说：“士大夫当须好婚亲，二公孙同堂兄弟耳，吉凶会集，便有士庶之异。”[①] 同时，家庭、婚姻背景的不同，还能决定本人宦海生涯的命运。朝廷常常把婚姻关系作为选官的依据，正如韩显宗说：“朝廷每选举人士，则校其一婚一宦，以为升降，何其密也！”[②] 这样，太和年间以门第决定婚姻、又以婚姻影响政治的风气日益浓厚。

孝文帝婚姻制度改革思想的最重要的内容，是强调拓跋贵族与汉族高门大姓之间的联姻。这种姻亲关系的联结，完全是出于仰慕中原人文礼仪并加强与汉族地主阶级尤其是世族门阀的联盟的考虑。其结果，也有利于改善拓跋贵族的基本素质，进一步推动与汉族的融合。

史载孝文帝“雅重门族”，在他的倡导和推动下，太和年间拓跋贵族与汉族门阀的联姻比过去任何一个时期都要多。

---

① 《魏书》卷三三《公孙表传附公孙同庆传》。公孙睿，字文叔，燕都广阳人，公孙轨子，任南部尚书等，赐爵阳平公。其母出身于渤海大族封氏，其妻为崔浩侄女。

② 《魏书》卷四八《韩麒麟传附韩显宗传》。

著名的如李安世，在“崔氏以妬悍见出”后，“又尚沧水公主”①；陆睿“娶东徐州刺史博陵崔鉴女”②；元超“娶（李）冲兄女”③；等。在这方面，孝文帝自己更是身体力行。他除了以汉人为皇后外，还纳娶不少汉族门阀之女为嫔妃。如“以范阳卢敏、清河崔宗伯、荥阳郑羲、太原王琼四姓，衣冠所推，咸纳其女，以充后宫。陇西李冲以才识见任，当朝贵重，所结姻娅，莫非清望，帝以其女为夫人”④，又以崔挺女、郑胤伯女为嫔，等等。

咸阳王元禧，竟然不顾礼制，娶了“隶户”的女儿，遭到孝文帝的痛责。孝文帝感慨地说，前世“诸王娉合之仪，宗室婚姻之戒，或得贤淑，或乖好逑。自兹以后，其风渐缺；皆人乏窈窕，族非百两，拟匹卑滥，舅氏轻微，违典滞俗，深用为叹”。因此，他下令要元禧把原来所纳降为“妾媵”，并干脆替他的六个弟弟分别指定了妻室：“长弟咸阳王禧可娉故颍川太守陇西李辅女；次弟河南王干可娉故中散代郡穆明乐女；次弟广陵王羽可娉骠骑咨议参军荥阳郑平城女；次弟颍川王雍可娉故中书博士范阳卢神宝女；次弟始平王勰可娉廷

① 《魏书》卷五三《李孝伯传附李安世传》。

② 《魏书》卷四〇《陆俟传附陆睿传》。崔鉴，博陵安平大族，其父崔绰为太武帝所征辟。鉴“幼有文学”，历任中书侍郎、徐州刺史等，以功赐爵桐庐县子。

③ 《魏书》卷十四《神元平文诸帝子孙列传·拓跋丕传》。

④ 《资治通鉴》卷一四一齐建武三年。

尉陇西李冲女；季弟北海王详可娉吏部郎中荥阳郑懿女。”[①]这些人中，除穆明乐家为拓跋勋贵外，其余都是汉族高门。[②]

在这种思想和政策的影响下，高门完全只和高门联姻，根本不屑与“卑族”结合。如崔巨伦的姐姐“眇一目”，“内外亲类莫有求者，其家议欲下嫁之。”巨伦的姑姑、赵郡李叔胤妻闻而悲叹道：“吾兄盛德，不幸早世，岂令此女屈事卑族！”于是“为子翼纳之”[③]。又如高阳王元雍打算纳崔氏为妃，尽管崔氏出身博陵大族，又“甚有色宠”，宣武帝却认为博陵崔氏“地寒望劣”，比不上清河崔氏，故“难之”，过了很久才答应[④]。这种现象，加强了以门阀联姻为基础的北魏王朝的政治统治。而拓跋贵族与汉族高门大姓的结合，客观上则蕴含着推动民族融合的意义[⑤]。

---

① 《魏书》卷二一《献文六王列传上·咸阳王禧传》。李辅（436—482年），字督真，陇西大族，为中书博士、颍川太守等。郑平城，荥阳大族，任太尉咨议、东平原太守等。

② 据研究，元氏宗室娶了崔、卢、李、郑四家中某一家的女儿，实际上和这四家都联上了姻。参见王仲荦《魏晋南北朝史》，上海人民出版社1980年版，第七章第二节及注。

③ 《魏书》卷五六《崔辩传附崔巨伦传》。崔巨伦，字孝宗，博陵世族，为太尉记室参军、行西兖州事等，封渔阳县开国公。

④ 《魏书》卷二一上《献文六王列传上·高阳王雍传》。

⑤ 作为对南方的一种姿态，也为了汉化的目的，元氏宗室与来降的南朝皇室和世族子弟联姻的现象，在太和前后也一直存在。如刘昶投归北魏，先后尚武邑公主、建兴长公主、平阳长公主；昶子承绪尚彭城长公主、辉尚兰陵长公主。又如萧宝夤投魏，尚南阳长公主，其长子萧烈尚建德公主，少子萧凯娶魏宗族长孙稚之女为妻，兄子萧赞尚寿阳长公主（《魏书》卷五九《萧宝夤传》及附传），等等。

第四节　定祭礼

文化的重要组成部分是祭礼。拓跋部从塞外进入中原，其先世所崇拜的天神，与汉族所崇拜的天神是完全不同的。因此北魏前期祭天、祭神的仪式与汉族也不一样，不仅祭所重复，次数繁多，而且充满着崇拜天及自然神的神秘色彩。如北魏前期有一种“祀天于西郊”的仪式。《南齐书》卷五七《魏虏传》：“（平）城西有祠天坛，立四十九木人，长丈许，白帻、练裙、马尾被，立坛上，常以四月四日杀牛马祭祀，盛陈卤簿，边坛奔驰奏使为乐。”《魏书》卷一〇八《礼志一》则载，西郊祀天之日，“帝御大驾，百官及宾国诸部大人毕从至郊所。”致祭时，挑选帝室十族中子弟七人，“以酒洒天神主”，另有鲜卑女巫在祭坛上摇着鼓。“帝拜，后肃拜，百官内外尽拜”。西郊祭天仪式一年一次，表明拓跋部一直保持着古老的原始崇拜。而在汉族士人眼里，这种神祀与儒家经典不符，荒诞不经，是应该痛加革除的东西。

孝文帝即位后，决心改革旧的祭祀仪式。在太和年间，他以儒家经典为依据，曾经与群臣反复研讨辩驳祭礼①。他决定采用汉族帝王的祭祀天地仪式，同时“减省群祀，务从简约”，禁断原始、荒诞的神祀。为此，孝文帝筑圜丘、营方泽，以圜丘祭天，方泽祭地，以祖宗配天，行禘祫之礼，祭祀天皇大帝、山川诸神和拓跋祖先。

---

① 见《魏书》卷一〇八《礼志一》。

孝文帝特别注意像汉族帝王那样，用儒家礼仪等级规范各种祭祀仪式，防止出现各种贵贱无别、违背古礼的现象。太和十六年（492年）正月，孝文帝下诏强调："夫四时享祀，人子常道。然祭荐之礼，贵贱不同。故有邑之君，祭以首时，无田之士，荐以仲月。况七庙之重，而用中节者哉！"他指责"自顷蒸尝之礼，颇违旧义"，指出"今将迎遵远式，以此孟月，犆礿于太庙。但朝典初改，众务殷凑，无遑斋洁，遂及于今。又接神飨祖，必须择日。今礼律未宣，有司或不知此。可敕太常令克日以闻"[①]。这表明，孝文帝改革祭礼的思想，就是用汉族传统的以"贵贱不同"为特色的"旧义"、"远式"，改革拓跋部原先使用的充满原始、神秘色彩的仪式。而这种改革，又是他努力推行礼教的一个方面。

迁都以后，孝文帝在太和十八年（494年）即正式下令废除了拓跋部传统的西郊祀天仪式。

在祭祀祖宗方面，从道武帝拓跋珪初年起，北魏的太庙正中，就供奉着"平文皇帝"拓跋郁律的牌位，并尊其为太祖。拓跋珪死后，则被尊为烈祖，其牌位被放在太庙的一侧。孝文帝极为尊崇道武帝在入主中原和接受汉族文化方面的贡献，认为应该尊奉他为太庙中的太祖。所以在太和十五年（491年）就把比道武帝早几代的郁律拉下来，而把道武帝的牌位供奉在太庙正中。《魏书》卷一〇八《礼志一》载，太和十五年四月，经始明堂，改营太庙。诏曰："祖有功，宗有德，自非功德厚者，不得擅祖宗之名，居二祧之庙。惟仰先朝旧事，舛驳不同，难以取准。今将述尊先志，具详礼典，宜制

---

① 《魏书》卷一〇八《礼志一》。

祖宗之号，定将来之法。烈祖（拓跋珪）有创基之功，世祖（拓跋焘）有开拓之德，宜为祖宗，百世不迁。而远祖平文功未多于昭成，然庙号为太祖；道武建业之勋，高于平文，庙号为烈祖。比功校德，以为未允。朕今奉尊道武为太祖，与显祖为二祧，余者以次而迁。”

这样做的意义，自然不仅仅是为了调换一下牌位。拓跋珪创建北魏，进入中原，而且延请汉族士人，初步巩固了北魏王朝的统治，其功业为郁律所无从比拟，故尊为太祖。孝文帝的这一改动，严格遵循“礼典”，其主旨仍在于标榜正统地位，鼓励礼教与汉化。这是与他的整个文化改革思想相一致的。

第九章　南征始末

对南朝的战争，是孝文帝晚年为使“礼教”推广到江南而进行的事业。围绕着南征，北魏统治集团内部出现了不同意见，孝文帝自己则殚精竭虑，最后病死在军中，徒然给后人留下了凭吊和议论的话题。

第一节　缘由与出征

北魏与南朝的关系，向来是时战时和。北魏前期，一方面忙于平定北方，一方面也频频与南朝交锋。明元帝拓跋嗣即位后，东晋将领刘裕屡次率军北伐，趁势占领黄河以南、淮水以北及汉水上游的大片土地，获得了建立刘宋王朝所必需的势力和声望的资本。明元帝末年，北魏又趁刘裕死去，夺回刘宋司州的全部，青州、兖州和豫州的大部（相当于今河南和山东的黄河以南地区），刘宋的边境退到了淮北。

太武帝拓跋焘时，刘宋有意收复河南。太武帝闻之大怒，声称“我生头发未燥，便闻河南是我家也”[1]，与刘宋展开了更加猛烈的战争。特别是在太平真君十一年（450年），宋军北伐，攻入济州（治今山东茌平）。魏军避免决战。然后太武帝看准时机，率军南下，势如破竹，一度打到濒临长江的瓜步（今江苏六合东南），在江淮间大肆烧杀掳掠而去。这一战双方打得精疲力竭，给社会经济和人民生活带来了巨大的破坏。其后北魏统治者的政策有所转变，把主要精力用于整治国内。如文成帝拓跋浚“与时消息，静以镇之”，似有黄老之风，并且加强了对北疆的防范。南方也得到了喘息的机会，不久又陷于宗室内部的互相砍杀之中。

在和平时期有时甚至在战争期间，南北双方总在进行着“互市”等形式的经济交往。据《宋书》卷九五《索虏传》的记载，刘宋武帝时，“索虏求互市”，“时遂通之”；太武帝南伐北归后，也“复求互市”。南方需要北方的马匹、矿产，北方则欢迎南方的羽毛、齿革。通过互市，民间保持着通商关系。同时，南北朝之间还有政府使臣以政治或文化为目的的往来。到孝文帝时，这种往来数量超过了过去的任何一个时期，兹见下表[2]：

① 《宋书》卷九五《索虏传》。

② 引自逯耀东《从平城到洛阳》，台北联经出版事业公司1981年版，第239页。

	北魏		南朝	
	使节人数	交聘人数	使节人数	交聘人数
太武	16	14	16	16
文成	10	5	3	3
献文	1	1	4	5
孝文	30	17	35	20
孝静	18	15	27	18
总计	75	52	85	62

尽管如此，这种互市和往来关系仍然受到战争的干扰，特别是刘宋和萧齐皇室内部的自相残杀，给北魏提供了南进的机会。如刘宋前废帝刘子业即位，昏狂暴虐，尽杀其叔、义阳王刘昶的亲属，并疑昶有异志。昶被迫于和平六年(465年)投奔北魏，以后又率魏军南攻。又如宋明帝刘彧称帝，其侄晋安王刘子勋起兵反对。刘宋徐州刺史薛安都①、兖州刺史毕众敬②、汝南太守常珍奇③，时称“三叛”，都起来响应刘子勋。及刘子勋兵败被杀，薛安都、毕众敬等即准备接洽投降。宋明帝命张永、沈攸之等领兵五万前往受降。安都等深恐被消灭，转而投降北魏，北魏派尉元等前往接应。天安二年(467年)，魏军大败宋将，徐、兖、青、冀四州等地，尽入北

① 薛安都(？—468年)，字休达，河东汾阴人。早年投刘宋，以勇壮见拔为徐州刺史。天安元年(466年)因拥戴刘子勋而投归北魏。

② 毕众敬(？—491年)，东平(在今山东)须昌人，刘宋时历为泰山太守、兖州刺史。天安元年(466年)，以城入北魏，赐爵东平公。

③ 常珍奇，汝南人，为刘宋司州刺史。投归北魏后为河内公。后复叛逃。

魏版图。

这样，在孝文帝即位前，北魏实际上已经占据了淮北，将势力推进到淮水一线。北魏能否完成跨过淮水、继续南进的战略任务，是巩固并扩大其国力、对南方形成优势的前提。孝文帝即位后，北魏统治集团为此作了一些准备。延兴三年（473年），“诏州郡之民，十丁取一以充行，户收租五十石。”太上皇拓跋弘亲自南巡至怀州（治今河南沁阳），作出南征的姿态。次年，以刘宋宗室内部火并，又诏将军拓跋兰等率三万骑兵，并以东阳王拓跋丕为后继，准备攻伐刘宋辖境内的巴蜀。但由于时机未成熟，这两次实际上都没有出兵。

太和三年（479年），萧道成推翻刘宋，建立齐朝，自立为帝（齐高帝）。北魏以萧道成篡位为由，再次决定南征。拓跋嘉、拓跋琛、薛虎子等兵分数路，分别进攻淮阴（今江苏淮阴）、广陵（今江苏靖江）、寿春（今安徽寿县）。次年二月，拓跋嘉、刘昶以20万兵包围寿春，为守将垣崇祖所败；攻钟离（今安徽凤阳），又受挫于萧齐徐州刺史崔文仲；又遣兵向司州，分兵出兖、青州边界，围朐山（今江苏东海）。萧齐以玄元度坚守，青、冀二州刺史卢绍之遣兵前往援救。此时恰值河水上涨，魏军受淹。玄元度与援军奋力合击，大破之。

魏军遭此惨败，只好北还。以后双方又打了几仗，互有胜负。萧道成眼看国力已尽，于是遣使议和。齐武帝萧赜立，继续奉行通好政策。太和七年（483年），北魏以李彪使齐，齐武帝“于玄武湖水步军讲武，登龙舟引见之”①，又派刘缵报聘。自此双方使臣往来，疆场没有大的战事。

---

①《南齐书》卷五七《魏虏传》。

但是到太和中期，孝文帝南征的意图又逐步明确起来。从形式上看，这和刘昶、王肃等南朝投归者的态度有密切的关系。《魏书》卷五九《刘昶传》载，刘昶曾经在宣文堂对孝文帝说："大耻未雪，痛愧缠心。属逢陛下厘校之始，愿垂曲恩，处臣边戎，招集遗人，以雪私耻。虽死之日，犹若生年。"孝文帝深受感染，以至"悲泣良久"。到太和十七年（493年）春，孝文帝在经武堂与众臣议论南伐，谈到刘、萧代立之事，刘昶情绪激动，"悲泣不已"，再一次请求南征，"冀恃国灵，释臣私耻"。虽然，他是要借魏军去雪"私耻"，但孝文帝亦"为之流涕"。到这年秋天，孝文帝以南征为由，率领大军离开平城到达洛阳。孝文帝佯装继续南进，以定迁都之计，接着就停顿不前。这次行动声势浩大，虽然意在迁都，毕竟是孝文帝本人第一次亲自率领大军南下，宣告了十年来南北相安、力量均衡局面的结束。只是由于后方不稳，关中一带爆发了人民起义，"秦、雍间七州民皆响应，众至十万"，孝文帝颇为担忧。恰值齐武帝萧赜死，北魏即从"礼不伐丧"为理由体面地退军。孝文帝下诏称："皇师电击，旌旗南指，誓清江祲，志廓衡霭。会行人审知彼有大故，以《春秋》之义，闻哀寝伐。爰敕有司，辍銮止路，故以往示"，又派使臣赴萧齐吊唁。退军后，孝文帝经河南至邺城，在澄鸾殿召见百僚。又至平城，并且巡视北疆怀朔、武川、抚冥、柔玄诸镇，然后经过邺城返回洛阳。

就在邺城期间，孝文帝接见了刚刚从萧齐来奔的王肃。两人意气相投，连日密谈。王肃不但精于礼制，有裨改革，而且"因言萧氏危灭之兆、可乘之机"，竭力撺掇孝文帝"大举”，于是北魏朝廷“图南之规转锐”[1]。如果说，迁都洛阳，是孝文帝根据当时天下形势作出的重大决策，已经包含有南征的意图，那么，迁都的结果，则是北魏政治中心南移，与南朝相距更近了。这就促使孝文帝进一步认真考虑南征的问题。

齐朝萧赜死后，太子萧昭业继位。不久，齐高帝萧道成的侄子萧鸾杀萧昭业，另立其弟昭文。太和十八年（494 年）十月，萧鸾又废昭文为海陵王，自立为帝，这就是齐明帝。萧鸾是个荒淫凶残的君主，他杀死海陵王，以后又大杀高帝萧道成与武帝萧赜的子孙。萧齐内部人人自危，一片恐怖。这一下，孝文帝以萧鸾篡位，找到了南征的理由。如果把太和十七年（493 年）的出征和迁都作为第一次南征。孝文帝亲自统率的大规模南征一共有四次，几乎是连年不断。

不过，孝文帝的南征意图，并未得到所有大臣的支持。在北魏统治集团内部，存在着主张立即南征与暂缓南征的两种势力。

就主张立即南征一派而言，前已述及，孝文帝本人具有“天无二日，土无两王”的正统思想，要把北魏正在实施的礼教推广到江南。他迁都洛阳，就包含着“先之营之，后乃薄伐”，“化总元天，方融八表”[2] 的意思。这就是说，迁都包含着南征的考虑，南征则是迁都的必然结果。而刘昶、王肃，从南朝亡命于北魏，是南征的力主者。特别是王肃的到来，使孝文帝更加清楚地了解了萧齐的政局和皇室斗争的内幕，坚

---

① 《魏书》卷六三《王肃传》。

② 《南齐书》卷三〇《曹虎传》。

定了南征的决心。

太和十八年（494 年）十一月，萧齐雍州刺史曹虎[①] 派人来北魏联络，请求以所据守的襄阳（今湖北襄樊）城投降。孝文帝认为这是一个难得的机会，立即调兵遣将前往接应，并且趁机征讨萧齐。距曹虎请降仅仅十二天，北魏的四路大军就在从东到西几千里的边境上同时出击。其中征南将军薛真度督率四将出襄阳，准备直接接应曹虎；此外，大将军刘昶出义阳（今河南新野），徐州刺史拓跋衍出钟离（今安徽凤阳）、平南将军刘藻出南郑（今陕西汉中）。这还不够，孝文帝又打算“鸣銮江沔，为彼声势”，准备亲征。但就在此时，收到了北魏豫州守将的上表，说曹虎的来使一去不回，杳无音讯。这使人们对曹虎的诚意产生了怀疑。于是孝文帝召集众臣议论是否应该亲征。众人各执一词，意见不一。

孝文帝指出，北魏尽管由于迁都而声势大振，但是“咫尺寇戎”、“未宾之竖，更兼蛮密迩”，使他“夙夜怅惋”、“无宜自安”，也就是很有些后人所谓“卧榻之侧，岂容他人酣睡”的感觉。因此他决定立即亲征，“取南之计决矣，朕行之谋必矣。”为此，他还一反不信天命的观点，声称已经进行了卜筮，其结果是“阴阳卜术之士，咸劝朕今征必克”，亲征似乎有了更充分的理由。

孝文帝的意图，首先受到李冲的反对。李冲指出：“今卜筮虽吉，犹恐人事未备”。所谓“人事未备”，首先是当年秋粮欠收，其次是迁都不久，“众业未定”。因此不宜匆忙亲征，

---

① 曹虎（？—499 年），字士威，下邳（今江苏宿迁）人，以军功为萧齐新蔡太守、游击将军、襄阳太守等，封监利县男。后被杀。

最好是等到来年秋天。但是，孝文帝以“天时”、“人事”不可兼得为借口而否定了李冲的意见[①]。

其实，孝文帝并非不知道曹虎的投附“似当是虚”，他也很清楚“初迁之民，无宜劳役”。但他认为应该将计就计，打出君主的旗号和威势。如果对方是实，则可趁势夺取大片疆土；如其是虚，亦可“游巡淮楚，问民之瘼，使彼土苍生，知君德之所在”。反之，如果坐失良机，则殊为可叹。

这时，任城王拓跋澄也出来说话了。他仔细分析了当时的情势，指出，曹虎使者返回后，“静无音问，其诈也可见”；尤其是迁都不久，百姓“居无一椽之室，家阙儋石之粮”，更兼“东作方兴，正是子来百堵之日，农夫肆力之秋”，支持大规模战争的精神和物质条件都没有具备。如果轻易出征，“空为往返，恐挫损天威，更成贼胆。”因此他建议待魏军“克平襄沔”,即攻占萧齐北疆襄阳一带,造成对萧齐的更大的威胁，“然后动驾”。他还斥责了司空穆亮等人内心不愿出征，当面却顺旨献媚的言行[②]。此外，高闾也曾上表劝谏：“洛阳草创，虎既不遣质任，必非诚心，无宜轻举。”[③]

这场争论，虽然围绕着对萧齐是采取攻势还是暂取守势的问题,实际上反映了北魏统治集团内部主张首先整理内部、加强改革，或者把主要力量转移到与萧齐争夺领土方面的两种战略思想之间的分歧。此时的孝文帝，是倾向于立即南征的，因此拒绝了上述李冲、拓跋澄、高闾等人的意见。结果，

---

① 《魏书》卷五三《李冲传》。

② 《魏书》卷十九《景穆十二王列传中·任城王云传附澄传》。

③ 《魏书》卷五四《高闾传》。

几乎在与四路大军分别无功而返的同时，孝文帝匆匆忙忙亲率大军出征了。

第二节 去世前后

太和十八年十二月辛亥（11 日），孝文帝率军踏上了南征的路途。几天后到达悬瓠。次年正月初一，孝文帝在悬瓠宴飨诸臣，并发出声讨萧鸾的檄文。又讲武于汝水西岸，犒赏六军，以激励士气，壮大声势。然后孝文帝渡过淮水，至寿阳，登八公山。就在这片一百多年前淝水之战的战场上，魏军遇上了连日大雨。孝文帝命撤去伞盖，与士兵一样淋在雨中，并且亲自慰劳生病的士兵。接着，魏军又沿淮水东下，进攻钟离，受挫于萧齐徐州刺史萧惠休。正当战局不太有利的时候，后方传来司徒冯诞的死讯，孝文帝即借机下诏回师，同时派人到长江边声讨萧鸾“杀主自立之罪”。其它几路魏军也先后退回。

撤退前，孝文帝曾打算派兵留守淮南（今安徽寿县），并为此征询高闾的意见。高闾过去就不赞成大举南征，现在就以太武帝南征撤退为例，认为“安土乐本，人之常情，若必留戍，军还之后，恐为敌擒”。因此提出将“降附之民及诸守令”“徙置淮北”，并且“速渡士卒，班师还京”。[①] 高闾的建议，很能代表一部分不主张进行长期战争的人的思想，总算也被孝文帝所采纳。

① 《魏书》卷五四《高闾传》。

接着，孝文帝往东巡视，到达彭城（今江苏徐州）、小沛（今江苏沛县），遣使者祭祀汉高祖刘邦；又至鲁城（今山东曲阜），亲自主持了一系列崇孔的仪式。五月，经滑台（今河南滑县）等地返回洛阳。九月，“六宫及文武尽迁洛阳”，最终完成了迁都。接着孝文帝第三次往邺城，返回。太和二十年（496年）秋，孝文帝在洛阳处理了太子元恂“潜谋还代”的事件。太和二十一年（497年）二月，孝文帝北上平城，处理穆泰等人谋反案。然后西至龙门（今山西河津），遣使者以太牢祭夏禹；至蒲坂（今山西永济），遣使者以太牢祭虞舜；入长安，遣使者以太牢祀汉帝诸陵；又泛渭入河，六月返回洛阳。

徐、扬一带是萧齐都城建康的门户所在，重兵集结。北魏既然在东线出师不利，重新把主要力量转移到西线，攻击沔水（今汉水）以北地区。

孝文帝返回洛阳不久，就于当年八月开始了第三次南征。九月到达赭阳（今河南叶县）、南阳（今河南南阳）附近，分兵攻之；自己则率大军进击新野（今河南新野），未能攻克，不得已作长久计，命令魏军掘沟筑墙加以围困。然后孝文帝抵达沔水边，沿沔水东巡，接着返回新野。萧齐新野太守刘思忌已经在被围困的孤城中坚守了两个多月，城中军已断粮，煮土为粥，仍然不见救兵。原来萧齐屯守襄阳、樊城的平北将军曹虎，素来与南阳太守房伯玉不和，故意见死不救，不肯发兵北进，援助南阳、新野。次年正月，魏军终于攻克新野，斩刘思忌。萧齐湖阳（今河南泌县）、赭阳、舞阴（今河南舞阳南）、顺阳（今湖北光化）守军皆仓惶撤走。魏军又攻南阳，孝文帝遣舍人公孙延景向房伯玉劝降，被拒绝。城破，房伯玉面缚而降。

接着，孝文帝又遗书曹虎，以武力相恫吓，晓以大军压境，“整我神邑”之意。虎则不甘示弱，答以“若遂迷复，知进忘退，当金钲戒路，云旗北扫，长驱燕代，并羁名王”。于是孝文帝下令进军。三月，魏军大破萧齐度支尚书崔慧景、黄门侍郎萧衍于邓城（今湖北襄阳北），斩获两万多人。齐军杀锣，连连溃退。魏军趁机横扫至樊城沔水边。曹虎闭城固守，魏军耀武而还。面对其凌厉的攻势，齐明帝萧鸾忧郁患病而死，子宝卷（东昏侯）立。九月，孝文帝又以萧鸾死，“礼不伐丧”为理由，班师至邺，太和二十三年（499 年）正月回到洛阳。

此次征战，萧齐的沔北五郡南阳、新野、北襄城、西汝南（今河南泌阳县西北）、北义阳（今河南信阳县东）皆为北魏所占，算是孝文帝南征中战绩最为显赫的一次。

在这次南征中的邓城之战后，孝文帝在悬瓠停留了半年之久。这期间，听到了李冲的死讯，孝文帝不胜悲痛。而他自己，虽然青少年时期体质强健，但长期的帝王生活和鞍马劳顿，却使他早已染上沉疴。此时病势加重，十分危险，急忙派人昼夜驰驿至洛阳召侍御师徐謇。謇从水路一日一夜赶数百里至悬瓠，诊治下药，“果有大验。高祖体少瘳，内外称庆。”孝文帝自己的高兴也可想而知。九月，孝文帝离开悬瓠时，特地聚集百官于汝水岸边为徐謇设宴，并将他推坐于上席，在他面前摆满了美酒佳肴，孝文帝在酒席上命左右宣讲謇妙手回春。“救摄危笃振济之功”，又下诏褒扬其“诚术两输，忠妙俱至”，予以重赏。[1]

孝文帝带着一身征尘回到洛阳，处理了皇后冯氏的事情，几乎是马不停蹄，不顾自己身体虚弱，又进行了最后一次的南征。太和二十三年春，齐东昏侯萧宝卷派遣其太尉陈显达率崔慧景等进攻马圈（今河南邓县东北）。三月，孝文帝亲征至马圈，离敌营仅数里。诏广阳王元嘉断均口（均水入汉水处），截陈显达归路，于是大破之。显达等趁夜逃遁，魏军猛追至沔水，斩获三万余人。

但此时孝文帝因军机繁重，旧病复发，日渐加重，心境又不好，虽有徐謇在侧也无能为力，被迫回师至谷塘原（今河南淅川北）。他自知不起，于是委军政重任于彭城王元勰，又诏以北海王元详、尚书令王肃、广阳王元嘉、吏部尚书宋弁、咸阳王元禧和任城王元澄六人辅政。四月丙午（1日），孝文帝终因重病不治，于谷塘原行宫去世，时年33岁。遗诏曰："惟我太祖丕丕之业，与四象齐茂，累圣重明，属鸿历于寡昧。兢兢业业，思纂乃圣之遗踪。迁都嵩极，定鼎河瀍，庶南荡瓯吴，复礼万国，以仰光七庙，俯济苍生。困穷早灭，不永乃志。公卿其善毗继子，隆我魏室，不亦善欤？可不勉之！"[2]

为稳定军心，诸辅政大臣秘匿其事，将孝文帝遗体奉于车中，每日视疾进膳有如平日，"六军内外莫有知者"。至鲁阳（今河南鲁山）才发丧。四月丁巳（12日），太子元恪在鲁阳即位。返回京师后，上谥号孝文皇帝，庙号高祖。五月丙

① 《魏书》卷九一《徐謇传》。

② 《魏书》卷七《高祖纪下》。

申（21日），葬孝文帝于长陵（在洛阳瀍水之西）。

胸怀“南荡瓯吴，复礼万国”、重新统一神州的雄心的孝文帝死后，南北朝之间的战事仍在继续，并且出现了新的转机。至于孝文帝所嘱以后事的大臣，彭城王元勰颇具才华，早受赏识；六个辅政大臣中的两个是汉人，其余四个虽出身于拓跋部，却也或多或少地具有汉化倾向。这种安排，反映出孝文帝试图在他身后继续其改革与汉化政策的良苦用心。

宣武帝元恪是孝文帝次子，太和七年（483年）生于平城，太和二十一年（497年）立为太子。太和二十三年（499年）四月即位后委政于辅命大臣；景明二年（501年）正月亲政。宣武帝在位初期，针对孝文帝末年连续征战的情况，采取了若干积极的政策，如下诏蠲免苛捐杂税，“以拯民瘼。正调之外，诸妨害损民一时蠲罢”；分遣侍臣巡行郡国，“问民疾苦，考察守令”；规定“免寿春营户为扬州民”，并劝课农桑、营缮国学、修订法律等。

但是，从整体上说，宣武帝的政治眼光和才能并不能与其父相比。他未能将上述政策贯彻始终。随着客观形势的变化，过去长期积累的各类社会矛盾逐步暴露出来。首先，统治集团内部的利害冲突日趋激烈。宣武帝亲政后，即废黜了深受孝文帝信任的彭城王元勰，而重用咸阳王元禧。但仅仅过了四个月，元禧又以“谋反”的罪名被赐死。以后，北海王元详也被废为庶人。到永平元年（508年），更发生了京兆王元愉的叛乱。几乎在平定叛乱的同时，元勰又被枉杀。宣武帝的这种翦除前朝大臣以巩固自己的专制统治的办法，其结果是导致一批出身微贱的宦官、宠臣迅速崛起，加速了北魏政治的败坏。其次，宣武帝时期几乎年年因为水、旱、地震灾害而导致严重饥荒，再加上统治阶级的穷奢极欲和连年对南朝用兵，人民的负担极为沉重。与太和后期内部较为稳定的情况形成鲜明对照的是，宣武帝时期的各族人民起义十分频繁，比较重要的有太和二十三年（499年）的幽州民王惠定聚众起义；景明元年（500年）的齐州民柳世明聚众起义；景明三年（502年）的“鲁阳蛮”起义；景明四年（503年）的“梁州氐”、“东荆蛮”起义；正始三年（506年）的秦州民起义；永平三年（510年）的秦州沙门刘光秀起义；永平四年（511年）的汾州刘龙驹聚众起义等，可以说是此起彼伏，连绵不断。这当然与宣武帝本人的碌碌无为、政事多阙有重要关系。

孝文帝的其他几个儿子是：

元愉（488—508年），字宣德，太和二十一年（497年）封京兆王，拜都督、徐州刺史。他喜好文学，回到京城后招揽了一批儒学宾客，又因贪纵违法，出为冀州刺史。失意的元愉此时又卷入了后妃矛盾，于是在州“谋逆”，自称皇帝，建号建平元年。宣武帝派李平征讨，元愉兵败出逃，被捕自尽。

元怿（487—520年），字宣仁，太和二十一年（497年）封清河王，拜侍中，尚书仆射。怿博涉经史，明于断决，迁太尉，后被元叉[①] 所害。

元怀，封广平王。

元悦（？—532年），封汝南王，好读佛经，又好仙药及

① 元叉，字伯镌，道武帝之后。宣武帝时拜员外郎，以灵太后妹夫，迁散骑常侍、侍中，加领军将军，专横一时。后被赐死。

男色。为侍中、太尉，出帝初年卒。

元恌，未封早夭。

孝文帝的女儿，有顺阳长公主，嫁冯诞子冯穆；淮阳公主，嫁散骑侍郎乙海子乙瑗；长乐公主；济南长公主，嫁范阳大族卢道虔，甚“骄淫，声秽遐迩”[1]；兰陵长公主，嫁刘昶子刘辉，因“严妬”为辉所殴毙。

延昌四年（515年），宣武帝病死，其六岁的次子元诩继位，就是肃宗孝明帝。此时的北魏，已经日薄西山，进入了最后的阶段。孝明帝年幼，由其生母灵太后胡充华执政。朝廷昏庸腐败，官吏贪酷暴虐，统治阶层生活日益奢侈糜烂，进一步加重了对人民的剥削，更兼灾荒频仍，天下离心。《魏书》卷九《肃宗纪》说：“自宣武已后，政纲不张。肃宗冲龄统业，灵后妇人专制，委用非人，赏罚乖舛。于是衅起四方，祸延畿甸。”人民反抗连绵不断。正光五年（524年），终于爆发沃野镇人破六韩拔陵领导的起义，揭开了各族人民大起义的序幕。以后，杜洛周、鲜于脩礼、葛荣、邢杲等相继在河北、山东、关中等处起义，严重动摇了北魏的统治。但由于起义军内部存在矛盾，组织涣散，先后被北魏政府镇压。

武泰元年（528年）孝明帝被毒死，三岁的皇子元钊继位。酋帅出身、因镇压起义有功而爬上车骑将军、仪同三司、大都督职位的尔朱荣趁机起兵，攻入洛阳，在河阴杀灵太后、元钊及公卿二千人，另立彭城王元勰第三子元子攸为帝，即孝庄帝。尔朱荣野心迅速膨胀，与朝廷的冲突日益加剧，结果在永安三年（530年）被孝庄帝所杀，统治集团进一步陷入分

---

① 《魏书》卷四七《卢玄传附卢道虔传》。

崩离析。其后，掌握兵权的高欢集团打败尔朱氏家庭，攫取了北魏政权。永熙三年（534年），孝武帝元脩不堪忍受高欢的专横，西入关中投靠宇文泰，高欢另立元善见为帝，迁都于邺，于是北魏分裂成东魏、西魏。不久，高欢子高洋及宇文泰分别建立北齐、北周政权以取代东、西魏。建德六年（577年），北周灭北齐，统一了北方。最后，杨坚夺取北周政权，建立隋朝。开皇九年（589年），隋军南下灭陈朝，重新完成统一中国的大业，为隋朝的强盛和唐朝君主专制集权王朝的创立和繁荣奠定了基础。

第十章　结　语

一

100 多年前，马克思在《〈政治经济学批判〉导言》中谈到民族之间的征服时指出，征服可以分为三种：一是“征服民族把自己的生产方式强加于被征服的民族（例如，本世纪英国人在爱尔兰所做的，部分地在印度所做的）”；二是“征服民族让旧生产方式维持下去，自己满足于征收贡赋（如土耳其人和罗马人）”；三是“发生一种相互作用，产生一种新的、综合的生产方式（日耳曼人的征服中一部分就是这样）。”“在所有的情况下，生产方式，不论是征服民族的、被征服民族的，还是两者混合形成的，总是决定新出现的分配。”①

恩格斯在《反杜林论》中谈到征服者的政治权力时指出：“在政治权力对社会独立起来并且从公仆变为主人以后，它可以朝两个方向起作用：或者按照合乎规律的经济发展的精神和方向去起作用，在这种情况下，它和经济发展之间就没有任何冲突，经济发展就加速了；或者违反经济发展而起作用，在这种情况下，除去少数例外，它照例总是在经济发展的压力下陷于崩溃”；“在长时期的征服中，比较野蛮的征服者，在绝大多数情况下，都不得不适应征服后存在的比较高的‘经济情况’；他们为被征服者所同化，而且大部分甚至还不得不采用被征服者的语言。”②

对照拓跋部进入中原、征服汉族和其他各民族以及实施改革的历史，人们不难发现，它们不但在时间上与日耳曼人进入罗马帝国相近(公元五世纪)，而且拓跋部也经过一种与汉族的“相互作用”，“产生一种新的、综合的生产方式”，结果日益被汉族所同化，包括采用汉族的经济、政治制度和文化体系。这完全证实了马克思、恩格斯所揭示的东西方民族征服中的一条相近规律：落后的征服民族必须适应先进的被征服民族的情况，并且最终为后者所同化。

应该指出，历史上中央王朝周边的各少数民族，吸取汉族先进文化，曾经经历了一个长期的过程。

秦始皇扫平六国，建立了我国历史上第一个统一的多民

---

① 《马克思恩格斯选集》第2卷，人民出版社(北京)1972年版，第100页。

② 《马克思恩格斯选集》第3卷第222页。

族的封建专制王朝。到汉代，特别是汉武帝时期，经过大力拓展，疆域有了进一步的扩大，更多的少数民族被置于汉王朝的统治之下，或者是与汉王朝发生了各方面的交往。但是，在两汉以及后来的三国、两晋，由于历史条件的限制，各少数民族一直聚居于中央王朝的周边地区。虽然有些少数民族和汉人接触较多，汉化较深，更多的少数民族则依然保持着自己特有的风俗习惯和社会制度。从整体上说，各少数民族还没有提出自觉地吸收汉族文化的问题。

例如，东汉时期，南匈奴虽然大量迁入朔方诸部，与汉人杂居，却一直与汉族地方政权存在尖锐的矛盾，所谓“多历年所，户口渐滋，弥漫北朔，转难禁制”[①]。曹操统一北方后，分匈奴为五部，又有大量匈奴人归附，尤其是并州一带，居住着屠各、鲜支、寇头、乌谭、赤勒等匈奴的十九种分支，每一种都自有部落，不相杂错，基本谈不上吸收汉族文化。居住在陇蜀一带的氐族，多与汉人杂居，懂得汉语。但他们自称“盍雅”，并且“自有王侯，在其虚落间”，在内部使用氐族语言，其风俗习惯也不同于汉族。在凉州、陇西一带的羌族也是与汉人“习俗既异，言语不通”[②]。由于饱受地方官府的剥削压迫，尤其是在西晋时期，各内迁民族与中央王朝，也与一般汉人的矛盾很尖锐。汉族士人曾指出：“戎狄志态，不与华同，而因其衰弊，迁之畿服，士庶玩习，侮其轻弱，使其怨恨之气毒于骨髓”，甚至各族“与关中之人，户皆为仇”[③]。

① 《晋书》卷九七《匈奴传》。

② 《后汉书》卷八七《西羌传》。

③ 《晋书》卷五六《江统传》。

在这种情况下，除了个别民族的酋长学习汉族典籍外，基本谈不上把吸收汉族文化与民族的根本利益联系起来。

直到西晋晚期，各少数民族政权在进入和统治中原地区的过程中，才鉴于实际的需要与可能，一方面实行胡汉分治，另一方面逐步较为普遍地学习和吸收汉族的礼仪文化，并且注意笼络汉族士人，为其民族利益服务。

如前所述，匈奴族首领刘渊年轻时曾经在西晋当人质。他拜汉儒崔游为师，学过《毛诗》、《京氏易》、《左传》、孙吴兵法和诸子；其子刘聪也学过汉人的许多典籍，包括经史百家之言和诗赋，还擅长写草、隶书。到西晋建兴二年（314 年），刘聪的汉国政权终于开始"大定百官"，仿效西晋设置了丞相、太师、大司徒等官职。后赵石勒本人目不识丁，却十分推崇汉族文化。他在河北设立君子营，网罗衣冠士人，特别是重用张宾等一大批汉儒，并设置博士祭酒，建立了一套较完备的学校和选举制度，还规定"重其禁法，不得侮易衣冠华族"①。前燕慕容廆于西晋元康四年（294 年）迁居大棘城后，开始推广农桑，学习汉人制度。慕容廆"刑政修明，虚怀引统，流亡士庶，多襁负归之"。其中有的以"文章才俊"，有的以"旧德清重"，有的以"儒学该通"而受提拔，"于是路有颂声，礼让兴矣"②。慕容皝也"雅好文籍"，曾亲临学校考核生员。前秦政权"颇留心儒学"，"诸非正道典学，一皆禁之"。苻坚重用汉人王猛，实行与民休息、抑制豪强的政策，并且广兴学校，"召郡国学生，通一经以上充之，公卿以下子

① 《晋书》卷一〇五《石勒载记下》。
② 《晋书》卷一〇八《慕容廆载记》。

孙，并遣受业。其有学为通儒，才堪干事，请修廉直，孝悌力田者，皆旌表之”[1]，甚至在宫中也设置博士授经。后秦姚兴也仿效汉族制度，规定了一套选举办法，郡国每年贡上清行、孝廉一人。结果一批儒者得以进入统治阶层，“学者咸劝，儒风盛焉。”[2]

由此可见，在北魏建立以前以及统一黄河流域以前，北方各少数民族政权已经不同程度地采取了若干仿效汉族文化与制度的措施，并由此形成了一种不可逆转的少数民族汉化的趋势。

当孝文帝出生和登基的时候，汉族地区实行封建制度已经将近1000年，鲜卑拓跋部与汉族的交往也已有二三百年。早在进入中原之初，拓跋部就已经大量占用土地，开始从游牧经济向封建剥削下的农耕经济转变。道武帝时代，在京畿周围推行“分土定居”、“给农器，计口授田”的政策；到太武帝，“遂除田禁，悉以授民”（所谓“民”，当然包括大土地所有者），继续把土地分授给私人。在这种土地制度下，农民虽然没有土地的所有权，却有一定程度的土地的使用权和自己的某些生产工具，可以相对自由地在土地上耕作。除缴纳赋税以外，农民可以占有剩余的产品，维持自己的生产和生活。显然，这是一种接近于封建模式的自然经济。与此同时，以平城为中心，北魏政权基本上统一了北方，拥有一支久经沙场的庞大的军队，建立起一套以维护专制制度为首要任务的官僚统治机构。北魏统治者还顺应前朝的趋势，任用汉族

---

① 《晋书》卷一一三《苻坚载记》。

② 《晋书》卷一一七《姚兴载记上》。

士人，尊儒崇礼，在政治、文化诸方面继续采取仿效汉族王朝的措施。由此可见，在北魏前朝，拓跋部的封建化已经大体完成，汉化也正在逐步推行的过程中。

但是也应该指出，北魏前期社会仍然存在着一些历史的特点。首先是封建经济基础不稳固。由于授田、兼并和掠夺，许多地区存在着贵族和豪强的大土地所有制，此外还有大片的牧场和荒地。这就是说，拓跋部传统的游牧经济转变为农耕经济是很不彻底的。而且，“时民困饥流散，豪右多有占夺”，天灾人祸往往使农民陷于破产流亡的境地，被迫依附于豪强地主，备受剥削和役使。因此，北魏缺乏发展农业生产力的客观条件和主观动因，政府的税源经常面临枯竭的境地。在政治制度上，虽然仿效汉族王朝初步建立起一套官僚系统，但仍然存在着若干深刻的原始落后的痕迹。基层采取宗主督护制，政权的社会基础比较脆弱；官吏不发俸禄，靠掠夺百姓肥私；中央机构尚未健全，错杂着拓跋部的原始因素。特别是鲜卑贵族的法律地位没有得到充分的确认，汉族士族的利益更谈不上受法律的充分保护。崔浩事件就已经证明了这一点。文化方面，在推行汉化的同时，拓跋部依然保留着不少从塞外带来的骠悍勇武、擅长骑射的生活方式、风俗习惯。这与汉族传统文化存在一定的反差，使饱受诗书礼乐熏陶的汉族士人极为反感，也难以为一般的汉族人民所接受。因此，汉族与拓跋部之间的心理鸿沟和民族对立并没有消除。从整体上说，汉族上层和拓跋部统治集团之间存在着尖锐的猜忌和矛盾，还没有实现在文化相通和利益一致的基础上的联合。

这一切，都说明北魏前期的拓跋部基本上还处在比后赵、前秦、后秦以及北凉诸政权稍高的发展水平上，虽然吸收了不少汉儒，采取了若干效法汉族王朝的措施，基本上完成了封建化，但汉化则是不自觉的，其程度是很有限的。拓跋部传统的倚重武力、轻视文治的状况没有从根本上得到改变。它既无力从政治上、军事上战胜南方的汉族政权，更不可能从文化心理的角度征服整个汉族，甚至北魏政权能否较长时间地存在下去也还是个未知数。

孝文帝的改革思想就是在这样的背景下，顺应十六国以来各少数民族政权逐渐汉化的趋势，通过文明太后以及李冲、李安世等汉族大臣的影响和帮助，并结合其本人的具体主客观条件而产生和发展的。孝文帝所实施的一系列改革措施，就是试图解决上述问题，推动拓跋部从野蛮落后向文明先进的方向发展。换言之，孝文帝是第一个自觉地吸收汉族文化、自觉地推动本民族实现汉化的君主。他是要超越十六国诸政权以及北魏前期所达到的成就，寻找一种新的经济关系和政治制度，以适应广袤的汉族地区的客观环境，并且站到与汉族同样的文明高度上。孝文帝所领导的鲜卑拓跋部的改革运动，是中国历史上的少数民族"不得不适应征服后存在的比较高的'经济情况'"、"为被征服者所同化"的典范。

孝文帝的改革思想，是太和改革的指导思想。

这种思想导致了改革的决策。

孝文帝为首的北魏统治集团清醒地看到了当时社会中的一系列弊端。拓跋部虽然从塞外进入中原，并且在一部分汉族士人的帮助下，横扫北方，武功显赫，却不过是从马上得天下，而不可能在马上治天下。孝文帝一再指出："国家兴自北土，徙居平城，虽富有四海，文轨未一"，"祖宗情专武略，未修文教"，"锐意武功，未修文德"。与具有丰富历史文化传统的汉族相比,“面墙”、“仍染前世”的拓跋部难免“复成被发之人”,被历史所淘汰。

因此,孝文帝吸取了中原传统的顺应时势、变法改革的思想,从“至德虽一,树功多途”的事物发展变化的认识论出发,强调发挥人的主观能动作用,积极进行“改作”,“改旧从新”,“修身改俗”,“移风易俗”,实现从“武”到“文”的转变。这就是说,只有改革,才能“闻见广传”,改变拓跋部的落后面貌,争取汉族地主阶级的支持与合作;只有改革,才能发展经济文化,实现“文治”,建立起汉族王朝那样的德治礼教之邦,巩固和振兴北魏国家,并且最终战胜南朝,实现统一。孝文帝的这种自强不息、发愤进取,使民族走向文明、发达、昌盛的思想,堪称古代文化宝库中弥足珍贵的财富。

这种思想确定了改革的方向。

改革的方向就是以汉族原有的政治经济文化制度为模式,建立一个文明先进的中原王朝,以“齐美于殷周”。对拓跋部来说,就是要实现彻底的汉化。

如前所述,北魏前期已经完成了社会制度的封建化。到太和十七年(493 年)以前,孝文帝的改革主要集中于政治和经济领域,班禄、均田、三长、租调等项改革的任务是在封建化的基础上,缓和阶级矛盾,加强封建统治,发展农业经济。太和十七年迁都以后,改革主要集中于文化领域,任务是仿效汉族,清除拓跋部原有的落后风俗习惯。因此,对拓跋部来说,汉化是比封建化更高一个层次的概念。孝文帝宣称要使北魏“齐美于殷周”,不让汉晋“独擅于上代”,已经表明他的改革不能停留在战国和秦朝那样的初期封建化水平，而是要通过自觉的、积极的汉化，使北魏达到“殷周”那样被认为是理想化的境界，或者说至少就是汉晋与南朝的水平。事实表明，通过改革，北魏社会的经济关系和政治、文化诸方面确实有了巨大的进步，在许多方面都赶上甚至超越了汉晋与南朝。

这种思想指导了改革的具体方案的规划和实施，表现在：

正统和大一统观念指导了北魏的迁都。迁都在一定程度上是解决粮食供给和防御外族的需要，同时也是发扬封建正统观和大一统观的必然结果。孝文帝自称“朕承法统”，“吾应天历运，乘时树功”，是个真命天子；北魏则是继续周汉、曹魏和西晋正朔的王朝，理应“荡一四海、“复礼万国”，那么，把京都继续留在贫瘠偏僻的塞外就显然是不合时宜的了。于是孝文帝作出迁都的战略决策，并且从太和十七年（493年）起，亲自领导了从平城至洛阳的迁都过程，进行了“神运兆中，皇居阐洛”的宣传，筹划粉碎了反对迁都和分裂国家的叛乱，并且屡次率军南伐。迁都把北魏的统治重心移至中原，为进一步接受汉族文化影响、实施改革扫清了道路。

德治观指导了北魏经济制度和法律制度的改革。孝文帝总结了历史教训，批判了残民以逞的暴政，主张德治。他多次强调轻徭薄赋，“简以徭役，先之劝奖”，“勉之劝课”，减轻百姓负担，发展农业生产，“欲天下太平，百姓富足”。当李安世、李冲等人先后提出均田制和租调改革的方案时，文明太后与孝文帝立即表示赞同，并且派遣官员到各地贯彻实施，“劝课农桑，兴富民之本”，使人民得以维持生计，尽力耕作。孝文帝还提出“治因政宽，弊由网密”，“宜慎刑罚”，“惟刑之恤”，先后数次主持修订法律改革方案，删减律文，废除酷刑，从轻量刑，并且屡次亲自录囚断狱，解决冤滞案件。此外，德治观还具体反映在民族政策上，在少数民族拥戴朝廷统治的前提下，孝文帝在一定程度上推行了民族平等与和睦相处政策，这是难能可贵的。

礼教观指导了北魏的政治、文化改革。孝文帝衷心倾慕华夏古礼，奉礼为“经纶万代，贻法后昆”的治国大纲，试图用礼教改造拓跋部粗犷野蛮的群体素质和原始简陋的政治制度、风俗习惯，以实现“稽古复礼”，“风教洽和，文礼大备”。孝文帝恪守礼的准则，维护礼的地位，发挥礼的作用，努力将礼教贯彻到君臣、父子、婚丧、祭祀、服饰、宴饮等社会生活的各个领域。他特别强调用礼制确立拓跋贵族和汉族士族“以贵承贵，以贱袭贱”的等级地位，并且据此设计官制和选举制度，从而构筑起一套严密的门阀品级的统治秩序。这套秩序，比起拓跋部原来那种贵贱混一、上下无别的传统，是较高层次的封建文明的体现。

总之，太和年间的改革，不仅是拓跋部顺应历史发展趋势的结果，而且是以孝文帝为首的北魏统治集团成员的参与决断、特别是以孝文帝改革思想的指导为重要条件的。

二

既然太和改革是对历史趋势的一种顺应。那么，这种改革与十六国时期各政权的改革有什么同异呢？而孝文帝的改革思想，与历史上许多的政治家、思想家的政治思想又有什么差别呢？

毋庸置疑，北魏和十六国中的一些少数民族政权都进行了改革，采取了不同程度的汉化的措施。但是：

关于改革的时机。其他各政权所存在或进行改革的时间都比较短，就后者而言，一般都不过是一、两代君主的事情。而北魏作为后起者，则是在十六国战乱的晚期才开始建立并日趋巩固的，太和改革又是在北魏建立后数代君主大致上持续不断（虽然规模各有不同）吸取汉族文化的基础上实施的。太和改革本身又持续了十多年，其间北魏与南朝又多有交往。因此，孝文帝为首的统治集团完全有条件站在较高的起点上，对前代的经验教训和当代的汉族礼仪文化进行反思和总结，使改革呈现出更加丰富与深刻的内涵。

关于改革所依靠的力量。十六国中的一些政权都重用汉人，特别是发挥他们的“谋主”作用，如张宾、王猛等；少数民族统治者也能够建立一套吸引和选拔汉族士人的制度。但是，十六国没有能够解决少数民族贵族的门第问题，以及他们与北方汉族高门的结合问题。被选拔到核心集团的汉人数量较少，作用有限，因此政权的性质仍然是少数民族的贵族政权。而太和年间，则在北魏前期的基础上，继续在朝廷和地方重用大批汉族官僚、高门，其中包括以清河崔氏、博陵崔氏、赵郡李氏等为主体的北方士族，以陇西李氏为代表的河西士族和一部分来奔的南方士族等三个主要的部分，并且吸收他们加入核心集团，发挥他们参与改革的作用。特别是在迁都洛阳后，北魏统治者在法律上重新确认了门第品级制度，完成了拓跋贵族的门阀化，从而得到汉族地主阶级的积极支持与合作，使北魏成为以拓跋贵族为主、拓跋贵族和汉族地主阶级共同的政权。

关于改革的广度和深度。十六国时期的改革，虽然也涉及到社会各个领域,但其主要是为武力征服服务的,目的是占据更多的疆土,掠夺更多的财富和人民,从而维持和巩固现存的统治秩序。因此,改革带有明显的急功近利的实用色彩,呈现出严重的局限性,典型的如后赵、前燕、前秦、后秦诸政权。而太和时期军事征服的问题已退居次要地位,改革更多地深入到政治、经济、文化诸方面,旨在实现从"武功"向"文治"的转变,提高民族素质,"齐美于殷周"。显然,这种改革所能达到的广度和深度是前代所不能比拟的。

因此,太和改革是对十六国以来各少数民族政权的改革的一个总结,是各少数民族从不自觉的汉化走向自觉的汉化的一个转折,是北方各民族融合的一个高潮。

毫无疑问,孝文帝的改革思想,作为南北朝特定历史条件下的产物,作为由统治集团的一批成员共同发展起来的少数民族君主的思想,是到当时为止的历史长河中各种改革思想一脉相承的结果。那么,与以前及以后的改革思想相比,孝文帝的改革思想又有什么特点呢?

首先,是其主旨的崇儒性。

历史上许多业绩卓著的改革家,或者是主张改革的思想家,如管仲、李悝、商鞅、韩非、桑弘羊、曹操、诸葛亮、葛洪、王猛,以及后来的范仲淹、王安石、阿保机(辽太祖)、元昊(夏景宗)、完颜雍(金世宗)、耶律楚材、张居正等,虽然其时代背景和个人经历不同,但他们有的是先秦法家(或者法家先驱),有的则以法家学说为依据,或者较多地吸收了法家学说进行变革(当然,在此前提下,他们各自的生活背景、学术渊源、从政经历等具体情况也各有不同,不能一概而论)。他们针对时弊,强调整顿纲纪,惩腐肃贪,厉行法治,富国强兵。而孝文帝，则高擎儒学大旗，他始终尊崇孔子，他的改革思想始终以儒家学说为基本精神，法家学说在孝文帝的思想中，只占据相对次要的地位。儒学在其产生数百年后，到西汉中期，经过加工取舍，已经成为统治阶级的思想武器。尤其是在饱经战乱的北朝，统治者最紧迫的任务是调整各阶级、阶层之间的利益关系，从而安抚百姓，缓和矛盾，发展经济。强调刑杀、显得峻酷无情的法家理论再一次失去了昔日的光彩。而儒学，则以其热烈的政治理想、精巧的治国方案、成熟的统治策略，以及所塑造的完美的人格形象，征服了那些刚刚闯入中原的少数民族首领。在既维护统治集团的根本利益，又善于协调各民族、各阶级和各政治派别的关系这一点上，儒学尤其显示出迷人的魅力。孝文帝出生前，北魏历代君主已经对儒学有了相当的认识。孝文帝的抚育者文明太后就是有一定礼仪文化修养的汉人，宫廷中又聚集着不少深谙儒术的汉族大臣，再加上孝文帝自己的研习和领悟，他很自然地认识到儒学是唯一能改变拓跋部落后面貌的学说，也是最适合振兴北魏的要求的思想体系，因此大力加以推崇和弘扬。崇儒，是孝文帝改革思想的首要特征。

孝文帝改革思想中的儒学因素主要包括：君权神授思想、正统思想、大一统思想、德治思想、民本思想、富民思想、礼教思想、特权法思想、慎刑思想、无讼思想，等等。

其次，是其内容的多样性。

历史上的不少政治家或思想家，其改革思想往往侧重于经济关系或政治制度的若干方面，如抑制兼并、减轻赋役，或整饬吏治、清除腐败、强化机制等，其目的是在维护和完善已有的根本制度（先秦有所不同）的前提下，补苴罅漏，克服时弊，巩固专制制度。一些少数民族的统治者，其改革的范围也往往有一定的局限。例如，辽代建国后，曾经采取了一些改革措施，却长期保留了旧俗斡鲁朵宫帐制。斡鲁朵有其直属的军队、民户、奴隶和州县，构成一个独立的军事、经济单位，实际上是一种奴隶制度。夏景宗元昊也搞改革，在文化上，他却厌恶儒学，还把汉族王朝赐予的李姓和赵姓改用党项姓“嵬名”，到夏毅宗谅祚时才重新使用汉姓，但经济领域的奴隶制在西夏仍然占据主要地位。契丹、党项、女真和蒙古族都一直使用各自的文字，与汉字并行。金世宗完颜雍一面倡导学习汉族经史，一面又力求保持女真旧俗，他曾对人说：“若依国家旧风，四境可以无虞，此长久之计也。”他还斥责别人“每事专效汉人”，要求“讲本朝之法”。元朝则长期保持原有的斡耳朵宫帐制、怯薛制和投下制等蒙古族的官制和经济制度，同时拒绝接受汉族文化。①

而孝文帝的改革思想，首先如建立均田制、租调制、三长制等，目的是减轻人民负担、缓和社会矛盾、发展农业生产；其次是删酷刑、班俸禄、定姓族、改官爵，则属于政治和法律改革的范畴。单从这些方面来说，孝文帝的改革思想已经触及到了社会经济制度和政治制度，显示出它的广泛性。除此以外，孝文帝还要从根本上改造鲜卑拓跋部，提高民族素质，他所提出的语言、姓氏、服饰、婚姻、祭礼等方面的改革，旨在彻底改变拓跋部游牧民族的生活习惯和心理文化，推动拓跋部走向汉化。显然，这是一种更为全面而深刻的变

① 以上参考《中国通史》第六、第七册，蔡美彪等著，人民出版社（北京）1979年、1983年版。

革。

因此，孝文帝的改革思想，涉及国家和民族的各个领域，兼具调整阶级关系、统治阶层内部关系以及改造民族的性质，具有比一般的改革思想更加丰富和深刻的内涵。

第三，是其基本立场的民族性。

孝文帝力图改造鲜卑拓跋部，是不是意味着他准备抛弃或者已经抛弃了本民族的一切传统呢？答案是否定的。

鲜卑是一个古老的具有自己独特文化的民族，孝文帝是鲜卑拓跋部出身的皇帝。他的思想和言论，不可避免地带有本民族的痕迹，流露出本民族的情感。这并不意味着他抱残守缺，企图全盘保留所谓民族文化的精粹，而是说，即使在他深受汉族文化的影响、形成以儒学为模式的改革思想，并且努力推行汉化的时候，也始终没有忘记鲜卑的存在。他首先考虑的是拓跋部特别是其贵族的利益。“汉化”并不是把拓跋部与汉族混为一谈。

孝文帝通常是站在本民族的立场上，从提高本民族政治、经济、文化水平的愿望出发来阐述他的改革思想的。如迁都前后，他说平城为“用武之地，非可文治。移风易俗，信为甚难”。他所谓的“移风易俗”，自然是指移拓跋部之风，易拓跋部之俗，而不是别的。他又说：“朕为天子，何必居中原？正欲卿等子孙渐染美俗，闻见广传。若永居恒北，复值不好文之主，不免面墙耳”；又说：“卿等欲令魏朝齐美于殷周，为令汉晋独擅于上代？”“若然，将以何事致之？为欲修身改俗，为欲仍染前世？”“为欲止在一世，为欲传之子孙？”这里所说的“卿”，是拓跋贵族；所说的“子孙”，是拓跋贵族的子孙；所说的“魏朝”是拓跋部创建的王朝。而孝文帝所谓“复成被发之人”，也是担心拓跋部走回老路。此外，他的“班镜九流，清一朝轨”，也是为了确立拓跋贵族享有与汉族士族同等的、世代罔替的品级门第。因此，孝文帝迁都与改革的目的，首先就是开阔本民族贵族及其子孙的视野，提高他们的见识，更新他们的观念，确认和保障他们的法律地位，使本民族建立与统治的北魏王朝长治久安，流芳后世。其次，才谈得上维护汉族地主阶级的利益。

民族性还表现在孝文帝对其祖先的态度上。虽然孝文帝根据儒家学说改革了鲜卑传统祭礼，“减省群祀，务从简约”，但他并没有数典忘祖。他认为：“烈祖有创基之功，世祖有开拓之德，宜为祖宗，百世不迁”，祭祀时予以最显赫的地位。他一再以诚惶诚恐的口吻，称颂列祖列宗的功业，表白自己无愧于祖宗的孝子贤孙，及其事业的继承者。

孝文帝的汉化思想，决不是要从华夏历史上抹掉本民族的痕迹。他妥善地处理了站在本民族的立场、维护本民族的统治与巩固北魏国家、提高民族素质之间的关系。民族性，为他的改革思想和汉化事业增添了色彩。至于在此过程中，拓跋部原有的一些具有鲜卑特色的传统（包括骠悍勇武、擅长骑射）逐渐削弱和消失，也是完全符合历史上的征服者“不得不适应征服后存在的比较高的‘经济情况’”、“为被征服者所同化”的一般规律的，并不能以此推断孝文帝“丢弃了本民族的优良品质”，或者否定孝文帝改革思想的民族性。

第四，是其积极的实践性。

历史上的一些改革思想或其中的一部分，由于各种原因，仅仅是一幅蓝图，未能付诸实践，还有一些改革思想未能贯彻始终，或者很快被推翻，甚至改革家本人也身遭不测。孝文帝的改革思想，则一直比较顺利地与改革实践密切结合，既指导实践，又在实践中得到充实、发展，具有积极的实践性。

历史上的不少改革家，处于宰相（相国、丞相）的地位，代表相权。他们必须处处瞻前顾后，小心谨慎，照顾皇帝（君主）的利益。如果相权与皇权、外朝与内朝发生冲突，改革家难免罹祸，改革事业也就会中途夭折了。而孝文帝本人就是皇帝，在太和年间的大部分时期，是北魏的最高统治者。他可以利用自己巨大的权势，不受掣肘地发号施令，发动和主持改革，而不存在相权与皇权冲突的问题。

有的少数民族统治者，对汉人一直心存疑忌，任用汉人是有条件的。十六国时期，这种情况十分普遍。到金代，熙宗完颜亶时，由于朝廷内部互相争权夺利，田珏、奚毅等一批主张改革的汉臣先后被杀或被逐，以至金朝尚书省“为之一空”。元世祖忽必烈在杀了中书省官王文统后，更对汉人幕僚增加了疑虑，逐渐疏远。而孝文帝，对汉族士人始终是信任不疑的，他的周围有一个人数众多的改革集团，孝文帝重视作宣传解释工作，又懂得策略。他的思想不但得到拓跋贵族中较年轻的一代，如元澄、元勰、元禧等的理解，更得到汉族大臣的鼎力支持。以李冲等为代表的汉族大臣，其出身门第、儒学修养、从政经验在当时都是第一流的，而且有改革北魏统治现状的强烈愿望。他们深受孝文帝的信任，或出入于宫阙，密谋于宫帏，参与决策，或巡回于州镇，牧宰于一方，监督实施。年轻的拓跋贵族与汉族大臣组成了强大的改革集团，其力量比保守阵营占了压倒优势。这是改革思想得以贯彻实施的重要条件。

对于改革方案的落实，孝文帝强调采用自上而下的行政手段，依靠发布诏令、派遣使者巡回宣传督促、地方官贯彻执行相结合的办法。这样做，自然不易在广大的区域内充分动员社会力量，如均田令在全国的实施就较为缓慢和粗率；但在另一方面，这种办法也有易于在发布诏令前周密筹划，传达诏书本身较为迅速便捷，能够在某些统治力量较强的地区造成声势、取得成效的优点。这也是封建统治者推行改革所采取的传统办法。

此外，孝文帝的思维方式和语言，一般较为简洁、朴实、直率，体现出北方民族的风格和务实的特色。

第五，是其发展的阶段性。

孝文帝的改革思想，与改革的客观环境和主观因素相适应，有一个发展、成熟、变化的过程，呈现出阶段性的特征，每个阶段又都互相衔接，环环紧扣，各有特色。我们在研究太和改革时，应该充分注意到孝文帝改革思想发展的这种阶段性，并探寻各阶段之间的内在联系。

（一）　初步形成阶段。太和八年（484 年）以前，孝文帝在文明太后的抚育和汉族大臣的影响下，努力研习儒家文化和汉族礼仪，也跟随太后出巡平城周围地区，接触社会，增长见识。其间，少年的孝文帝还曾主持了法律的修订。总之，在这一阶段中，他初步形成了自己的改革思想。

（二）　确立和成熟阶段。太和八年起，北魏开始采取实质性的改革步骤，主要集中在经济和政治领域。从班禄、均田、租调、三长等改革到改营太庙，孝文帝都在汉族大臣的谋划下，参与或者主持改革，其改革思想逐步确立。这一阶段中的重要转折，是从太和十年（486 年）前后起，孝文帝已经成为北魏王朝的最高统治者；太和十四年（490 年）文明太后去世以后，他更是独立地承担起领导改革的使命，其改革思想也日臻成熟。

（三）　充分发展阶段。太和十七年（493年）开始的迁都，是太和年间的重大事件。从此北魏统治中心进入中原汉族地区，改革运动发展到了高潮。围绕迁都，孝文帝的改革思想大大丰富了。迁都后，孝文帝把自己的精力几乎全部投入改革，特别是在文化和政治领域的改革连绵不断，精彩纷呈。孝文帝关于“改作”、“改旧从新”、“移风易俗”、“修身改俗”以及改革对拓跋部的存亡的重要意义的论述，绝大多数都是在这三四年中发表的，其思想的深度远非历年所能及，达到了充分发展阶段。

（四）　停滞阶段。从太和二十一年（497年）前后起，孝文帝倾力南征，无暇顾及后方。在他的最后二三年中，很少有改革的论述，更未见改革方案的出台。改革思想的锋芒被连年战争的烽烟所遮掩，实际上处于停滞阶段，直到他的去世。

三

和历史上的任何一位政治家、思想家的观点总有其局限性一样，孝文帝的改革实践和思想也不可避免地暴露出一些弱点和缺憾。这主要是因为作为一个封建帝王，虽然得到一代拓跋贵族和汉族大臣的拥戴与帮助，有多次巡察各地、戎马亲征的经历，但他一生的大部分时间毕竟是在深宫之内度过，其对社会现实的洞察、对战略全局的筹划，以及对思维方式的把握，毕竟受到各种主客观条件的限制，有时还会带来一些始料未及的结果。

一、关于军事战略。

太和时期北魏王朝的军事战略，与孝文帝的改革思想和实践存在着密不可分的关系。鲜卑拓跋部有着崇尚武力的传统，进入塞内以后，特别是随着太和年间改革的发展、迁都的完成和汉化的深入，拓跋部开始向“文”转化，仿效汉族注重文教、礼治。这本身是符合民族征服的一般规律的，但是，孝文帝为首的北魏统治集团针对遭受南北夹击的态势而在军事上所采取的“轻北重南”的战略，却带来了一些严重的后果。

“北”即北镇。北魏为了防御柔然，曾在北边设置军镇，迁拓跋贵族或中原强宗豪族为将士镇守，给予一定优待，以保持其较高的战斗力。但在迁都以后，北魏统治重心南移，北镇的防守逐渐被疏忽。一些镇守过北镇的宗室因各种原因先后被调离。如江阳王元继曾任都督柔玄、抚冥、怀荒三镇诸军事、镇北将军、柔玄镇大将，后被调入洛阳负责留守；乐陵王元思誉曾为行镇北大将军，孝文帝嘱以“恒代路悬，旧都意重，故屈叔父远临此任，不可不敬慎所临”①，后因罪被削爵革职。代替他们的大多为平庸之辈，才能和声望都不足以担此重任，却擅长搜刮聚敛，有的还是徙边罪犯。如拓跋提“为梁州刺史，以贪纵削除，加罚，徙配北镇”②。至于士兵为“配徙边镇”的犯人，就更普遍了。他们长期戍守北边，待遇低微，返乡无望，不满情绪强烈。正如后来的北道大都

① 《魏书》卷十九下《景穆十二王列传下·元思誉传》。

② 《魏书》卷十八《太武五王传·拓跋提传》。

督元深所指出的："及太和在历，仆射李冲当官任事，凉州土人，悉免厮役，丰沛旧门，仍防边戍。自非得罪当世，莫肯与之为伍"；"自定鼎伊洛，边任益轻，唯底滞凡才，出为镇将，转相模习，专事聚敛……咸言奸吏为此，无不切齿憎怒"①。到宣武、孝明帝时，局势日益恶化，"北镇大饥"、"六镇大饥"、柔然入寇的记录史不绝书。最后，忍无可忍的六镇守卒被迫起义，揭开了北魏末年人民大起义的序幕。

孝文帝的正统观驱使他进攻南朝，试图一统天下。这固然无可厚非。问题是，在北边防务松驰的同时，孝文帝不顾客观军事态势和双方力量对比的实际情况，不顾一些宗室、大臣的劝谏，急于要"荡涤南海"，"乘时树功"。他听从了刘昶、王肃的建议，轻率地频频南征，"爰震武怒，戎车不息"②，"军旅频动，兵连积岁"③。虽然攻占了淮水南北的一些地盘，其所征发的兵役和军需却使人民不胜负担。特别是刚刚跟随他从迢迢千里之外的平城来到洛阳的代迁户，"资产罄于迁移，牛畜毙于辇运"④，疲乏憔悴，正需要时间休养生息，却被迫服役营建洛京，还要连年随驾南征，其忍受的疲惫和痛苦可想而知。宣武帝在景明二年（501年）的诏书中也承认："比年以来，连有军旅，役务既多，百姓凋敝。宜时矜量，以拯民瘼。"⑤ 轻北重南，连年征战，打破了战略平衡，虽然扩大了一些疆土，却削弱了北魏国力，反映出孝文帝在这个问

① 《魏书》卷十八《太武五王传·元深传》。

② 《魏书》卷五六《郑羲传附郑道昭传》。

③ 《魏书》卷九《肃宗纪》。

④ 《魏书》卷五三《李平传》。

⑤ 《魏书》卷八《世宗纪》

题的指导思想上有脱离客观条件、急于求成的倾向。

二、关于儒学的传播。

孝文帝推崇儒学，把它奉为改革的宗旨。在洛阳，他还制订了重建国学、四门学，“列教序于乡党，敦诗书于郡国。使揖让之礼，横被于崎岖；歌咏之音，声溢于仄陋”[①]的宏伟规划。但实际上，特别是在最后二三年中，孝文帝集中力量南征，未暇顾及其它，其改革思想呈现停滞的态势。在某种程度上，儒学实际上是被冷落了。这无疑是违背孝文帝的初衷的。

由于“军国多事，未遑营立”，在洛阳重建学校的规划未能认真落实，儒学在太和晚期直到宣武帝前期，一直未能切实振兴起来。景明初年，大族郑道昭在上表中说：“窃惟鼎迁中县，年将一纪，缙绅褫业，俎豆阙闻”，“学官凋落，四术寝废”，“城南太学，汉魏石径，丘墟残毁，藜藿芜秽，游儿牧竖，为之叹息”[②]；任城王元澄也痛感“学宫虚荷四门之名，宗人有阙四时之业”[③]。正始元年（504年），宣武帝下诏“依汉魏旧章，营缮国学。”到迁都后差不多二十年的延昌元年（512年），宣武帝又说：“迁京、嵩县，年将二纪，虎闱阙唱演之音，四门绝讲诵之业，博士端然，虚禄岁祀”，于是不得不再次“严敕有司，国子学孟冬使成，太学、四门明年暮春令就。”[④]大约到这以后，北魏在洛阳一带的官学才开始建立，

① 《魏书》卷六六《李崇传》。

② 《魏书》卷五六《郑羲传附郑道昭传》。

③ 《魏书》卷十九中《景穆十二王列传中·任城王云传附澄传》

④ 《魏书》卷八《世宗纪》。

儒学才得以真正在中原振兴、光大。所以，孝文帝虽然提倡儒学功不可没，客观上却未能在传播儒学方面采取足够的具体措施。史称“太和之后，盛修文教”①；“天下承平，学业大盛”②，主要是指宣武帝时期的事情。

孝文帝晚年对儒学扶持不力，对鲜卑其他各部族的汉化多少产生了一些影响，佛教势力则趁虚而入。至延昌年间，北魏各地僧寺、尼庵已有13727所。神龟元年（518年），任城王元澄上奏说“都城之中及郭邑之内检括寺舍，数乘五百，空地表刹，未立塔宇，不在其数……自迁都已来，年逾二纪，寺夺民居，三分且一”，“今之僧寺，无处不有。或比满城邑之中，或连溢屠沽之肆，或三五少僧，共为一寺”③。佛教势力大盛，严重影响到封建王朝的政治和经济利益，引起了统治集团内部的激烈争论。

孝文帝晚年对儒学支持不力、传播不够，与他在实践中未能把改革进行到最后是一致的。

三，关于统治阶层的腐败。

拓跋人从环境艰苦的边塞来到中原，接触了汉族文化，许多人立即被正在逐渐恢复、在当时看来已经是颇具色彩的中原城市生活所陶醉。灯红酒绿、轻歌曼舞中，拓跋贵族贪婪、糜烂的本性日益暴露。而孝文帝为了力争对改革的支持，对官僚、贵族尤其是拓跋宗室历来采取宽容的态度。他曾经说：

① 《隋书》卷七五《儒林传》。

② 《魏书》卷八四《儒林传》。

③ 《魏书》卷一一四《释老志》。

"朕变革之始，事从宽贷。"[①] 拓跋贵族和汉族大族犯法，只要不是"谋反"、"谋叛"之类的大罪，常常能够得到恕免。如南安王元桢"黩货聚敛，依犯论坐，将至不测"，孝文帝"特一厚恕，削除封爵，以庶人归第，禁锢终身"，以后又复爵，出为镇北将军[②]；贵族穆羆"频以不法致罪。高祖以其勋德之胄，让而赦之"[③]；征南大将军元鸾"请罪行宫"，孝文帝"事从宽贷"，赦其死罪，以后又"还复本封，增邑二百户"[④]。咸阳王元禧"性贪"，孝文帝只是加以"切诫"而已。"终不改操"的元禧受遗诏辅政后，"从容推委，无所是非，而潜受贿赂，阴为威惠者，禧特甚焉"[⑤]，终于招致杀身之祸。

太和以后，贪污、受贿、聚敛、舞弊日益成风，统治阶层的腐败到了触目惊心的地步。其典型例子如徐州刺史元寿兴"在官贪虐，失于人心"[⑥]；河南尹元融"性尤贪残，恣情聚敛"[⑦]；凉州刺史元诠"在州贪秽，政以贿成"[⑧]；北海王元详"贪侈聚敛，朝野所闻"[⑨]。至于吏部尚书元晖，更是"纳货用官，皆有定价，大郡二千匹，次郡一千匹，下郡五百匹，其余官职各有差，天下号曰'市曹'"[⑩]；齐州史元诞"在州贪

① 《魏书》卷十九下《景穆十二王列传下·元鸾传》。
② 《魏书》卷十九下《景穆十二王列传下·南安王桢传》。
③ 《魏书》卷二七《穆崇传附穆羆传》。
④ 《魏书》卷十九下《景穆十二王列传下·元鸾传》。
⑤ 《魏书》卷二一上《献文六王列传上·咸阳王禧传》
⑥ 《魏书》卷十五《昭成子孙列传·元寿兴传》。
⑦ 《魏书》卷十九下《景穆十二王列传·元融传》。
⑧ 《魏书》卷二〇《文成五王列传·元诠传》。
⑨ 《魏书》卷二一上《献文六王列传上·北海王详传》。
⑩ 《魏书》卷十五《昭成子孙列传·元晖传》。

暴，大为人患，牛马骡驴，无不逼夺。家之奴隶，悉迫取良人为妇。有沙门为诞采药，还而见之，诞曰：'师从外来，有何消息？'对曰：'唯闻王贪，愿王早代。'诞曰：'齐州七万户，吾至来，一家未得三十钱，何得言贪？'"①

统治阶级如此贪婪、腐败，孝文帝为推行改革而采取宽容政策，不能不说是一个失误。

四，关于继承人的培养。

孝文帝身边最得力的大臣，主要是在文明太后时期选拔的。孝文帝过分注重门第，强调"以贵承贵，以贱袭贱"，虽然培植了个别庶族官僚，但就整体而言，选择人才的范围比较狭窄。特别是在迁都以后，他忙于征战，忽略了对改革集团继承人的选拔与培养。结果，随着李冲等大臣的先后去世，改革力量逐步受到削弱，改革事业趋于停顿。到孝文帝自己去世后，北魏朝廷主张改革的人才更是日渐凋零。正始二年（505 年），宣武帝在诏书中说："中正所诠，但存门第；吏部彝伦，仍不才举。遂使英德罕升，司务多滞。"② 同时，各派政治力量互相争斗、砍杀不已，政治陷入极度黑暗之中。

宣武帝即位初年，以六大臣辅助。但他很快开始耍弄权术，排斥辅政大臣。景明二年（502 年）正月，宣武帝让彭城王元勰以王归第，剥夺了他的权力，而重用咸阳王元禧、北海王元详，分别封他们为太保、大将军，宣武帝自己则开始亲政。到这年五月，元禧即以谋反罪被赐死，宣武帝改而重

① 《魏书》卷十九上《景穆十二王列传上·元诞传》。

② 《魏书》卷八《世宗纪》。

用外戚高肇[①]与勋贵于忠[②]。正始元年（504年）元详受高肇的构陷被废为庶人，不久暴死。永平元年（508年），宣武帝封他舅舅的女儿高氏为皇后，外戚势力进一步增长。而宣武帝的弟弟、京北王元愉则因在冀州叛乱被平定，“绝气而死”。已经被革职，在家闲居的彭城王元勰，又受到高肇的陷害，被杀。另一位宗室任城王元澄也“为肇间构，常恐不全，乃终日昏饮，以示荒败”[③]。到孝明帝即位，于忠、刘腾等权臣、宦官又势倾朝廷。总之，孝文帝未能留下足够的力量继承改革事业，在一定程度上导致了权臣擅政、忠良受斥，统治集团内部互相猜忌杀戮的局面，不复有太和年间政治更新、人才济济的气象。

四

孝文帝的改革思想，尽管在当时有上述种种偏差和缺陷，但如果我们把它放到整个太和时期的历史背景中去考察，可以发现它仍然具有深刻的内涵。它不仅指导了北魏从政治、经济、法制到文化的持续多年的改革运动，而且从更长远来说，对于继承和弘扬中原儒家思想文化传统，有着独特的地位和

① 高肇，字首文，渤海修人，宣武帝母亲文昭太后的哥哥。“宣武追思舅氏”，高肇父子三人同日受封，肇为平原郡公。后拜尚书左仆射，迁尚书令，颇结朋党，谮杀宗室。孝明帝即位后，肇被处死。

② 于忠（464—520年），字思贤，代人，勋臣于烈后。宣武帝时，以平定元禧功封爵，为使持节兼侍中、领军。后迎立孝明帝，居门下，总揽朝政，“生杀皆出于忠”，封灵寿县开国公。

③ 《魏书》卷十九中《景穆十二王列传中·任城王澄传》。

积极的影响。

如前所述，魏晋以来长期的天灾人祸，使中原儒家思想文化传统遭到了严重摧残，处于危机之中。面对典籍焚毁、庠序荒废、士人流散的局面，一些少数民族政权以及北魏前期的统治者，出于景仰儒学的心理和巩固政权的需要，曾用各种手段拉拢汉族士人，并且办学校，选贤才，企图利用并重振儒学。但他们力量有所不逮，时机亦未成熟，没有收到理想的效果。儒者大多流落民间，在极端艰苦的条件下钻研经义。在南朝，虽然拥有不少文人名士，但玄风盛行，佛教炽烈，世家大族和政权又过于腐败，始终未能出现卓尔独立的大儒，对中原施加足够的影响。到孝文帝，才以最高统治者的身份，重新确认了儒学在北方的至尊地位。孝文帝自幼景仰汉族文化，刻苦学习，孜孜不倦，成为统治集团中的一代楷模，由于他多年的推崇和提倡，更兼儒臣们的共同推动，太和以后，尤其是到宣武帝中期以后儒家思想在北魏逐渐恢复了往日的尊严，放射出令人眩目的光彩，再次成为封建王朝官方的经典学说。

《魏书》卷八四《儒林传》说："高祖钦明稽古，笃好坟典，坐舆据鞍，不忘讲道。刘芳、李彪诸人以经书进，崔光、邢峦之徒以文史达，其余涉猎典章，关历词翰，莫不縻以好爵，动贻赏眷。于是斯文郁然，比隆周汉。"应该说，这段描述太和年间儒风之盛的文字是有夸张的。北魏文化能够达到与"郁郁乎文哉"的周代、"彬彬多文学之士"[①] 的汉代相抗衡的境界，经历了一个相当长的阶段，到宣武帝时才得以实

① 《汉书》卷八八《儒林传》。

现,但孝文帝个人及其改革思想在太和年间的作用也是很突出的。

《隋书》卷七五《儒林传》认为,孝文帝改革以后,北方儒学的发达,为南朝所弗及:“暨夫太和之后,盛修文德。搢绅硕学,济济盈朝,缝掖巨儒,往往杰出。其雅诰奥义,宋及齐梁不能尚也。”尤其是宣武帝立国子学、太学和四门小学后,延聘众多名儒为博士,所授经书有郑玄注《易》、《书》、《诗》、《礼》、《论语》、《孝经》,服虔注《左传》,何休注《公羊传》,王肃注《易》,杜预注《左传》等,均流行于各地。大致上说,“南人约简,得其英华;北学深芜,穷其枝叶。”北方儒学,多遵汉儒之说,异于江左的杂以玄学。然“考其终始,要其会归,其立身成名,殊方同致矣”。说到底,还是一个殊途同归的问题。到北魏末年,出现了大儒徐遵明[1],为儒学从北魏传入北齐的关键人物。《北齐书》卷四四《儒林传》说,北齐“经学诸生,多出自魏末大儒徐遵明门下”。如河北流传的郑玄注《易》,即由徐遵明传卢景裕及清河崔瑾,景裕传权会,权会传郭茂。权会早入京都,郭茂则一直在门下授徒。以后能通《易》者,大多出自郭茂门下。至于其他儒生多兼通之《三礼》,则“并出遵明之门”。可见徐遵明影响之广泛。

《隋书》卷七六《文学传》则把北魏与南朝的文学作了比较,指出:“自汉魏以来,迄乎晋宋,其体屡变”,“暨永明、天监之际,太和、天保之间,洛阳江左,文雅尤盛于时”;

---

① 徐遵明,字子判,华阴人。早年诣山东就学,先后师从于王聪、张吾贵、孙买德,后自立门户,“讲学于外二十余年,海内莫不宗仰”。

“彼此好尚，互有异同。江左宫商发越，贵于清绮；河朔词义贞刚，重乎气质。气质则理胜其词，清绮则文过其意。”南北朝的文学各有所长，而“重乎气质”对于改革两汉以后单纯注重技巧、形式的绮靡文风更有积极意义。太和以后，北魏文坛一改沉寂冷落的局面，产生了包括郦道元及《水经注》、杨衒之及《洛阳伽蓝记》在内的一批不同领域的文化名家和名著。

在科学技术方面，北魏晚期的贾思勰《齐民要术》，总结了当时北方的农业生产经验。在艺术方面，太和以后的碑体书法日臻成熟；北魏晚期开凿的洛阳龙门石窟，以及敦煌莫高窟、甘肃永靖县炳灵寺石窟、甘肃天水麦积山石窟等，作为佛教文化艺术形式，其镌刻、雕塑、壁画成就，均是闻名于世的艺术遗产。北魏晚期中外经济文化交流也日益频繁，从葱岭以西到东罗马帝国的沿途各国商人，纷纷来中国贸易。洛阳城内专门划出了区域，供其居住，贸易繁荣一时。

孝文帝改革以后，鲜卑拓跋部逐渐成为一个具有相当文化素养和礼仪水平的部族，并且趋向于基本被汉族同化。北魏尤其是洛阳一带的社会风气也有了很大改变。永安三年(529年)，萧梁派遣主书陈庆之出使北魏。到洛阳后，他发表了一通“魏朝甚盛，犹曰五胡。正朔相承，尚在江左”的议论。中原士族杨元慎当即痛加驳斥，又自豪地说：“我魏膺箓受图，宋鼎嵩洛……移风易俗之典，与五帝而并迹；礼乐宪章之盛，凌百王而独高。岂卿鱼鳖之徒，慕义来朝，饮我池水，啄我稻粱，何为不逊，以至于此！”这段话，表明中原汉族地主阶级已经把拓跋部建立的北魏完全认同为自己的王朝。当时陈庆之见杨元慎“清词雅句，纵横奔发”，不觉“杜口流汗，合声不言”。回到南朝，他逢人便盛赞北魏，曰："自晋、宋以来，号洛阳为荒土。此中谓长江以北，尽是夷狄。昨至洛阳，始知衣冠士族，并在中原。礼义富盛，人物殷阜，目所不识，口不能传……北人安可不重？”他还穿起仿制的北魏服饰，一时为人们纷纷所效。[①]

概言之，孝文帝的改革思想及其实践，在多方面突破了前代各少数民族统治者所具有的思想水平，扶持中原儒学渡过危机，逐渐振兴光大，重新取得思想上的统治地位，同时推动了北方地区经济、政治和文化的发展，促进了各民族的大融合。从此，北魏礼教文化日益兴盛，并带动了以后的北齐。北周灭北齐，北魏文化又辗转传入周、隋。隋朝统一中国，北方学术文化作为一个主要的部分，又与南方文化合流，共同推动唐代兼容并蓄、气势磅礴的思想文化的进一步发展。此外，魏孝文帝的积极改革、不断进取的思想，又给辽、西夏、金、元以及清代等各少数民族建立的王朝以及其他少数民族政权树立了榜样，鼓舞它们在不同程度上学习汉族文化，发展社会经济，解决各种民族问题。我们从封建社会中、后期的历代少数民族王朝那里，都可以看到魏孝文帝拓跋宏的改革思想的或深或浅的影响。从这个意义上说，拓跋宏的思想是前无古人、后启来者的，它在中华民族发展昌盛的历史上留下了光辉的篇章。

① 《洛阳伽蓝记》卷二《城东》。

附 录

拓跋宏年表

皇兴元年（467） 1岁

八月戊申（29日），生于平城紫宫。父显祖献文帝拓跋弘，母李夫人。文明太后还政于献文帝。

皇兴三年（469） 3岁

四月丙申（27日），命名曰宏。六月辛未（3日），立为皇太子。

皇兴五年（471） 5岁

八月丙午（20日），即皇帝位于太华前殿；献文帝禅位；己酉（23日），太上皇徙御崇光宫。大赦，改元延兴。九月，诏极言直谏。

延兴二年（472） 6岁

二月，诏祭孔子庙不听妇女合杂。三月，耕于籍田。四月，诏工商杂伎，尽听赴农。六月，诏自今所遣，皆门尽州郡之高，才极乡闾之选。闰六月，行幸阴山。九月，还宫。十一月，太上皇攻柔然。

延兴三年（473） 7岁

二月，诏牧守令长勤率百姓，无令失时；同部之内家有兼牛，通借无者。诏县令能静一县“劫盗”者兼治二县，能静二县者兼治三县，三年迁为郡守。四月，诏以孔子28世孙孔乘为崇圣大夫。七月，行幸阴山。八月，从太上皇幸河西。九月，还宫。十一月，诏遣使者观风察狱，黜陟幽明。太上皇南巡。

延兴四年（474） 8 **岁**

六月，诏非谋反、大逆、干纪、外奔，罪止其身，罢门房之诛。十一月，诏遣侍臣循河南七州，观察风俗，抚慰初附。

延兴五年（475） 9 **岁**

二月，诏定考课，明黜陟。五月，幸武州山、车轮山。

承明元年（476） 10 **岁**

六月辛未（13日），太上皇拓跋弘卒。尊太后冯氏为太皇太后，临朝称制。七月，追尊李夫人为思皇后。十月，诏群官卿士下及吏民直言极谏。幸建明寺。

太和元年（477） 11 **岁**

正月，诏牧民者简以徭役，务尽地力，使农夫外布，桑妇内勤。三月，诏所在督课农田，一夫制治田40亩，中男20亩。四月，幸白登山、崞山。五月，祈雨于武州。八月，诏工商皂隶各依厥分，有司不得纵滥。九月，诏群臣定律令于太华殿。

太和二年（478） 12 **岁**

二月，行幸代之汤泉。四月，幸崞山；祈天灾于北苑。五月，诏禁婚葬越轨。八月，诏遣使者考察守宰，问民疾苦。十一月，诏禁牧民之官纵奸纳贿。

太和三年（479） 13 **岁**

正月，坤德六和殿成。二月，随文明太后幸代郡温泉。四月，幸崞山。八月，幸方山。

太和四年（480） 14 **岁**

二月，乾象六合殿成。四月，幸廷尉、籍坊二狱，引见诸囚，诏恤刑；幸白登山。五月，幸火山。七月，幸火山。闰七月，幸虎圈；亲录囚徒。八月，幸方山、武州山石窟寺。九月，诏遣侍臣诣廷尉及有囚之所，周巡省察，饥寒者给以衣食，桎梏者代以轻锁。

太和五年（481） 15 **岁**

正月，南巡至中山、信都。二月，还都。三月，幸肆州，讲武于云水之阳。诏五族者降止同族，三族止一门，门诛止身。四月，与太后幸方山，起建永固石室，铭太皇太后终制于金册。五月，诏农时要月勿使有留狱之囚。七月，班乞养杂户及户籍之制五条。九月，阅武于南郊。冬，修律讫，凡 832 章，除群行剽劫首谋门诛，律重者止枭首。

太和六年（482） 16 **岁**

三月，行幸虎圈，诏勿复捕贡。幸武州石窟、方山。八月，遣使巡行天下遭水灾之处。十二月，诏课督未入及将来租算，一以免之。

太和七年（483） 17 **岁**

四月，幸崞山。五月，幸武州山石窟寺。七月，与文明太后幸神渊池、方山。九月，诏群官奏事当献可替否。十二月，诏禁同姓之娶。是年，皇子恂、恪先后出生。

太和八年（484） 18 **岁**

正月，诏拓跋琛、陆睿为东西二道大使，褒善罚恶。四月，幸方山、旋鸿池、崞山。六月，诏班禄，禄行之后，赃满一匹者死。七月，幸方山石窟。八月，诏直言极谏，勿有所隐。十二月，遣使巡行遭灾州镇。

太和九年（485） 19 **岁**

正月，诏禁断图谶、秘纬。班赐《皇诰》。二月，诏百司卿士及工商吏民各上书极谏。三月，封弟禧为咸阳王、干为河阳王、羽为广陵王、雍为颍川王、勰为始平王（后改彭城王）、详为北海王。七月，幸鱼池，登青原冈。八月，幸弥泽，登牛头山。诏自太和六年以来，买定冀幽相四州饥民良口者，尽还所亲。十月，颁均田令。

太和十年（486） 20 **岁**

正月，始服衮冕，朝飨万国。二月，初立党里邻三长，定民户籍、租调。四月，初以法服御辇，祀于西郊。幸灵泉池。六月，幸方山。七月，幸方山。九月，诏起明堂、辟雍。十一月，议定州郡县官依户给俸。是年冬，令无籍僧尼罢遣还俗。

太和十一年（487）　21 **岁**

正月，诏定乐章，非雅者除之。五月，幸灵泉池、方山。六月，因灾荒诏极言直谏。七月，诏听民出关就食，遣使者造籍，分遣去留。九月，诏重遣精检户籍。十月，诏罢起部无益之作，出宫人不执机杼者。诏诸州党里之内推贤而长者，教其里人。十一月，诏因寒气劲切，不听拷问罪人，及速决囚狱。

太和十二年（488）　22 **岁**

正月，诏镇戍流徙之人年老孤单穷独者听解名还本，犯死刑者父母祖父母年老、更无成人子孙者具状以闻。四月，幸灵泉池、方山。五月，诏六镇云中河西及关内六郡各修水田通渠灌溉。七月，幸灵泉池、方山。九月，诏慎刑。闰九月，幸灵泉池。

太和十三年（489）　23 **岁**

正月，祭于圜丘，初备大驾。四月，幸灵泉池、方山。五月，祭于方泽。七月，幸灵泉池，与群臣御龙舟赋诗。立孔子庙于京师。

太和十四年（490）　24 **岁**

正月，行幸方山。二月，幸灵泉池。诏定起居注。七月，幸方山、灵泉池。九月癸丑（18 日），文明太后卒。十月癸酉（9 日），葬太后于永固陵。群臣固请公除，不许。居庐引见群僚于太和殿。东阳王拓跋丕等据权制固请，引古礼往复。十二月，诏遣使与州郡宣行条制，隐口漏丁即听附实。

太和十五年（491）　25 **岁**

正月，始听政于皇信堂东室。初分置左右史官。三月，谒永固陵。四月，始进蔬食。经始明堂，改太庙。五月，议改律令于东明观，析疑狱。七月，谒永固陵。诏议祖宗以道武为太祖。巡省京邑，听讼而还。八月，诏诸州举秀才先尽才学。议祭礼，亲临决。移道坛于桑干之阴，改曰崇虚寺。十月，谒永固陵。明堂太庙成。十一月，迁七庙神主于新庙。大定官品，考诸牧守。

太和十六年（492） 26**岁**

正月，降居青阳左个布政。诏定行次，以水承金。制诸远属非太祖子孙及异姓为王者皆降等。二月，移御永乐宫。幸北部曹历观诸省。巡省京邑，听理冤讼。改谥孔子曰文圣尼父。三月，巡省京邑。四月，班新律令。幸皇宗学，亲问博士经义。五月，诏更定律条流徒限制，亲临决之。六月，诏务农重谷，检察勤惰。七月，诏选举每以季月，本曹与吏部铨简。八月，议养国老庶老。十一月，太极殿成。

太和十七年（493） 27**岁**

二月，诏赐议律令之官各有差。始籍田于都南。四月，立皇后冯氏。春，于经武堂与群臣议南伐。五月，临朝堂，引见公卿以下，决疑政，录囚徒。六月，诏造河桥。诏颁《职员令》。立皇子拓跋恂为太子。八月乙丑（11日），车驾发京师，步骑百余万，经肆州、并州，九月庚午（22日）至洛阳。周巡故宫，观洛桥，幸太学，观石经。丙子（29日），诏六军发轸。丁丑（30日），戎服执鞭御马而出，群臣请停南伐，乃定迁都之计。诏厮养之户不得与士民婚。十月，诏征司空穆亮与尚书李冲、将作大匠董爵经使洛京。幸河南城、豫州、邺城。引见王肃。十一月，邺城宫成。

太和十八年（494） 28**岁**

正月，车驾南巡。经比干墓，祭以太牢。幸洛阳西宫。二月，幸河阴。北巡济河，谕天下以迁都之意。闰二月，至平城宫。三月，罢西郊祭天。临太极殿谕在代群臣以迁移之略。七月，刘昶出镇彭城，亲为饯行并赐自编文集。北巡谒金陵，幸朔州。八月，至阴山，幸怀朔、武州、抚冥、柔玄诸镇。南还次旋鸿池，还平城宫。九月，诏三载一考，考即黜陟。十月，告太庙奉迁神主。发平城宫，次于中山。十一月，至邺，吊比干墓。至洛阳。十二月，诏革衣服之制。南伐至悬瓠。

太和十九年（495） 29**岁**

正月，济淮。二月，幸八公山。途中雨甚，令撤伞盖。至钟离还，遣使临江数萧鸾"杀主自立之罪"。三月，幸邵阳、下邳。四月，幸彭城、小沛，遣使以太牢祭汉高祖庙。幸鲁城，亲祠孔子庙。诏选诸孔宗子一人封崇圣侯，兖州为孔子起园柏，修坟建碑。幸碻磝。五月，幸滑台，至洛阳。太子冠于庙。六月，诏不得以北语言于朝廷。求天下遗书。诏迁洛之人死葬河南，不得还北；诏依周礼改长尺大斗。九月，行幸邺，还洛。诏诸州郡发遣人才，考核属官。是年夏秋，"亲议条制"。十二月，引见群臣于光极堂，宣示品令，为大选之始。班赐冠服。

太和二十年（496）　30 **岁**

正月，改姓氏。二月，听讼于都亭。五月，诏课督农桑。初营方泽于河阴。遣使以太牢祭汉光武及明、章三帝。七月，废皇后冯氏。诏举贤劾罪，恤刑薄赋。八月，至华林园录囚。幸崧嵩。太子元恂谋奔平城。十二月，废太子为庶人。

太和二十一年（497）　31 **岁**

正月，立皇子元恪为太子。二月，北巡至太原、平城、云中。三月，返平城。南巡次平阳，遣使以太牢祭尧。四月，幸龙门，遣使以太牢祭禹。幸蒲坂，遣使以太牢祭舜。修尧舜禹庙。至长安，遣使以太牢祀汉帝诸陵。赐元恂死。五月，泛渭入河，遣使以太牢祭周文王、武王。六月，至洛阳。七月，立昭仪冯氏为皇后。亲为群臣讲丧服于清徽堂。八月，南征。九月，留诸将攻赭阳，引师而南，克宛城。十月，攻新野。诏筑长围以守之。追废贞皇后林氏为庶人。十一月，大破齐军于沔北，巡沔东还。

太和二十二年（498）　32 **岁**

正月，克新野，斩齐新野太守刘思忌。幸南阳。二月，克宛北城，齐南阳太守房伯玉降。幸新野。三月，大破齐军于邓城，斩获二万。幸樊城，观兵襄沔。至悬瓠，以病召徐謇诊治，少瘳。诏减后妃供给。九月，班师。十一月，幸邺。

太和二十三年（499）　33 **岁**

正月，返洛。冯后幽居后宫。二月，以咸阳王元禧为正太尉，彭城王元勰为司徒。三月，南征。次梁城，不豫。元勰侍疾禁中，且摄百揆。至马圈，诏广阳王元嘉断均口，邀陈显达归路，大破之。疾甚，至谷塘原，诏赐幽后死，诏元勰征太子于鲁阳即位。以元禧、元详等六人为辅政顾命宰辅。四月丙午朔（1 日），于谷塘原去世。至鲁阳发哀还京，谥曰孝文帝，庙号高祖。五月，葬长陵。

索 引

人 名 索 引

一 画

二 画

三 画

四 画

五　画

六　画

七　画

八　画

十　画

十一画

十二画

十三画

十六画

词语索引

六 画

七 画

八 画

九 画

十 画

十一画

十二画

十三画

十四画

十五画

十六画

二十一画

主要参考书目

《马克思恩格斯选集》，人民出版社（北京）1972年版。
《尚书》（《十三经注疏》影印本），中华书局（北京）1979年版。
《周礼》（《十三经注疏》影印本），中华书局（北京）1979年版。
《礼记》（《十三经注疏》影印本），中华书局（北京）1979年版。
《论语译注》，杨伯峻译注，中华书局（北京）1980年版。
《左传》（据《春秋左传注》），杨伯峻编著，中华书局（北京）1981年版。
《孟子》（《十三经注疏》影印本），中华书局（北京）1979年版。
《商君书注译》，高亨注译，中华书局（北京）1974年版。
《荀子简注》，章诗同注，上海人民出版社1974年版。
《韩非子集释》，陈奇猷校注，上海人民出版社1974年版。
《史记》，司马迁撰，中华书局（北京）1982年版。
《汉书》，班固撰，中华书局（北京）1962年版。
《后汉书》，范晔撰，中华书局（北京）1965年版。
《三国志》，陈寿撰，中华书局（北京）1959年版。
《曹操集译注》，中华书局（北京）1979年版。
《晋书》，房玄龄等撰，中华书局（北京）1974年版。
《宋书》，沈约撰，中华书局（北京）1974年版。
《南齐书》，萧子显撰，中华书局（北京）1972年版。
《梁书》，姚思廉撰，中华书局（北京）1974年版。
《魏书》，魏收撰，中华书局（北京）1974年版。
《北齐书》，李百药撰，中华书局（北京）1972年版。

《周书》，令狐德棻撰，中华书局（北京）1971 年版。
《北史》，李延寿撰，中华书局（北京）1974 年版。
《水经注校》，王国维校，上海人民出版社 1984 年版。
《洛阳伽蓝记校注》，范祥雍校注，上海古籍出版社 1978 年版。
《颜氏家训集解》，王利器集解，上海古籍出版社 1980 年版。
《齐民要术》（据《百子全书》），贾思勰撰，浙江人民出版社 1984 年版。
《隋书》，魏徵等撰，中华书局（北京）1973 年版。
《旧唐书》，刘昫等撰，中华书局（北京）1975 年版。
《新唐书》，欧阳修等撰，中华书局（北京）1975 年版。
《贞观政要》，吴兢编著，岳麓书社（长沙）1991 年版。
《唐律疏议》，长孙无忌等撰，中华书局（北京）1983 年版。
《通典》，杜佑撰，商务印书馆（上海）1935 年版。
《通志》，郑樵撰，商务印书馆（上海）1935 年版。
《文献通考》，马端临撰，商务印书馆（上海）1936 年版。
《资治通鉴》，司马光等撰，中华书局（北京）1956 年版。
《读通鉴论》，王夫之著，中华书局（北京）1975 年版。
《廿二史札记》，赵翼撰，中华书局（北京）1984 年版。
《历代刑法考》，沈家本撰，中华书局（北京）1985 年版。
《九朝律考》，程树德编，商务印书馆（上海）1934 年版。
《隋唐制度渊源略论稿》，陈寅恪著，上海古籍出版社 1982 年版。
《中国通史》（第六、七册），蔡美彪等著，人民出版社（北京）1979 年、1983 年版。
《中国史稿》（第二、三册），郭沫若主编，人民出版社（北京）1979 年版。
《魏晋南北朝史》，王仲荦著，上海人民出版社 1980 年版。
《魏晋南北朝史纲》，韩国磐著，人民出版社（北京）1983 年版。
《南北朝史话》，程应镠著，北京出版社 1979 年版。
《北朝胡姓考》，姚薇元著，科学出版社（北京）1958 年版。

《乌桓与鲜卑》，马长寿著，上海人民出版社 1962 年版。
《北魏佚书考》，朱祖延纂，中州古籍出版社 1985 年版。
《魏晋南北朝史论稿》，万绳楠著，安徽教育出版社（合肥）1983 年版。
《魏晋南北朝史研究》，四川省社会科学院出版社（成都）1986 年版。
《中国史历日和中西历日对照表》，上海古籍出版社 1987 年版。
《净土上的烽烟—〈洛阳伽蓝记〉》，王文进著，台北时报文化出版事业有限公司 1982 年版。
《从平城到洛阳》，逯耀东著，台北联经出版事业公司 1981 年版。
《北魏中书省考》，郑钦仁著，台北嘉新水泥公司文化基金会丛书，1964 年版。
《今存南北朝经学遗籍考》，简博贤著，台北黎明文化事业股份有限公司 1975 年版。
《中国の歴史》，川胜义雄，东京讲谈社昭和四十九年版。
《中国伝统社会とその法思想》。
The Ageless Chinese：A History，Dunj Li，1978. The Third Edition，Charles，Scribner's Son's New York 1978。
A History of China，Koutledge and kegan Paul，London and Henley，1977。

后　记

本书的写作历经几个寒暑。我试图大致上勾勒出北魏的社会状况、太和改革运动以及拓跋宏思想的全貌。在写作过程中，我始终得到匡老领导下的南京大学中国思想家研究中心的关心和帮助，特别是丛书常务副主编蒋广学教授、副主编卞孝萱教授，以及审稿人胡阿祥先生和编辑杨金荣先生、责任编辑王月清先生，都反复审阅了书稿，并提供了很有价值的意见和建议。此外，复旦大学历史系的姚大力教授，“中心”的陈效鸿、周群先生，华东政法学院的陆锦碧教授等也给予我很大的帮助。对此，我表示衷心感谢，同时，对本书存在的问题恳请读者不吝赐教！

作　者

一九九六年九月于上海

图书在版编目(CIP)数据

拓跋宏评传 / 程维荣著. —南京:南京大学出版社，1998.10(2007.4 重印)

(中国思想家评传丛书/匡亚明主编)

ISBN 978-7-305-03203-5

Ⅰ. 拓... Ⅱ. 程... Ⅲ. 魏孝文帝(467～499)—评传 Ⅳ. K827＝392

中国版本图书馆 CIP 数据核字(2002)第 014403 号

中国思想家评传丛书

拓跋宏评传

程维荣 著

南京大学出版社出版发行

社址：南京市汉口路 22 号 邮编：210093

电话：025-83596923 025-83592317 传真：025-83328362

网址：http://press.nju.edu.cn

电子邮件：nupress1@public1.ptt.js.cn

sales@press.nju.edu.cn(销售部)

南京爱德发展有限公司印刷

开本 850×1168 1/32 印张 10.125 字数 227 千

1998 年 10 月第 1 版 2007 年 4 月第 3 次印刷

印 数 2501—4500

ISBN 978-7-305-03203-5

定价：26.00 元(精装)

图书在版编目(CIP)数据